대한민국 욕망 보고서

대한민국 욕망보고서

제1판1쇄 인쇄 | 2010년 12월 23일
제1판1쇄 발행 | 2010년 12월 27일

지은이 | 신승철
펴낸이 | 박미옥
디자인 | 조완철

펴낸곳 | 도서출판 당대
등록 | 1995년 4월 21일 제10-1149호
주소 | 서울시 마포구 서교동 395-99 402호
전화 | 02-323-1315~6
팩스 | 02-323-1317
전자우편 | dangbi@chol.com

ISBN 978-89-8163-152-9 03100

※ 이 도서는 석정미래재단의 2010년도 출판지원기금을 받아 출간합니다.

대한민국
욕망
보고서

당대

은하성좌와 같이 빛나는 한국사회의 욕망들

2009년 7월 무더위가 기승을 부리고 있던 무렵, 어떤 알 수 없는 예감에 사로잡혀 여러 가지 키워드를 적고 있었다. 도착, 분열, 망상, 중독, 탈주, 은둔, 잠행 등등, 이렇게 조각조각 조합된 글들을 모아 출판사에 보냈다. "아주 재미있는 키워드입니다. 이런 부분을 조금 바꾸시고 다시 보내주시면 어떨까요?" 출판사측에서는 엉성한 아이디어의 방향성을 제시해 주었고 나는 이 책의 목표가 무엇일까 고민하기 시작했다. 그리고 내린 결론은 '욕망의 눈으로 한국사회를 설명해 보겠다' 는 것이었다.

　욕망을 연구하고 욕망을 통해서 세상을 설명하려는 시도를 주위의 사람들은 '철학박사의 욕망 스캔들' 이라고 명명했다. 프랑스어 désir(욕망)의 어원은 dé+sir로 '별에서 떨어져 나온 것' 이라는 의미이다. 이 언표는 독특한 것, 색다른 것이라는 함의를 갖고 있다. 그러나 한국에서는 탐욕(貪慾)과 갈애(渴愛)의 중간에 욕망이라는 의미좌표가 존재한다. 그래서인지 내가 욕망이라는 말을 할라치면 사람들은 따가운 시선을 보냈다. 욕망을 언급하면 마치 게걸스러운 탐욕의 화신이라도 되는 양 여기는 것이다.

욕망을 연구하면서 마주친 여러 가지 이론들이 있지만, 그중에서도 나를 사로잡은 것은 펠릭스 가타리였다. 가타리의 이론은 뜻있는 이론가이신 윤수종 교수의 번역으로 국내에 소개되었지만 난해한 이론으로 정평이 나 있다. 가타리는 욕망(=내재된 광기)을 마치 지도를 제작하듯이 보여주고, 자본주의의 통속적 욕망으로부터 벗어난 색다른 욕망의 생성 가능성을 응시한다. 욕망의 창의적이고 생산적인 능력에 의해 사회생태계에 새로운 활기가 전달되고 전혀 다른 주체성이 등장한다는 그의 이론을 나의 이 책에서 만나볼 수 있다.

이 책은 욕망이 갖고 있는 생명에너지로서의 힘에 주목한다. 욕망은 생명이라면 자신의 내부에서 끊임없이 생성되는 자연스러운 생명의 흐름이다. 욕망의 미시적인 흐름이 색다르게 만들어지고 대안사회를 구성할 수 있는 역능으로 존재한다는 점에 주목한다. 욕망분석은 이중적으로 진행된다. 자본주의에 의해 왜곡된 여러 가지 욕망들, 이를테면 부동산열풍 · 주식열풍 · 벤처열풍 · 도박중독 · 사교육열풍 등을 분석하는 데 욕망분석 방법론이 쓰이기도 한다. 그렇지만 욕망이 생명에너지로서의 본연의 모습을 드러내는 것은 촛불집회 · 평화운동 · 소수자운동 · 생태운동에서이다. 욕망이 이중적인 형태로 드러나기 때문에 욕망에 대한 무조건적인 찬양이 아니라 자본주의 체제가 만들어내는 기괴한 욕망과 대안적인 욕망을 구분할 필요가 있다. 물론 병리적 욕망이 진행되면서 증폭되어 그 극한지점에서 소수자의 신체로 추락하고, 그 순간 창조적인 욕망으로 변이되는 과정이 존재한다. 이러한 지점을 분열생성이라는 개념으로 파악할 수 있다. 공동체에서 욕망의 대안적 순환과 미시정치적인 욕망의 자주관리를 주목해야 하는 이유도 여기에 있다.

숨가쁘게 진행되어 온 한국사회의 사건들을 추적하면서 욕망의 입장에서 분석하고 집필을 하는 동안에도 많은 사건들이 있었다. 이명박정부 들어 억압은 급격히 강화되고 사회는 경색되었다. 4대강 사업은 졸속으로 추진되었고 천안함 사건의 의혹은 풀리지 않고 있다. 인터넷 규제는 강화되었고 사람들의 자유로운 의사소통과 발언권은 억압되고 약화되었다. 이러한 사회의 경색은 소수자운동과 대안운동의 다채로운 흐름을 하나의 전선에 집결시키는 경향을 가진다.

이 책에서는 성장주의와 개발주의 모델에 맞선 대안운동과 생태운동이 가진 힘의 원천을 '욕망'이라는 생명에너지에서 찾고 있다. 보통 생태운동이나 대안운동을 하는 사람들은 '욕망=자본주의적 욕망'이라는 문제의식을 갖고 있는 편이다. 그러나 이 책에서는 특이한 욕망의 생성이 공동체를 변화시키는 원동력이 되었다는 점에 주목하며 그 욕망의 힘에 의해서 분자혁명이 가능함을 설명한다. 홀연히 사람들 사이에서 생명과 소수자와의 접속이 만들어낼 전대미문의 혁명적 상황을 '분자혁명'이라고 가타리는 정의한다. 그런 면에서 분자혁명은 혁명운동 없이도 혁명가 없이도 삶 속에서 여전히 진행되고 있는 혁명의 양상이다.

이 책을 시작한 결정적 계기는 아무래도 촛불집회였다. 은하성좌와 같이 빛나는 촛불들 속에서 사회주체들의 다른 행동방식들을 보았다. 노숙자·어린아이·아줌마·아저씨·청년·노동자 등이 새로운 모습으로 변용되어 다른 방식으로 사유와 행동을 전개하기 시작했다. 수많은 이야기와 토론, 행동이 강렬하게 전개되는 시간이었다. 이 새로운 주체성의 생산을 가능케 한 것은 우리가 역능으로 갖고 있는 욕망의 생명력이라는 생각이 든다. 정말 알 수 없는 수준에서 기억에 없던 새로운 사건들이 만들어진다. 광우병 촛불집회라는 그 역사적 순간의 끝에 시작된 이 책이 불도저가 4대강을 초토화시키고 있는 데 항의하고 있는 반대의 촛불이 타오르는 시점에서 독자들 품에 안기게 되었다.

이 책을 쓰는 과정에서 사랑하는 나의 아내 윤경씨는 기획단계에서부터 원고작성 과정 그리고 수정작업까지 꾸준히 최초의 독자로서의 역할을 했다. 때로는 쓴소리로 또 때로는 조언으로 나의 지적 게으름이 비집고 들어올 틈이 없게 해주었다. 그리고 아내는 작은 연구실을 만들어주었는데, 그 공간을 '욕망생태연구소' 라고 이름 붙였다. 텃밭이 있고 이따금 길냥이가 지나다니는 작은 공간에서 이 책을 시작했고 끝냈다. 이 책이 있기까지 도와주신 여러 사람들에게 감사의 말씀을 드리고 싶다. 우선 지도교수인 홍윤기 교수님은 이 책의 기획단계에서 여러 가지 코멘트를 해주셨고, 가타리를 알게 해준 윤수종 교수님에게 큰 감사를 드리고 싶다. 그리고 이 책이 나오기까지 꾸준히 읽어주셨고 애정어린 조언을 해주셨던 어머니께 감사드린다.

이 책은 가타리의 철학적 개념과 우리의 역사적 사건이 교차하면서 서술된다. 그렇기 때문에 가타리의 철학이라는 이색적인 창문을 통해서 보는 한국사회라고도 할 수 있다. 물론 가타리의 사상을 온전하게 다 보여줄 수 없었지만 역사의 작은 단서처럼 도구로 사용되고 있다. 이러한 방식의 서술 때문에 세상에 대한 다른 방식의 독해라고 해도 좋을 것 같다. 이 책은 뒤에서부터 읽는 것을 권장하고 싶다. 뒷장에서 출발하면 해방감과 대안적 욕망이 먼저 다가올 것이다. 그렇게 되면 자본주의적 욕망에 대한 답답함과 억압이 다소 상쇄되는 느낌을 받을 것이다. 이 책이 은하성좌로 빛난 촛불의 울림과 물들임을 1/10이라도 전달할 수 있었으면 좋겠다. 행복한 독서가 되기를 빌며 이 책의 배경이 된 모든 사건의 주체들에게 감사의 마음을 전한다.

차 례

|1부|

도
착

01 주식: 기괴한 욕망의 그래프

코드의 잉여가치 surplus de code

자본주의는 잉여가치 추출을 노동현장만이 아니라 일상생활이 이루어지는 사회적 공간에서도 가능하게 만들려 한다. 이 과정에서 사회 내부에 있는 공동체의 관계망, 집단지성, 욕망가치의 영역이 잉여가치 추출의 대상이 된다. 또한 구성원의 노동시간뿐 아니라 여가시간까지 잉여가치 목적에 적합하도록 동원하려 한다. 자본주의는 욕망을 기호적으로 포섭하여 생산하고자 하며 욕망이 갖고 있는 흐름·관계망·상호작용 등의 영역에 자본주의적 틀을 부과하려고 한다. 코드의 잉여가치 현상은 자본주의가 노동보다 욕망에 더 관심을 기울이고 있는 현재의 시점에 적합하다. 여기서 노동은 규율과 통제를 통해 잉여가치를 추출할 수 있지만 욕망에는 어떤 틀이 부과될 수 있을까? 이 점에 대해서 자본주의는 차별이라는 새로운 틀에 주목한다. 오늘날 자본주의는 착취를 통해서도 유지되지만 차별을 통해서도 유지된다. 차별은 욕망에 틀을 부과할 수 있는 자본주의의 유력한 기제가 되고 있으며, 이를 통해 색다른 잉여가치를 생산해 내려고 한다. 차별의 문제는 비정규직 노동자의 차원을 뛰어넘어 현대 자본주의를 움직이는 기본적인 작동원리가 된다. 코드의 잉여가치는 욕망의 관계마저도 자본주의에 포섭된 현재의 상황을 의미하며, 이러한 자본주의의 기획이 사회적 연대망에 침투하는 과정을 보여준다. 그러나 욕망은 자본주의를 역으로 착취할 수 있으며 그러한 가능성은 곳곳에서 보인다. 자본주의가 욕망을 완전히 포섭할 수 없기 때문이기도 하지만, 욕망이 새로운 관계망을 통해서 자본주의 외부를 만들어내기 때문이다.

> "우리가 자본주의 이전의 체제들을 코드의 잉여가치에 의하여 규정하고, 자본주의를 코드의 잉여가치를 흐름의 잉여가치로 변환시킨 보편적 탈코드화에 의하여 규정하는 한, 우리는 상태를 총괄적으로 제시했으며, 또 마치 자본주의의 여명기에는 사태가 대번에 결말이 나서 자본주의가 코드의 모든 가치를 상실한 듯이 논하여 왔다."
>
> ─들뢰즈·가타리, 『안티 오이디푸스』

주식과 직장인

IMF사태가 한차례 휩쓸고 지나간 뒤 단기 호황이 시작되면서 한국사회는 들썩이기 시작했다. 특히 주식열풍이 직장인들 사이에 급속도로 번지면서 그들을 동요시켰다. 당시 직장인들은 주식으로 부자가 될 수 있다는 이야기에 솔깃했고, 개미투자자가 되어 주식을 운용하지 않는 사람은 시대에 뒤떨어졌다고 여겨질 정도였다. 직장인들의 술자리마다 주식이야기가 끊이질 않았으며 한 사무실 내에 주식으로 돈을 번 사람과 잃은 사람의 명암이 교차되었다. 주식은 시대의 트렌드였으며 누구나 한번쯤 자신의 돈과 욕망을 투사해 보고 싶은 매력적인 자본주의의 기계장치였다. 속칭 직장인으로 불리는 화이트칼라 노동자들은 고된 업무와 과중한 스트레스, 분열적이고 경쟁적인 환경, 낮은 자존감을 가진 집단이다.

이들에게 욕망이란 단어는 회식자리나 혹은 회사동료들과 담배를 피울 때 미약하게 자신을 자극하는 그런 종류의 것이었다. 그러나 욕망에 의해서 움직인 직장인들은 다른 모습을 보였다. 당시 주식은 직장인들이 적금과 보험을 깨어서 쏟아부을 만큼 중요한 욕망의 영역이 되었다. 이 노동자 집단에게 돈의 욕망은 특별한 의미를 가지고 있었다. 자신이 하고 싶지도 않은 일을 하면서, 직장상사의 눈치를 보면서, 허겁지겁 출근길에 나서면서 늘 하는 생각은 더 많은 돈이 지금의 상황으로부터 탈출을 가능케 해주리라는 것이었다. 그리고 그 가능성은 멀리 있지 않고 눈앞의 현실에서 벌어지고 있었다. 성공사례들이 속속 등장했고 그 성공을 향한 맹목적인 욕망이 새로운 탈주로를 열어주는 자본주의 기계장치에 투여되기 시작했다. 직장인들에게 주식은 돈에 대한 도착의 의미보다는 화폐를 통한 탈주선이었으며, 그 탈주선을 따라 직장생활에서 벗어날 수 있는 희망을 발견하고 미래를 설계하려는 욕망이었다.

직장인들이 한꺼번에 동요한 것은 안정적인 미래설계를 가능케 하는 수단이 어디에도 없었다는 데 그 이유가 있었다. 직장은 굉장히 불안정한 영역이 되어버렸고 업무는 더 늘어났고 노동강도는 나날이 높아만 갔다. 그런 한편으로 고용불안은 심각하고 미래는 갈수록 불확실한 것이 되었다. 자신의 미래가 불확실할수록 미래가치를 두고 게임을 할 수밖에 없는 이유는 무엇일까? 주식의 이율배반은 이 지점에 존재한다. 불확실한 상황에 부딪힌 사람들의 태도는 마법의 주사위를 직접 제 손으로 쥐고 싶은 욕망에 사로잡힌다. 직장인들은 기업들의 미래가치를 평가할 수 있는 권능을 가짐으로써 자신의 미래도 이 과정에서 스스로 결정하기를 원했다. 그리고 상황은 그리 나빠 보이지 않았다.

2000년 초반 당시 IMF로부터 벗어나 단기호황에 접어들고 있는 경제 상황은 직장인들을 끌어들이기 충분한 유인을 갖고 있었다. 물론 상한가를 치면 바닥을 치는 경우도 있듯이 경기상승이 있으면 경기침체도 뒤따르게 마련이다. 그러나 직장인들은 미리 결정되어 있지 않고 모호하게 나타나는 승패의 기준에 대해서는 별로 신경을 쓴 것 같지는 않다. 이들은 욕망의 피라미드와 같은 주식곡선에 돈과 욕망과 미래를 내맡기고 그 흐름을 따라갔다. 직장인들은 주식열풍에 휩쓸리기 전부터 이미 탈영토화되어 있었다. 직장인들은 신자유주의라는 불안정한 자본주의 현실 속에서 유동적으로 흘러가는 욕망의 집단이 되어 있었던 것이다.

그러나 미래의 불확실성만큼 투자의 불확실성 역시 존재했다. 자본주의의 불확실성은 격렬하게 유동하는 자본의 흐름을 만들었으며, 최소한 갖추어야 할 정보조차 없던 직장인들이 그 게임에서 성공하기란 무척이나 어려운 일이었다. 주식시장의 시황에 따라 희비가 교차되고 매우 중요한 결단이 시시각각 다가왔으며, 순간의 결정이 많은 것들을 좌우하는 상황에서 직장인들은 자본의 흐름에 자신의 욕망을 투여했다. 아예 직장을 그만두고 주식투자에 나선 사람들도 있을 정도로 주식열풍은 욕망을 자극하였다. 직장인들의 쌈짓돈과 저축은 자본으로 바뀌어 다시 기업에 순환되었다. 그런 의미에서 직장인들은 이중적으로 자본에 포섭되어 있었다. 직장인의 생애주기가 짧아지고 직장에서 미래설계를 할 수 없다는 것은 자본의 불확실성 역시 높아졌음을 의미한다. 그러나 맹목적인 욕망의 흐름은 이런 점을 고려하지 않고 투여된다.

색다른 잉여가치의 추출

자본주의 작동원리의 기본적인 목표는 잉여가치 혹은 자본을 많이 추출하는 것에 있다. 잉여가치는 노동가치의 미지급부분이라는 것이 마르크스주의의 기본 발상이다. 노동자들이 자신의 노동력 대가를 전부 받는 것이 아니라, 착취당하는 부분이 있다는 것이다. 이것이 이윤의 원천이며 주식은 이윤의 일부를 분배받는 행위양식이다. 자본가의 형상은 인격체로 나타나는 것이 아니라 사회적 관계가 된다. 이렇게 볼 때 직장인들이 주주가 된다는 것은 굉장히 아이러니한 상황을 의미한다. 한편으로는 노동력이었다가 또 한편으로 자본가가 되는 것이다. '주식회사 사회주의' 라는 발상도 한번 해봄 직할 정도로 주식의 분배적 효과는 대단히 매력적이기까지 하다.

탈근대 자본주의는 노동을 착취의 영토로 삼는 기존 방식에서 벗어나 욕망의 영역에 관심을 기울이기 시작했다. 자본의 흐름을 욕망의 흐름으로 만들려는 시도도 존재한다. 주식은 자본의 흐름이면서 동시에 욕망의 흐름이다. 주식 욕망의 흐름은 평등하게 자산을 분배하는 것이 아니라 시장의 상황에 맞춰 시시각각 변화되는 상황에 민감하게 반응하도록 만든다. 시장은 곧 자본의 권력이다. 시장에 영향을 끼칠 정도로 주식을 많이 가진 사람과 시장에 그저 따라가야 하는 사람의 상황은 매우 다르다. 즉 개미투자자들에게는 결정권이 없는 것이다.

자본의 흐름이 욕망의 흐름이 되었을 때 이제 착취는 매우 부수적인 문제가 되어버린다. 노동자계급이 시장에 영향을 끼칠 확률은 매우 낮고 대신 욕망을 어떻게 차등화할 것인가의 문제가 발생한다. 그렇기 때문에 위계를 결정할 수 있는 차별과 배제의 메커니즘이 시장의 핵심적인 요소가 된다. 소액투자자들은 차별받고 이용당한다. 소액투자자들은 소수의 목소리를 가지며 기업이 갖고 있는 핵심적인 정보와 지식에서 배제된다. 욕망에 있어서 자본주의 시장은 차별의 공식에 따라 움직이며 그것은 착취보다 더 중요한 작동원리가 된다. 물론 소액투자자라 할지라도 시장이 많은 수익을 남길 수 있는 구조를 생각하는 순간, 시장이 가져야 할 사회적 책임을 배제하는 경향으로부터 자유로울 수 없다. 즉 시장 외부에 존재하는 많은 사람들, 특히 소수자에 대한 사고를 찾아볼 수 없게 된다. 주식은 이러한 차별과 배제를 내면화하며 시장가치를 물신화시킨다. 그런 점에서 자본주의는 착취로부터도 유지되지만 차별로부터도 유지된다.

　이제 얼마나 많이 착취할 것인가가 중심이 아니라, 얼마나 돈이 될 수 있는 영역과 관계를 맺고 나머지 사회구성원을 배제할 것인가가 중심이 된다. 시장이 공동체를 파괴하든 집단지성을 약탈하든 사회적 소수자를 배제하든 그건 문제가 되지 않는다. 고소득, 고배당을 받으면 그만인 것이다. 주식은 이러한 욕망에 대한 차별을 내면화할 수 있는 기제가 된다.

도표화된 욕망의 그래프

자본주의적 욕망의 흐름은 언어로 표시되기보다는 욕망의 그래프 형태로 나타난다. 욕망의 그래프는 언표가 아니라 도표이다. 도표는 욕망의 흐름·관계망·상호작용 영역을 보여준다. 욕망은 상승과 하강하는 그래프 앞에서 반응하며 자신의 행위양식을 결정한다. 장기적으로 볼 때 자본주의 경기 상승과 하강의 그래프가 있으며, 단기적으로는 상승중인 주가시세표와 하강중인 주가시세표가 존재할 수 있다. 욕망경제학적 측면에서 볼 때 이런 도표화된 주식시세표는 자본의 흐름이자 욕망의 흐름이다. 자본주의적 욕망은 매수와 매도 행위를 통해서 격렬하게 욕망의 흐름을 드러낸다. 도표로 나타난 욕망은 언어는 아니지만 욕망의 흐름에 영향을 준다. 이를테면 자본주의 속에서 욕망가치의 실존을 알기 위해서는 이러한 도표를 통해서 나타나는 기호작용을 제시할 수 있다. 욕망경제는 실제로 존재하며 언어로 표현될 수는 없지만 흐름을 갖고 있다. 물론 이 기호작용은 욕망의 야성적 도표들과는 차이가 난다. 자연스런 욕망은 색채, 음악, 문자, 이미지, 우주라는 도표로 표출되기 때문이다. 자본주의는 기호작용을 통해서 야성적 욕망을 포섭하고 주가시세와 같은 도표로 환원한다. 욕망가치의 야성적 영역은 시장가치에 종속되어 그 모습을 드러내는 것이다.

욕망의 흐름은 모호하고 혼돈스럽다. 주식시세의 도표 속에서 주체들은 명료한 의식을 가지고 확실한 의미를 추구하는 주체가 아니다. 욕망의 흐름은 욕망의 그래프에서도 나타나지만 무의식적이며 모호하고 불확실한 주체성을 가진다. 고정된 원리도 없거니와 정체성도 모호하고 욕망의 흐름 속에서 유동적으로 흘러가는 주체들이다. 자본의 흐름에 따라 응집되거나 흩어지는 주식으로 표출되는 자본주의적 주체들의 욕망은 언어로 나타낼 수 없는 흐름으로 그 모습을 드러낸다. 자본의 흐름이 욕망의 흐름으로 나타날 때 언어는 그것을 설명하는 데 한계가 있다. 이러한 비언어적 기호작동으로 나타나는 흐름은 여러 가지가 있다. 물질의 흐름, 에너지의 흐름, 돈의 흐름이 그것이다. 주식투자자들은 이 흐름을 포착하기 위해서 흔히 자신의 예감에 의존하게 마련이다. 자본의 흐름을 읽는다는 것은 시장 상황의 불확실성과 겹쳐져서 매우 어려운 영역이 아닐 수 없다. 도표라는 욕망의 그래프를 통해서 등장하는 자본주의적 욕망의 주체들은 말하지 않으며, 이름도 없으며, 확실성을 가지고 움직이는 의식적 주체들도 아니다. 그것은 추리소설처럼 인과관계가 분명한 것도 아니다.

　자본은 욕망의 흐름을 자신의 이윤의 원천으로 삼으려는 경향이 있다. 사실 탈근대 자본주의하에서는 자본조차도 욕망덩어리로 존재한다. 그렇기 때문에 자본주의는 다채로운 욕망의 도표들을 주식시세라는 그래프로 파악하고 그것의 격렬한 움직임에 따라 행동방식을 결정하는 경향을 가진다. 이제 자본주의의 새로운 착취의 영토는 노동만이 아니라 욕망도 있었다. 주식시황 그래프는 유동하는 욕망의 흐름을 알리는 도표적 정보를 의미한다. 물론 이러한 자본주의적 욕망만이 욕망의 전부는 아니다. 욕망의 흐름은 예술 · 창조 · 과학 · 혁명 등의 영역에서 움직임을 형성한다. 그러나 자본주의는 이러한 욕망을 모두 다 필요로 하지 않으며 배제와 차별을 거쳐서 시장으로 들어온 욕망만을 매개하려고 한다. 도표화된 그래프는 이것을 가능케 하는 수단이다.

기계적 욕망의 피드백

일단 주식이라는 자본주의적 욕망의 기계장치 내부로 들어온 사람들은 욕망의 그래프 내에서 기계적 피드백을 할 수밖에 없다. 이러한 가운데 기계적으로 제어되는 욕망의 흐름을 보인다. 자본주의적 욕망은 기계와 매우 가깝다. 욕망이 자동적으로 피드백될 때 기계와 똑같은 성질을 드러내기 때문이다. 사람들은 인터넷에서 주식을 매매할 수 있는 기계장치와 주식시황에 기계적으로 반응한다. 주식이라는 욕망하는 기계장치 내부에는 야성의 욕망, 반체제적 욕망, 기성질서에 대해 의문을 던지는 욕망, 창의적 욕망과는 전혀 다른 욕망을 작동시킨다. 그것은 야성적 욕망이 아니라 자본주의적 욕망의 도착적이고 순응적인 성격을 드러낸다. 주식은 하나의 도박 게임처럼 정보, 심리적 기제, 사회 역학구조, 매시기의 사건이 교차하는 게임형식이 되었다. 특히 도표화된 욕망의 그래프는 이러한 성격의 무의식을 만들어냈다.

이제 주식에서 돈은 실물적인 현금의 성격에서 완전히 벗어나 숫자로 표현된 게임의 형식을 취한다. 사람들은 이 게임에서 승리하기 위해서 필사적으로 시장의 동향과 자본의 흐름을 알려고 하지만, 시장은 시장가치의 단면으로 평가되는 것이 아니라 욕망의 흐름과 욕망가치의 개입이 있고 미래를 할인하는 미래가치에 의해서도 평가된다. 이 복잡한 양상의 변수들 속에서 자본주의적 욕망은 차등화된다. 이 게임에 한번 빠져든 사람들은 노동을 통한 소득이라는 기존 영역에서의 사고와는 완전히 다른 성격을 가진 돈의 개념을 갖게 된다. 행운을 거머쥔다면 하루에도 몇 달치 월급을 벌 수 있으며 더 이상 노동으로부터의 소득은 무의미한 것으로 느껴지기 때문이다.

주식을 통해서 드러나는 기계화된 무의식은 사회적 배치를 판단하는 시각도 완전히 달라지게 만들어버린다. 주식을 하는 사람들은 사회 속에서 시장의 결정권에 맹목적인 신뢰를 보내며 시장의 결정에 순응한다. 결과적으로 신자유주의적 사회환경을 내면화하면서 그 원리를 자신의 행동방식으로 삼는다. 주식은 무의식적으로 시장권력에 욕망을 종속시키고 시장에 의한 차별과 배제를 당연한 것으로 여기게 한다. 주식을 하다 보면 기업의 사회적 책임과 지속 가능한 사회환경을 만들 책임 등의 문제는 부차적으로 보는 경향을 보이며, 어떤 수단과 방법이더라도 더 많은 돈을 벌 수 있으면 된다는 식의 논리를 무의식적으로 갖게 된다. 특히 주식을 하는 사람들은 욕망에 대한 차별과 배제의 공식을 당연한 것으로 받아들이게 된다. 어찌 됐건 주식으로 피해를 입은 사람이 자신만 아니면 된다는 식의 요행을 바라는 기회주의적 사고에 빠지며, 돈에 담긴 나눔과 연대의 의미를 완전히 배제한 채 부르주아적 성공의 열망을 키워나간다.

주식은 자본에 예속된 욕망들의 특징인 도착의 감성을 지니고 있다. 자신의 욕망 이외에도 다양한 욕망이 있다는 사실을 인정하지 않고 시장의 차별과 배제 원리를 당연한 것으로 여기면서 점점 신자유주의의 정당화 논리에 순응하게 만든다. 이러한 주식이 만들어내는 욕망의 그래프, 시장동향, 정보지식 등은 자본에 의해서 움직이는 가상현실을 만들어내며, 이런 가상현실에 빠져들면 모든 것은 자본주의의 시장논리에 따라 움직인다는 망상을 갖게 된다. 이 가상현실을 기계적으로 피드백하다 보면 세상은 오직 하나의 논리, 돈의 논리에 의해서 움직인다는 망상에 빠지게 마련인 것이다. 이렇게 주식에서 철저히 훈련되고 그 속에서 길들여진 사람들은 자본주의 내부에 있는 사회적 약자, 소수자, 가난한 자의 욕망을 배제하고 차별하는 철의 법칙에 의식적으로든 무의식적으로든 찬동하게 되는 것이다.

부재소유자들

근대 자본주의에서 부르주아계급을 생산수단의 사적 소유 여부에 따라 파악하던 것은 낡은 것이 되었다. 탈근대 자본주의에서 부르주아계급은 실물의 생산수단을 소유한 사람으로 볼 것이 아니라, 대주주건 경영권이 있건 소액투자자이건 간에 주식이라는 형태의 부재소유에 참여하고 있는 사람으로 재정의해야 한다. 부재소유자는 생산수단을 직접적으로 갖고 있지 않더라도 소유에 참여하고 있는 사람들 일반을 포괄하는 개념이다. 탈근대 자본주의하에서 소유 개념은 매우 복잡한 양상으로 나타나는데, 그중에서 가장 중요한 부분이 금융시장이라고 할 수 있다.

금융은 신용관계를 통해서 시장과 관계 맺는 형태를 띠는데, 이제 금융은 직접적으로 주식과 분리되지 않은 상황으로 나아간다. 즉 주식은 하나의 금융질서에 편입된 일부로 간주된다. 금융회사들이 펀드상품과 파생상품에 손대는 이유도 그 하나의 현상이라고 할 수 있다. 그리하여 부르주아 계급이 되는 것은 매우 손쉬워졌다. 잉여의 돈을 금융과 마찬가지로 간주되는 주식에 투하하면 되는 것이다. 거품이 빠진 펀드를 들고 일반시민들이 분노하면서 은행을 찾는 데는 저축이라는 가장 소박한 금융형태에만 익숙해 있음으로 해서 상황의 변화를 면밀히 살펴보지 않은 데 그 이유가 있다. 신자유주의 금융시장은 끊임없이 이윤에 대한 할인, 미래가치의 할인, 파생적인 부문에 대한 할인을 하기 때문에 거품으로 가득 차 있다. 이러한 구조 속에서 사람들은 불안정성과 격렬한 이윤충동과 직접적으로 대면하게 된다.

욕망의 피라미드와 같은 금융질서에서 쉽게 부재소유자가 될 수 있는 길이 열리면서 자본주의는 일반 노동자와 시민과 아줌마 들을 오염시키고, 그 자본주의적 욕망의 질서를 당연한 것으로 받아들이고 자신을 부르주아 계급으로 규정할 것을 요구한다. 이러한 현상이 일반화된 이유는 자본주의가 욕망의 관계를 직접적으로 포섭해 나가기 때문이다. 자본주의는 욕망가치를 자신의 것으로 만들기를 원하며, 그 과정에서 욕망을 차등화하는 방식으로 차별의 논리를 사회에 관철시키려 한다.

이를테면 부재소유자 중 상층에 있는 자본가계급은 소비유형에서 차별을 관철시키려고 한다. 이른바 과시소비 현상은 생산수단은 없지만 귀족과 같은 대우를 받고 첨단 문화트랜드로 자신을 포장하면서 욕망에서 차별을 드러내려는 시도이다. 부재소유자로서의 자본가계급은 일반가정의 아줌마일 수도 있으며 가게점원일 수도 있으며 평범한 직장인일 수도 있다. 그들은 자본주의에 포섭되고 자본가계급으로 편입되어 있다. 물론 소액주주가 되었다고 해서 부재소유자가 된다는 것이 조금은 억측으로 느껴질 수도 있다.

그러나 자본주의는 우리의 욕망에까지 내려와 있고 욕망에 의해서 움직이며 욕망 속에 파고들기를 원한다. 자본의 욕망에 대한 포섭의 그물은 도처에 존재한다. 그런 의미에서 사회적 차별에 맞선 사회적 연대의 구성은 어느 때보다 중요하다. 성공에 대한 망상과 어떻게 하든 돈만 벌면 그만이라는 속물근성을 갖게 만드는 자본주의는 욕망의 차등화와 차별을 통해서 움직이기 때문이다. 직장인을 오염시켰던 주식열풍은 사실상 욕망에 대한 차별의 구획 속으로 직장인들을 집어넣고 또 다른 의미에서의 착취를 감행한다. 그럼에도 부재소유자가 된 직장인들은 부르주아적 무의식과 자본주의의 성공신화 앞에서 화이트칼라 노동자로서 자신의 존재기반을 망각하고 만다.

코드의 잉여가치를 넘어선 직장인들

자본주의는 욕망을 동원하는 색다른 착취형태에 주목하였지만, 그렇다고 직장인들의 욕망이 새로운 사회적 차별의 공식과 부르주아적 질서에 오염되는 상황에만 머문 것은 아니다. 직장인들이 자본주의적 욕망의 외부를 모색하기 시작하고 자본주의 도착적 욕망을 벗어나 생활·생명·생태의 관점에서 욕망을 형성한 것은 주목할 필요가 있다. 특히 코드의 잉여가치를 획득하기 위해서 반드시 뒤따르게 마련인 차별과 배제의 공식과 성공주의는 진정한 미래가 될 수 없었다. 직장인들의 욕망의 탈주로는 비록 주식열풍에서 출발했지만 점점 궤도를 수정하기 시작했다. 주식처럼 시장에 막강한 권한을 주고 욕망의 영역을 착취하는 방식이 아니라 사회적 연대와 나눔의 가치가 있는 새로운 방식의 실천이 모색되었다. 자전거를 타는 직장인, 세미나에 문을 두드리는 직장인, 동호회 활동을 하는 직장인, 주말농장과 귀농학교를 다니는 직장인 등 자본주의적 욕망으로부터 벗어난 색다른 욕망들이 등장했다. IMF이후로 사회분열적 양상으로까지 묘사되는 직장의 경쟁문화 속에서 직장인들에게 욕망의 탈주로는 그만큼 절박했다는 반증일 수 있다.

자본주의는 욕망의 흐름, 공동체의 관계망, 집단지성 등을 약탈함으로써 새로운 잉여가치의 토대로 삼으려고 한다. 그러나 욕망의 경우처럼 자본주의가 틀 지우려 하는 차별의 공식이 욕망의 흐름을 모두 포획할 수 있는 것은 아니다. 직장인들의 혁명적 전진배치의 가능성은 이명박정부 들어서 나타난 생태적 위기의식에서 출발한다. 직장인들은 인터넷 네트워크 속에서 새로운 야성적 블록을 만들어냈다. 이른바 '아고라' 로 불리는 네트워크 전사집단의 등장은 직장인의 욕망의 지도를 바꾸어냈다. 인터넷을 통해서 재결집한 직장인들은 새로운 행동양식을 찾기 위해서 노력했는데, 그중 하나가 도착적 물신주의에 빠지지 않고 경제를 배우려는 시도이다. 아고라의 대표논객 미네르바 같은 인물이 직장인들을 사로잡은 이유도 그러하다. 단기호황이 끝나고 장기불황으로 접어든 한국사회 직장인들의 화두는 단연 "자본주의란 무엇인가?"였다. 이리하여 직장인들은 도착적 욕망의 프로그램만이 아니라 그 외부의 욕망까지 응시하게 된다. 미래를 설계할 수 있는 대안은 주식이 아니었다. 주식은 단순히 자본주의적 욕망들을 덩어리로 만들어 욕망을 차등화하면서 잉여가치를 뽑아내는 기계장치였을 뿐이다. 그 외부에 새로운 욕망의 탈주로들이 있었다. 그리고 그것은 색다른 욕망이 보여주는 가까이 와 있는 미래와 대안이었다.

02 바다이야기: 기계에 중독된 욕망

기계 machine

가타리는 세상은 기계에 의해서 구성되며, 기계는 자기생산적인 작동방식을 가진다고 본다. 이러한 관점은 자본주의에서 작동중인 다양한 시스템이 기계적 작동방식에 따른다는 것에서 출발한다. 자본주의는 하나의 전체화된 체계에 의해서 움직이는 것처럼 보이지만 작은 기계부품들이 조립되고 연결되어서 움직인다. 그렇기 때문에 하나의 기계부품이 색다른 움직임을 보일 때 그 전체는 고장이 나거나 작동을 달리할 가능성이 발생한다. 그런 의미에서 가타리의 기계에 대한 사고는 사회시스템을 전체화된 구조로 보는 시각을 극복하고 자율적 기계들의 작동방식으로 보는 것이다. 기계론(machinism)은 기계학(mecanisme)과 다르다. 기계론은 접속에 따라 연결되고 조립되면서 새로운 작동을 만드는 열린 관계를 의미한다면, 기계학은 자기폐쇄적이고 외부흐름과 단절된 코드화된 관계이다. 기계학은 그 내부로 빠져들면 빠져나올 수 없는 것을 의미한다. 전태일 열사가 "우리는 기계가 아니다"라고 선언할 때 그 기계는 기계학에서의 기계이다. 반대로 공동체 내부에서 욕망에 따라 웃음기계, 춤기계, 행복기계, 예술기계를 작동시킬 때 그 의미는 기계론에서 기계이다. 욕망이 접속에 따라 기계를 바꾸며 새로운 차원으로 끊임없이 변화되는 것은 기계론의 기계를 의미하며 긍정적이지만, 기계장치들 내로 가두어져 거기서 빠져나오지 못하는 것은 기계학의 기계를 의미하며 부정적이다. 기계학에서 기계의 시스템은 '기계적 약물중독'이라는 현상을 만들어내며, 현대 자본주의는 이러한 중독을 통해 대중을 통제하는 경향이 있다.

"영원성에 대한 욕망이 구조에 붙어 있다. 반대로 폐지에 대한 욕망이 기계를 만들어낸다. 기계의 출현은 고장·파국·죽음의 위협과 함께 겹쳐진다." —가타리, 『카오스모제』

바다이야기, 강원랜드, 경마장

현재 우리나라 성인인구 9.5%, 약 359만 명이 도박중독의 위기에 놓여 있다. 과연 무슨 일이 있었기에 이토록 많은 사람들이 중독의 사슬 속에 스스로를 내던졌을까? 이를 이해하기 위해서는 도박에 빠진 사람들의 성격적 결함이나 기질적·정서적 취약점을 다룰 것이 아니라, 우리 주변까지 파고든 '도박의 사회화'를 살펴보아야 한다. 바다이야기라는 게임은 주택가 주변에 게임장을 생겨나게 하고 도박을 일상적인 것으로 만들어버렸다. 여기에 중년남성들 속칭 '아저씨들'이라는 우리 사회의 주체들은 자신의 욕망을 투사하기 시작했다. 돈이 많건 적건 그것은 크게 문제되지 않았다. 문제는 일단 기계적 피드백에 빠져들면 완전히 나락으로 추락할 때까지 도박의 사슬이 그들을 풀어주지 않았다는 점이다. 물론 누가 강제해서 그렇게 도박에 빠져든 것은 결코 아니다. 도박을 권하는 사회환경은 누구나 쉽게 도박을 통해 요행히 돈을 벌 수 있다는 생각을 품게 만들었고 기계화된 모든 게임을 오락거리 정도로만 여기게 했다. 강원랜드로 들어간 사람들이 어떤 상태로 다시 나오는지만 보더라도 도박이 지닌 중독적 욕망의 강렬함을 알 수 있다. 일단 들어갔다 하면 자신이 가진 돈을 몽땅 잃고 그 밖에 자동차며 재산이며 모든 것을 저당 잡히고 마지막에는 사채까지 동원하게 된다. 이들은 자신의 인생 전부를 걸고 나서 모든 것을 잃었을 때조차도 도박판에 대한 망상을 버리지 못한다.

이처럼 심각한 욕망의 블랙홀은 왜 생겨난 것인가? 경성마약처럼 중독성을 가진 이 도박판에 빠져 있는 수백만의 사람들을 어떻게 보아야 할 것인가? 도박의 욕망은 매우 기계적인 욕망이라고 할 수 있다. 기계는 피드백과정에서 재미와 쾌락을 느끼게 해주며 그 속으로 빨려들게 만드는 것이 특징이다. 여기에 빠져드는 계기는 도처에 널려 있다. 처음에는 가볍게 시작된다. 남는 시간과 남는 돈으로 매우 우연하고 사소한 계기로 게임에 손대게 된다. 게다가 게임규칙은 거짓이 아니라는 확신까지 한몫 거든다. 그러나 일단 도박에 빠져들면 모든 정서작용, 심리적 작용, 신체적 작용이 도박의 규칙에 종속되고 기계화된 게임의 룰 앞에서 많은 시간 동안 조련된다. 오랜 시간 도박을 하다 보면 모든 것이 도박판으로 보일 정도로 중독에 빠지며 그것을 끊는다는 것은 돈 나올 데가 원천적으로 봉쇄되거나 초인적인 힘을 갖지 않고서는 불가능하다.

2000년대부터 도박인구가 급증한 것은 인터넷게임 등을 통해서 도박이 게임이라는 이름으로 다양한 사회계층의 삶에 파고 들었기 때문이다. 인터넷게임 중에서 비교적 간단한 게임들은 중년의 게임인구를 만들어내었는데 그것은 실제로 도박으로 가는 가교가 되었다고 할 수 있다. 온라인게임의 기계적 피드백에 익숙해진 사람들은 오프라인에서 실제로 벌어지는 도박을 하고 싶은 욕망을 쉽게 갖게 되었으며, 온라인 게임이 지닌 경성

마약과 같은 중독성과 재미, 쾌락을 오프라인에서도 느낄 수 있었다. 특히 도박은 서민이나 중년층 남성들에게 다가가는 측면이 강했다. 왜냐하면 이들에게 게임은 고단한 현실을 탈주할 수 있는 계기였으며 부패해 있는 현실보다 정직한 것이 게임이라고 느껴졌기 때문이다.

도박이 단순한 화폐에 대한 욕망이라고 생각하면 큰 오산이다. 화폐는 욕망의 설정에 불과하며 그 설정은 기계화된 절차의 일부를 구성한다. 기계화된 욕망은 돈을 규칙의 일부로 만들며, 세상에서 가장 드라마틱하고 짜릿한 게임의 판에 참여하고 있다는 것 자체로 사람들을 주인공으로 만들어준다.

신자유주의의 기계적 게임이론

도박은 개인의 심리적 병 혹은 충동유형이라고 볼 수만은 없다. 도박을 하게 되는 그 이면에는 도박심리를 작동시키는 사회적 배치가 존재한다. 이 사회적 배치는 사회역학적 관계를 만들어내고 도박집단으로 향하게 하는 진짜 원인이라고 할 수 있다. 신자유주의라는 사회·경제적 배치는 일종의 경쟁유형 관계인 '두 죄수의 딜레마' 상황을 만든다. 이 기괴한 상황은 두 죄수가 서로 격리된 채 서로를 질시하며 운명을 선택해야 하는 상황을 의미한다. 이러한 경쟁이라는 분열의 상황은 협력과 나눔과 연대로 이루어진 사회적 관계망을 파괴하고 그 대신 우연한 선택이 대박과 물질적 부와 성공을 가져다준다는 기회주의적 사고방식을 퍼뜨린다. 여기서는 두 죄수처럼 우연한 선택의 중요성이 강조된다.

신자유주의 시장의 논리는 개인들의 선택을 완벽히 배제하는 돈의 흐름과 물질의 흐름을 만들어낸다. 자신이 직접 결정할 수 없는 시장의 결정과 달리 자신이 직접 결정할 수 있는 것처럼 보이는 영역은 굉장히 매혹적으로 다가온다. 이것이 경제적 결정권이 없는 서민들이 도박에서의 결정권에 끌리게 되는 이유이다. 도박은 자신의 운명을 선택할 수 있고 결정할 수 있다는 착각에서 비롯되는 것이다. 도박의 욕망은 암시장의 경매에서 물건을 선택하여 은밀하게 성사되는 거래와 같다. 도박의 과정은 강박적 도착의 흥분상태에 빠지게 만든다. 그 흥분상태는 신자유주의의 투기성에도 그대로 나타나는데, 주식이나 부동산 투자에서 나타나는 투기성은 인생은 한방에 결정될 수 있다는 도박의 논리를 답습하는 동일한 심리적 · 정서적 상태를 가지고 있다. 신자유주의 사회의 경제시스템은 투기성, 도박성을 지닌 모든 사회적 기계장치들의 기원이 된다. 오직 다른 점은 신자유주의 게임의 룰에서 움직이는 사람들은 선택을 할 수 없지만 도박은 마치 자기가 결정한 대로 움직이는 것처럼 보인다는 점이다. 도박에 빠져든 사람들은 자신이 쥐고 있는 패 안에서 자신이 선택한 순간에 그리고 자신이 결정한 게임 안에서 인생이 결판난다는 생각을 갖게 된다.

신자유주의가 전면화되면서 사람들의 무의식 궤도에는 변화가 감지된다. 조지 소로스 같은 사람이 금융파생상품과 주식 투기로 돈을 벌었다는 것이 대서특필되고, 사막과 같은 사회환경을 조성하는 국경을 넘나드는 투기자본의 M&A가 순식간에 부를 거머쥐고, 노동자들이 하루아침에 길거리의 노숙자가 되는 일련의 상황들이 그것이다. 이러한 상황 속에서 분열된 집단들은 무의식적으로 자신도 이런 상황에 대응하기 위해 어떤 식으로든 행동에 나서야 한다는 생각을 가질 수밖에 없게 된다. 그 무의식이 회피를 위한 것인지 아니면 그저 도착 때문인지는 중요하지 않다. 신자유주의의 사회적 배치는 다양한 기계적 게임에 사람들을 동원하는 경향이 있다. 대다수 사람들이 이 기계적 게임 앞에 서면 무의식적으로 망상을 작동시키는데, 그중에서도 도박성 게임은 사람들을 성공할 수 있다는 망상, 대박을 터트릴 수 있다는 망상의 주인공으로 만들어놓는다.

도박과 신자유주의는 아무 관계가 없다고 생각해 버리면, 도박은 마치 서민들의 도덕적 타락이나 규범적 해이에서 비롯된 것처럼 보이기 십상이다. 하지만 도박은 신자유주의 사회의 기계장치들 가운데 하나이며, 사람들의 욕망을 블랙홀로 빨아들이고 사람들을 돈의 망상에 빠지게 만드는 것이다. 물론 신자유주의는 이런 망상을 이용해서 체제를 유지하고 정당화할 수 있다. 모든 것이 욕망덩어리로서 기계적 게임으로 간주될 수 있는 시장의 상황에 직면한 사람들의 무의식이 도박이라는 기계장치에 끌리지 않는다면 그것이 더 이상할 것이다. 더욱이 자신의 돈을 가지고 할 수 있는 일들이 극도로 제한되어 있는 서민들의 경우에 대박의 망상을 불러일으키는 기계적 배치로 이끄는 도박의 유혹은 강력하다.

경계를 넘어서는 중독

왜 굳이 중년남성 혹은 아저씨 집단이 이 도박중독의 최대 피해자가 되었는가를 짚고 넘어가야 할 것이다. IMF 이후 불안정한 고용상황은 중년남성 노동자들의 처지를 매우 위태롭게 만들었다. 이들은 희망퇴직, 명예퇴직 등으로 정년이 보장되지 않으면서 고용이 불안정해지고 소득기반을 상실할 처지에 놓였다. 재취업은 물론 굉장히 어려울 뿐더러 자영업도 곳곳에 위험이 도사리고 있어 목숨을 건 도약이라고까지 해야 했다. 이처럼 모든 희망과 탈주의 경로가 가로막혀 있는 아저씨집단에게 욕망이 투사될 수 있는 새로운 영역은 바로 도박이었다. 물론 실제로 도박판이 벌어지는 것도 아니고 호객꾼이 있는 것도 아니었다. 전자오락게임과 같은 형식으로 가까운 동네에서 쉽게 소일할 거리가 주어졌기 때문에 도박의 접근성이나 친화력은 매우 높아졌다.

왜 사람들은 최악의 상황을 더 밑바닥으로 만드는 경향이 있을까? 안정된 소득기반을 잃어버린 중년아저씨들은 조금이라도 저축해 놓거나 퇴직금으로 받았던 그나마의 돈을 도박판에서 날려버리기 일쑤였다. 가장 불안정한 상황에서 안정된 삶의 기반을 철저하게 허무는 것은 자신이 갖고 있는 마지노선이라 할 수 있는 도덕적 · 인격적 · 사회적 경계를 깨뜨리는 데서부터 시작된다. 도박은 손쉽고 위생적이며 대박에 대한 망상도 품을 수 있게 해주거니와 지루하기 짝이 없는 실업의 나날을 잊게 해주었으며, 혹시라도 한번 대박을 맞으면 그 쾌감은 이루 말할 수 없는 도착으로 빨려들게 한다.

중년남성들은 인간과 기계의 경계를 먼저 허무는 것으로부터 경계에 대한 탈영토화를 시작한다. 이러한 기계적 피드백은 인간 · 기계의 경계를 허물기 때문에 자신이 기계의 톱니바퀴와 같은 부품이 되어 모종의 목적을 이룰 수 있다는 망상을 심어준다. 또한 이 망상의 보상으로 주어지는 도착적 쾌락은 끊임없이 동기부여를 한다. 정해진 규칙에 따라 몇 시간이고 지속적인 반복행위를 하다 보면 망상과 도착은 엄청나게 배가된다. 일단 이러한 기계적 과정이 삶의 내부로 들어오면 걷잡을 수 없는 도착적 망상에 어쩔 줄 모르며 꿈과 망상의 경계도, 현실과 망상의 경계도 사라진다. 그 경계의 상실은 현실에 발 딛고 있는 삶의 영토에 대한 감성이나 자존감, 인격 등을 완전히 상실케 한다.

자본주의는 왜 도착적 욕망에 중독을 시키면서도 그것을 치유하려고 하는가? 왜 욕망을 탈영토화시키면서 동시에 재영토화시키는가? 이런 의문이 드는 것은 이른바 도박산업이 활성화되는 것 자체가 자본주의적임에도 불구하고 자본주의는 끊임없이 그것을 제어하는 속성을 갖고 있기 때문이다. 그러나 욕망은 제어될 수 없는 수준으로 탈영토화되고 한번 이런 쾌락의 길로 접어든 사람들은 나락으로 떨어져 가난, 외로움, 자존감의 상실, 가정해체, 경성마약 중독, 알코올중독 등과 같은 복합적인 중독으로 빠져들어 점점 그 자신의 존재조차도 상실해 버리는 경향이 있다. 자본주의는 욕망을 생산하면서 동시에 욕망을 제어하는 이중구속의 기괴한 역설을 만들어냈다. 일단 어떤 욕망이든 만들어지는 순간, 자본주의 스스로가 그것을 만들어냈음에도 불구하고 치유되어야 할 것으로 간주하면서 이중적으로 대중의 야성적 욕망을 무력화하고 욕망의 진정한 역능에 접근하는 것을 막는다. 이 속에서 피해자들이 속출한다. 그리고 희생양과 속죄양들이 번갈아 등장하며 꼭두각시 인형이나 자동인형의 유형으로 구성된 무대의 주인공을 만들어낸다.

이 기괴한 자본주의적 욕망은 도착과 협착을 통해서 경계를 넘나들 수 있는 초인적인 힘을 부여받는 것이 특징이다. "자! 게임판은 차려졌다. 당신을 위한 판이다. 당신의 의지대로 움직일 수 있는 판인 것이다." 이러한 망상적 설정이 경계를 넘어서게 만드는 손쉬운 선택을 하라고 나지막이 유혹한다. 겉으로는 매우 자연스러운 선택처럼 느껴질 것이다. 그러나 이 기괴한 기계장치 안에서 일단 움직이는 순간, 선택이란 애초부터 존재하지도 않았다는 것이 분명해진다. 자동기계처럼 도박이라는 기계장치 속에서 재깍거리며 움직이면서 점점 존재를 잠식해 들어가는 것만이 남는 것이다.

기계적 피드백과 욕망의 블랙홀

도박이란 자신의 손으로 다룰 수 있는 망치나 톱과 같은 도구가 아니다. 도박의 과정에서 무언가 자신 손으로 결정할 수 있는 것이 있다는 망상은 게임규칙이 갖추고 있는 설정의 일부에 불과하다. 도박은 일단 그 기계적 피드백 내에 들어가면 어떤 주체적인 선택도 불가능하다. 우리가 TV를 보거나 인터넷을 할 때 기계와 상호 작용하면서 그 안에 빠져드는 것처럼, 일단 빠져들면 그 외부를 볼 수 없으며 자동기계와 같은 인간을 만들어낸다. 도박은 골목어귀에서 심심파적으로 벌이는 화투나 바둑, 장기 같은 것과는 완전히 성격이 다르다. 여기에는 요행이나 지능, 인격이 끼어들 여지가 없다. 일단 기계의 일부가 되어 반응하는 인간이 있고, 그 반응에 따라 매뉴얼을 작동시키는 기계가 있다. 게임 역시 이러한 상호작용의 형태는 다를 바가 없다. 그것은 확률게임으로 보이지만, 확률의 경우수를 따져보고 거기다 욕망의 변수까지 고려한다면 매우 복잡한 확률게임이라는 것을 알 수 있다. 모든 게임에서 가장 중요한 독립변수는 그 판을 만들어낸 당사자가 가장 유리하다는 사실이다. 일단의 모든 확률도 그 확률수를 결정하고 판을 주관하는 사람에게 달려 있다고 할 수 있기 때문이다. 그런데 이 기계적 피드백에 빠져든 사람들은 판돈을 올려가며 확률에 몸을 던진다. 왜냐하면이 과정에서만 자신의 욕망이 기계적으로 배치되어 매끄러운 흐름을 이룰 수 있기 때문이다.

이 욕망의 블랙홀에는 주체의 위대한 죽음을 의미하는 죽음충동과 같은 요소가 있다. 그 심리적인 배후에는 자살로 이르는 욕망과 같은 성질이 도사리고 있다. 이는 주체성에 대한 분석을 통해서 더 확연히 나타난다. 먼저, 왜 굳이 아저씨들인가라는 질문을 던져보면 거기에는 소외되어 있던 주체의 목소리가 등장한다. 그들은 사회적으로 유예기간이 끝난 존재, 직장에서 버려진 존재라는 깊은 좌절감에 빠져 있다. 그들은 욕망의 블랙홀로 자신의 나머지 존재를 던져버림으로써 자신을 완전히 사라지게 만들어버리려 했다는 하나의 가설이 가능하다. 또한 아저씨라는 존재의 욕망이 사회에서 존재감을 확인받을 수 있는 곳이 거의 없다는 점도 큰 몫을 차지했다. 자신의 욕망이 인정받고 끊임없이 생성될 수 있는 영역을 찾지 못한 아저씨들의 자살적인 행렬이 기계장치와 만나 기계적 중독현상이라는 기괴한 현실을 만들었다는 설명이 가능하다.

도박이라는 욕망의 블랙홀은 엄청난 망상을 생산하며 사람들의 양자차원의 힘까지도 동원하면서 욕망을 빨아들인다. 그 과정에서 희생제의가 벌어진다. 자신의 모든 것을 바치며 희생자가 되려는 격렬한 욕망의 제단이 설립된다. 그들에게는 자신의 욕망을 알아주지 않는 세상 속에서 유일하게 자신의 욕망을 확인할 수 있는 도박이라는 기계장치가 있었다. 그리고 자신에게 남은 마지막 돈을, 아니 인생을 걸며 세상에서 가장 모험적이고 드라마틱한 시간을 보내기를 원했던 것이다.

도박 권하는 사회

현재 한국사회는 도박을 권하는 사회의 수렁으로 빠져 들어가고 있다. 무엇보다도 각각의 사회주체들이 안정되고 평화롭게 살 수 있고 욕망의 존엄성이 보장되는 그런 사회가 아니라, 모험과 망상과 도착과 분열을 통해서 소수의 승리와 성공만을 보장하는 사막 같은 사회가 되고 있기 때문이다. 도박의 최대 피해자라 할 수 있는 중년남성은 이 사회에서 사라져 가는 자신의 욕망을 확인하기 위해서 도박을 선택한 사람들이다. 자본주의적인 첨단기술이 만든 기괴한 기계장치들은 욕망을 극도로 배가시키며, 그 욕망덩어리의 도착적 힘 앞에서 개성과 인격과 자존감이 힘없이 무너지게 만들도록 설계되어 있다.

자본주의는 욕망을 기계적으로 포섭하기 위해 온갖 기괴한 장치들을 만들어낸다. 그러나 자본주의는 사실 욕망 자체를 위험한 것으로 취급한다. 욕망이 자본주의를 넘어서기를 원하고 자본주의 체제 외부를 응시하기 시작할 때, 욕망은 자본주의 체제 자체를 위협하는 요소가 되기 때문이다. 그래서 자본주의는 위험한 도박을 스스로 체제 내부에 만들어내서 위험한 욕망을 스스로의 것으로 만들어버린다. 이러한 기계적 포섭에서 개인들은 하나의 기계부품처럼 다루어지는 경향이 있으며, 욕망의 기계적 제어를 위해서 사용되고 버려지는 건전지와 같은 존재라고 할 수 있다.

자본주의는 일단 욕망은 생성되기만 하면 기성제도를 문제시한다는 점에 주목한다. 자본주의는 사회에서 배제되고 버려진 존재들의 욕망이 자본주의적 도착적 욕망의 일부로 작동하도록 변형되어야 함을 잘 알고 있다. 그래서 자본주의는 이 사회에서 버려진 중년남성들을 자본주의가 생산하고 제어할 수 있는 욕망영역의 어딘가로 끌어들이고 연루시키는 방식의 하나로 바다이야기와 같은 도박장치들을 이용한 것이다. 그러나 이유가 어찌됐건간에 도박판에서 생산되는 욕망의 힘은 미리 예측했던 강렬함을 넘어서 사회를 해체할 정도의 막강한 도착의 힘을 지니고 있었다. 뒤늦게 단속이며 치유센터며 사회적 문제라고 인식하고 있을 때는 이미 그것은 사회에 크나는 상처를 주고 뿌리 깊은 후유증을 남기고 난 후이다. 도박인구가 수백만에 달하는 사회는 우리가 생각하는 것보다 훨씬 더 위험한 사회라고 할 수 있다. 경계를 넘어서버린 사람들, 밑바닥에 도달해 있는 사람들, 욕망의 블랙홀에 빠져든 사람들, 이 모든 무리의 욕망들은 자본주의와 자신이 연루되기를 바란다. 물론 자본주의는 기회를 준다. 처절한 대가를 원하면서 말이다. 그 기회는 시작은 평범하지만 목숨을 건 룰렛게임과도 같다.

여기서 분명히 해두어야 할 점은 중년남성들의 내재적 욕망을 자본주의가 이용할 것이 아니라 우리 사회가 떠안을 필요가 있다는 사실이다. 불안정한 고용환경 속에서 일터를 일찌감치 떠나 자존감을 상실한 중년남성들에게 현실정치의 장벽은 너무나 왜곡되어 있고 중독에 이를 수 있는 기계장치들은 너무나 가깝다. 중년남성들의 사회적 진출은 매우 드물며 현실감각의 면에서도 젊은 층보다 떨어진다. 그러나 중년남성들은 이 사회에서 의미 있는 일을 하고 기여하고자 하는 욕망을 갖고 있다. 사회적 일자리 프로그램은 중년남성들을 적극적으로 재취업시키고 그들에게 사회에 기여하는 일자리를 갖고 있다는 자존감을 품게 할 수 있을 것이다. 또 대학이나 인문학이 해야 할 역할이나 비중도 크다. 돈에 대한 도착적 욕망의 프로그램이 그 많은 사람들을 사로잡고 망상과 도착 속에서 삶을 살아가도록 하는 것은 자본주의가 만들어놓은 함정이다. 인문학은 이러한 욕망을 스스로 응시하며 성찰하게 하는 계기가 될 수 있다. 중년남성들이 희망과 정열을 바쳤던 직장만큼이나 사회는 그들에게 대안적인 새로운 일자리를 제공함으로써 그들 삶의 욕망의 존엄함을 긍정해야 한다. 바다이야기 사태는 한국사회의 비정하고도 기괴한 욕망의 구조의 단면을 보여준다. 그러한 욕망은 배치·재배치되어야 하며 기계적으로 포섭된 욕망구조는 해체되어야 한다. 이 중독의 사슬에도 불구하고 생각보다 아직까지 생존자들은 많다. 우리 사회는 삶의 욕망이 자살적 블랙홀에 빠져들도록 방조할 것이 아니라, 대안적 욕망프로그램을 제시함으로써 욕망의 생성적 힘을 긍정하고 그 욕망에 탈주선을 제공하고, 욕망의 존엄성에 기반을 둔 대안을 찾는 진지한 모색이 필요한 상황이다.

중년남성들의 기계적 약물중독

기계는 일정한 반복의 패턴이 지속되는 현상이다. 기계는 많은 욕망들이 표현될 수 있는 방법이기도 하다. 기쁨기계, 쾌락기계, 웃음기계, 행복기계가 가능하다. 그러나 하나의 기계적 패턴이 반복되어 외부의 접속을 가로막을 때 그것은 욕망을 빨아들이는 기괴한 기계장치가 된다. 한국사회는 기계적 약물중독 현상이 심각한 상황이다. 다채로운 기계현상 속에서 사회의 욕망이 자연스럽게 흐르도록 설정된 것이 아니라, 하나의 기계화된 시스템에 사로잡혀 거기서 빠져나오지 못하는 욕망의 블랙홀이 있다. 바다이야기는 게임의 일종에 불과하다고 쉽게 생각해 버릴지 모르지만, 중년남성들의 욕망을 사로잡으면서 엄청난 망상과 도착으로 향했다. 바다이야기처럼 이상 징후로 보이는 욕망 현상의 배후에는 기괴하게 일그러진 사회의 현실이 가로놓여 있다. 신자유주의가 한국사회에 도입되면서 사람들은 매우 불안정하고 격렬한 욕망투여를 통해서 자신의 처지에서 어떻게든 도피해 보려고 했다. 중년남성들의 고뇌와 현실도피, 도착 등이 바다이야기라는 기계에 응집되어 기계장치처럼 작동했다. 도박의 기계장치는 사회 밑바닥의 사람들, 정체 없이 목표를 상실한 사람들을 사로잡아 완전히 무장해제시키고 더 밑바닥으로 이끈다. 약물중독처럼 기계에 대한 중독은 사람들의 삶을 송두리째 사로잡는 매우 심각한 상황을 만들어낸다.

그러나 이러한 도박사회는 신자유주의가 만들어낸 성공신화의 기괴한 이면이다. 자신의 신체와 사회에 수많은 기계장치들이 작동하고 흘러가며 연결되어 있다. 그 기계장치들 중 하나만 작동하고 다른 기계장치들의 작동을 막을 때 욕망하는 기계는 과부하로 들끓으며 집중된다. 자본주의에서 수많은 기계부품들이 움직이지 못하는 상황은 자본이 극도의 권력을 획득하고 삶을 파괴할 때 나타나는 현상이다. 자본주의 물신의 형태가 사람들을 마치 기계부품처럼 만드는 현상은 하나의 기계, 즉 돈을 움직이는 기계만이 권력을 획득했을 때 벌어지는 현상이다. 욕망이 세상을 움직이려면 수많은 기계들이 필요하며, 바다이야기와 같은 자본의 권력기계에 사로잡히지 않고 욕망하는 기계를 작동시킬 필요가 있다. 대안은 도착과 중독에 포섭되지 않은 욕망의 기계를 작동시켜 그로 하여금 세상을 창조하도록 할 때 가능하다.

03 사교육: 넌 다를 거야

안티 오이디푸스 anti-oedipe

들뢰즈와 가타리가 쓴 책의 제목으로, 정신분열자의 분석모델을 가지고 자본주의 욕망을 분석한다. 오이디푸스 콤플렉스는 테베의 왕 오이디푸스가 아버지를 죽이고 어머니와 결혼한다는 신화에서 비롯된다.

프로이트가 창안한 정신분석에서는 어린아이에게는 모두 오이디푸스 콤플렉스가 있으며, 세계는 이러한 가족무의식으로 설명 가능하다고 본다. 그러나 들뢰즈와 가타리는 오이디푸스적 가족모델로는 설명될 수 없으며, 역사적·사회적 무의식을 가진 주체들에 의해서 움직인다고 본다. 아버지의 권위모델에 의해서 유지되던 가부장제는 오이디푸스적 가족관계를 지탱시킨다. 초자아인 아버지의 권위에 따라 아버지-어머니-나라는 오이디푸스 형태의 가족이 구성되면 예속집단과 다름없이 행동하게 된다. 그러나 가족무의식 너머에 존재하는 야성적인 무의식을 지닌 아이들, 무의식이 고아인 아이들이 현존한다. 사실 현대의 가족은 무의식이 고아인 아이들이 만든 공동체라고 보아야 할 것이다. 부모의 일방적인 욕망투여로 아이들의 욕망이 규정당하고 억압당할 때 오이디푸스적 가족신경증이 생겨나며, 이로 인해 아이들은 예속된 욕망상태에 빠지게 된다. 들뢰즈와 가타리는 무의식이 고아인 아이들을 분열자라고 규정하는데, 이것은 정신분열증에 걸린 사람들이 가족무의식으로부터 벗어나 있다는 데서 착목한 개념이다. 오이디푸스의 문제는 가족재생산 및 사회재생산 문제와 긴밀한 관계가 있다. 이 오이디푸스를 넘어서는 것은 자본주의 재생산의 논리로부터 자유로운 존재가 된다는 의미를 가진다. 『안티 오이디푸스』는 욕망의 자율성에 관해 말하고 있다.

> "오이디푸스는 올가미에 걸린 심상이요 욕망은 이 올가미에 걸린다. (네가 바랐던 것은 그거지! 탈코드화된 흐름들, 그것이 근친상간이었다!)
> 이렇게 되면 하나의 긴 이야기, 오이디푸스화의 이야기가 시작된다."
> —들뢰즈와 가타리, 『안티 오이디푸스』

사교육과 공교육 사이에서

한국사회에서 살아가는 학부모라면 누구나 숙명 혹은 천형처럼 느끼는 부분이 바로 사교육이다. 공교육만으로는 해결되지 않는 교육의 현실, 갈수록 더 많은 것들을 요구하는 입시제도 그리고 한번 시작하면 끊을 수도 없거니와 어마어마한 돈을 미래를 위해 헌납해야 하는 사교육 등의 절박한 상황이 학부모와 아이들이 처한 현실이다. 어쩔 수 없는 선택은 결국 사교육이다.

이 사교육은 값비싼 대가를 요구한다. 그렇다면 이들은 사교육 안에서 행복할까? 한편에는 이 학원 저 학원, 이 과외선생 저 과외선생에게 맡겨져서 녹초가 될 때까지 공부를 해야 하는 아이들이 있다. 다른 한편에는 아이들의 미래를 위해서라면 뼈가 바스러지도록 일해야 한다는 생각으로 돈을 벌고 있는 학부모들이 있다. 학부모들은 맹목적으로 사교육시장을 신뢰한다. 아이들의 생존을 위해서라면 무슨 짓이라도 해야 한다고 사교육은 속삭인다.

하지만 그것은 아이들에 대한 사랑이 아니라 자본주의적 욕망의 일부이다. 학부모의 욕망이 만든 기괴한 현실이 사교육시장을 떠받치고 있다. 어른들의 욕망이 아이들을 쥐락펴락한다. 성공의 길은 오직 보다 고가의 사교육시장을 거쳐 외고 등 특목고에 들어가서 다른 아이들과 차별되는 교육의 수혜자가 되는 것, 그래서 결과적으로 좋은 대학 가서 성공한 사람들의 반열에 오르는 것이다. 사교육은 아이들에게 차별과 위계 없는 평등한 세상을 가르치는 것이 아니라 동료들과 경쟁해야 하는 아수라장 속에서 기회주의적으로 살아남을 수 있는 방법을 가르친다.

수많은 아이들이 이 경쟁의 전쟁터에서 삶의 존엄성과 가치를 찾지 못하고 주변화되어 버렸다. 그러나 그런 패배자들에 대한 동정이나 연민조차도 허용되지 않는다. 어른들은 그런 패배자들과 연대하지도, 가까이 하지도 말라고 가르친다. 상위 1%를 위한 수업에 99%의 들러리들이 동원되는 파행과 기형적 수업이 존재하며, 그 속에서 욕망의 피라미드 위쪽으로 오르는 엄청난 맹목성을 생산해 내는 학교시스템이 있다. 사교육이 공교육을 보완·보충한다고 생각하면 오산이다. 모든 지식전달과 인성교육의 대부분이 사교육에서 이루어진다. 사교육과 공교육은 대립하는 것 같으면서도 공생의 관계이다. 마치 자본과 국가가 달라 보이지만 동전의 양면에 불과한 것과 같다.

어떤 사람들은 공교육을 강화함으로써 사교육시장의 팽창을 막을 수 있다고 주장한다. 그러나 공교육과 사교육 모두 아이들을 서로 경쟁시키고 자본주의 사회 내로 끌어들여 자본주의가 원하는 표준적 인간형을 만드는 데 공조하고 있다. 자본주의는 동료를 짓밟고 자신만 성공해도 되며 서로가 연대하지 않는 그런 인간형을 원한다. 이런 의미에서 사교육과 공교육은 무언의 동맹관계이다. 자본주의가 원하는 인간형은 가난한 자, 소수자를 철저히 배제하고 외면하는 사람이다. 교육은 이런 자본주의가 원하는 인간형을 주형틀에서 찍어내듯이 생산하고 재생산하는 예속의 과정이다. 아이들이 지니고 있는 사랑과 우정, 모험심과 호기심, 동정과 존엄 등의 가치들은 자본주의에 의해서 식민화된다.

통계청 기준으로 2009년 현재 21조 6천억 원 규모의 사교육시장이 의미하는 바는 학부모들의 강렬한 욕망의 투사에 내재된 맹목성과 아이들에게 저질러지고 있는 '성공만이 최선'이라는 논리의 동원효과이다. 왜 학부모들은 아이들의 미래를 고민하면서도 경쟁사회를 벗어나야만 미래에 희망이 생길 수 있다는 것을 외면하는 것일까? 왜 자신의 아이들만은 예외일 거라고 생각할까? 사교육시장이 빨아들이는 '성공한 미래'라는 논리는 정말 아이들을 위한 것일까? 어른들의 맹목적인 욕망은 아이들을 매우 절박한 상태로 몰아넣고 욕망을 배제 혹은 오염시키고 가족의 진정한 사랑을 파괴한다. 물론 아이들의 인권은 철저히 무시될 뿐 아니라 자본주의적 경쟁을 당연한 것으로 받아들인 아이들은 서로 경쟁하고 왕따시키면서 차별하는 것을 올바르다고 생각하게 된다. 이런! 자본주의는 아이들에게 무슨 짓을 하고 있는 것일까?

교육을 통한 계급재생산

교육이 아이들의 인성과 품성, 전인성을 만들어나가고 다듬어준다는 생각을 한다면 그건 상황을 완전히 오판하고 있는 것이다. 이런 가치와 의미는 사라지고 교육은 성공한 부르주아가 자신의 계급을 재생산하는 절차에 불과해져 버렸다. 부르주아계급은 유아기 때부터 TV의 영상이미지나 조기교육을 통해서 아주 빠른 시간 내에 자본주의 사회에 익숙해지게 만들려고 한다. 이렇게 어릴 때부터 자본주의는 아이들의 무의식에 들어온다.

교육은 인간을 지성적으로 만들기보다 재빨리 그리고 본능적으로 문제를 해결할 수 있는 능력을 기르는 데 목표를 두고 있다. 수학, 언어, 외국어 등의 영역은 매뉴얼 익히는 과정처럼 지능을 요구한다. 교육은 자본주의를 수리, 색채, 문자, 음악이라는 기호들의 작동방식으로 받아들여 노예화시키는 예속의 과정을 의미한다. 예를 들어 교육이 요구하는 의미가 분명하고 답이 명확한 문제들은 이 사회의 낮은 곳에서 살아가고 있는 장애우, 이주민, 동성애자, 여성 등과 같은 소수자의 주체성과 자연 속의 동식물을 배제하도록 설계된 것들이다. 문제수행 능력이 교육의 목표라 함은 결국 교육이 처음부터 끝까지 소수자에 대한 차별과 배제를 받아들이도록 만드는 훈련이라는 것을 의미한다.

그런데 교육이라는 자본주의 공리계가 언급하지 않는 소수자나 주변인이 멀리 있을까? 교육받는 아이들이 바로 소수자들이다. 교육은 이런 사실을 아이들로 하여금 부정하게 만들고 자신의 욕망을 억압하도록 만든다. 그리고 오로지 어른들이 만들어놓은 주류사회, 즉 자본주의만이 올바르다는 생각을 갖게 만든다. 아이들의 이율배반은 자신의 소수자적 주체성을 부정하고 소수자들을 억압하고 차별하면서 위계질서의 상단으로 올라야만 성공하는 것임을 가르치는 위선자들에게 포위되어 있으면서도 자신의 욕망이나 삶은 철저히 배제당하는 소수자라는 사실을 직감적으로 눈치 채고 있다는 데 있다. 하지만 학원선생이나 학부모들은 끊임없이 자본주의적 성공에 대한 장밋빛 환상을 제시하면서 이 이율배반을 은폐시킨다. 아이들의 무의식은 수많은 사람들의 덧칠에 의해 지저분해진다.

자본주의 체제는 자신을 재생산하기 위해서 일차적으로 가족이라는 세포단위를 동원한다. 자본주의는 미세한 가족의 일상생활과 무의식으로 침투해 들어왔다. 가족은 모든 것을 환원하는 사회의 기본단위가 된 것이다. 가족으로 설명될 수 없는 사회적 · 역사적 사건들도 모두 가족드라마로 환원되며, 이로써 가족에 대한 사랑은 치유의 역할을 하는 것처럼 여겨지게 된다. 오이디푸스 삼각형에서 어머니, 아버지 등의 역할극은 신경증적 부르주아 가정을 흉내낸다. 그 부모의 사랑 형식에 자본주의적 욕망이 개입한다. 부모들은 자본주의적 욕망이 만들어놓은 배치의 일종인 사교육시장이 자신의 사랑을 표현할 수 있는 유일한 수단인 것처럼 느낀다. 부지불식간에 이 사교육시장에 편입되고 욕망을 투사하면서 뭔가 잘못 돌아가고 있다고 생각한다면 이미 때는 늦었다. 사교육이 선동해대는 성공주의 · 승리주의로 잘 포장된 욕망들은 마치 미래의 행복을 지금 획득한 것처럼 달콤한 매력을 내뿜으며 부모들을 현혹시킨다. 그리고 부모들은 부르주아 가족의 성공담을 자기 가족의 일인 양 동일시한다.

계급은 개인의 성향 · 취미 · 욕망 등과 무관한 차원을 의미한다. 부르주아계급으로 존재하는 것은 계급의 논리에 자신의 삶과 욕망을 맡기고 개인의 욕망이나 삶의 가치를 모두 다 헌납해야 가능하다. 결과적으로 사교육시장과 연루되면서 부모들이 부르주아계급이 되기를 욕망하는 것은 곧 아이들에게 부르주아계급의 논리대로 움직일 것을 명령하는 것으로 뒤바뀐다. 사교육은 아이들이 살아가는 시간을 회수하고 경쟁의 반열에 서도록 만든다. 온갖 성공신화가 제공되며 공부밖에 길이 없다는 협박도 서슴지 않고 욕망을 억압하는 것이 성공의 길이라고 외쳐댄다. 계급 재생산과정은 철저히 욕망을 억압하는 과정이며 초자아―아버지, 신, 국가―의 수용좌표 내로 욕망을 사로잡는다. 이런 형태로 가족은 예속집단의 원리에 따라 작동한다. 오이디푸스를 거부하는 것은 가족논리나 가족무의식으로부터 벗어나 사회집단의 구성원 일부로 발언하기 시작할 때이다.

가족무의식이나 가족이데올로기가 주입되는 자본주의하에서 가족 재생산은 계급 재생산의 필사적인 수단이다. 한 치의 어긋남 없이 계급의 일원으로 성장해 가는 아이들의 교육과정은 매우 합리적인 수학도표와 영어단어, 논술문제 등으로 구성되어 있다. 극도로 정상적이고 합리적인 차원의 문제와 답은 아이들의 욕망을 통제하려는 수단이다. 물론 이 문제들은 정상 사회의 이면에 감추어진 또 다른 광기를 의미한다. 성공에 미쳐 있는 광기, 자본주의적 광기가 도사리고 있는 것이다. 성공과 승리만을 가르치는 정상 사회의 광기는 소수자들의 광기를 진짜 광기로 혐오한다.

그러나 이 미친 체계를 끝장낼 수 있는 길은 요원하다. 탈주하고 창조하고픈 아이들의 욕망은 철저히 짓밟히고, 아이들은 도망칠 틈도, 선택의 여지도 없으며 다른 것을 욕망할 자유조차 없다. "이러한 미쳐 있는 사교육이 아이들에게 무슨 짓을 하고 있는가?"라고 질문을 던지는 어른들이 존재하지 않는다. 어른들 자신이 이러한 잔혹한 게임을 만든 당사자라는 것을 알기란 그리 어렵지 않다. 여기에는 자식 잘되기만 바란다는 부모들이 아이들의 욕망을 억압하는 데 주도적인 역할을 한다는 추악한 이면이 있다. 어떤 의미에서 혁명적 순간은 비행청소년이 되는 것과 주의집중을 못하고 신경증을 앓는 등의 모습을 보이는 아이들의 이상행동 속에서 시작된다. 자본주의가 원하는 방식의 욕망과 광기를 수용하지 못하고 일탈된 행동을 보이는 아이들은 자신의 욕망을 발견하기 위해서 주변화되는 경로를 선택한다. 특히 경쟁에서 이탈한 아이들을 비행청소년으로 매도해 온 것은 공교육이다. 엄격한 벌점제도와 체벌로 아이들을 예속시키고, 어디로도 도망갈 수 없도록 결박해 온 것이 교육제도가 보여준 모습이다. 그런 한편으로 "나는 아버지계급을 재생산하는 교육을 받아들이지 않겠다"고 선언한 아이들이 있다. 또 "교육제도로부터 어떠한 배울 점도 발견하지 못했다"라고 말하기 시작한 아이들이 있다. 결국 아이들의 창의적이고 존엄한 욕망을 긍정하기 위해서는 교육이라는 기존 틀을 넘어서 이야기를 시작해야 한다. 마르크스의 말마따나 교육자도 교육받아야 하는데 바로 아이들로부터 교육받아야 하는 것이다.

미래란 이런 것이었나?

1970년대에 철야잔업에 지친 여공들이 있었다면, 2000년대에는 사교육시장에서 공부하면서 뜬눈으로 새벽을 지킨 아이들이 있다. 이 아이들에게는 그들을 현혹하는 여러 가지 미래에 대한 메시지가 있었다. 미래에 대한 불길한 이야기들은 지금 준비해야 한다는 강박관념이 뒤따른다. 고등학교,

대학교, 취업 등 미래의 문제가 현재를 움직이게 하며 자본주의 체제 내로 포섭하는 이데올로기가 있다. 자본주의가 원하는 인간형을 만드는 실질적 포섭단계의 자본주의에서 예속화·노예화의 수준은 심각하다. 우리의 꿈과 욕망과 정서, 감정, 인식, 심리상태까지 조종하려는 자본주의와 대면하게 된다. 사교육시장은 아이들의 욕망을 미래를 향해 줄곧 쉬지 않고 달리게 하는 맹목성으로 만들어낸다. 오직 맹목성뿐, 가로질러 횡단하려는 자유는 어디에도 존재하지 않는다. 아이들을 맹목적으로 움직이게 만든 것은 다름아니라 미래이다. 학부모와 학원선생들은 미래세대인 아이들이 어떻게 미래를 맞이해야 하는지를 진실하게 알려주기보다 거짓과 위선으로 가득 찬 미래상을 심어준다.

진정한 미래는 현재를 고통과 예속에서 해방시키고 억압을 제거함으로써 자유의 폭과 차원을 무한하게 확장시키는 섬광과 같은 순간을 의미한다. 이러한 해방적 미래가 아닌 미래는 망상이며 기만이다. 즉 미래는 자본주의 체제가 지속되는 한 끊임없이 가공되고 조작되지만 그 자본주의 자체를 극복하고 대안을 꿈꾸지 않고서는 다가올 수 없는 성질의 것이다. 그러므로 자본주의가 만들어내는 미래들은 대부분 도착과 망상으로 가득하다. 자본주의가 생산하는 미래는 남들은 어찌되었든 자기만 성공한 미래, 상대방을 짓밟고 경쟁에서 승리한 미래만을 보여주고 유혹한다. 자본주의가 만들어내는 미래이미지들은 잔혹하기 이를 데 없으며 진정 미래세대인 아이들이 행복하게 살 수 있는 희망과 꿈을 주지 못하는 것들이다. 자본주의는 미래를 할인받고 착취하며 미래를 통해 현실의 억압을 정당화한다. 아이들이 또 이 지옥 같은 경쟁의 아수라장에 내던져져야 한다는 것이 아이들의 미래라면 그것은 정말 미래라기보다는 지옥을 미리 체험해 보는 것과 같은 것이다.

이러한 자본주의적 미래는 철저히 어른 중심적인 기성세대의 작품들이며 조작된 신화다. 이제 그 미래는 개인이 사회시스템과 무관하게 노력만 하면 성공할 수 있는 것도 아니다. 철저히 양극화된 교육현실 속에서 개인의 노력은 더 이상 성공의 열쇠가 아니다. 그렇다고 그것은 계몽주의적인 미래, 즉 지적으로 미숙한 인간을 미몽에서 일깨우는 미래도 아니다. 오히려 인간을 철저히 자본주의적 욕망으로 훈련시켜 다른 욕망의 여지를 주지 않는 그러한 미래다. 그 속에서는 오로지 돈의 논리만이 성공의 열쇠이며 사교육은 그것을 매개하는 하나의 기계장치이다. 이를테면 최근 회자되는 인문학의 위기도 그 연장선에 있다. 돈만이 성공의 잣대가 되고 있는 현실에서 인문학처럼 성공과 무관한 학문은 배제될 수밖에 없다. 물론 논술 사교육시장과 같은 영역은 인문학이 응시하는 소수자의 욕망과 광기의 부분은 쏙 빼어버리고 인문학을 식민화시킨다.

필요한 것은, 자본주의적 욕망에 편입되지 않고 그 외부에서 예술의 욕망, 과학의 욕망, 창조와 생성의 욕망을 목표로 하는 대안교육이다. 이를 통해서 생성과 창조의 학문기반을 만들어나가고 아이들의 욕망에서 다양한 가능성을 발견할 수 있다. 기계적으로 하나의 문제의 정확한 답만 찾아내고 합리적인 인지능력이나 지능을 훈련받아 온 아이들에게서 창의성의 요소를 찾기란 거의 불가능하다. 한마디로 사교육이 조장하고 있는 자본주의적 욕망의 투사는 교사와 학생이 대안적 형태로 관계 맺을 수 없고 철저히 시장논리에 따라 교육을 프로그램화한다는 점에서 아이들의 욕망에 잠재된 창의성을 발굴해 낼 수 없다. 사교육은 자본주의적 욕망의 틀로 학부모와 아이들과 교사들을 편입 혹은 연결시키기 때문에 이들은 서로 대안적 관계를 형성할 수 없으며 오로지 각자 부여받은 역할에 따라 기계적으로 움직일 수밖에 없다. 이러한 자본주의적 욕망의 꼭두각시놀이에 주체들은 거래되는 돈의 흐름에 따라 자신의 위치를 결정하게 되는 것이다. 당연히 이런 기계화된 사회적 배치는 창의적이고 대안적인 인간관계가 아니라, 자본주의적 욕망이 만든 물신화된 인간관계를 만들어낸다. 이 속에서 아이들의 미래가치, 욕망가치, 꿈의 가치는 몰수된다. 미래세대를 진정으로 사랑하고 위한다면 "돈이 해결해 주겠지"라는 생각에서 먼저 벗어나야 한다. 그것은 대안적인 가족공동체 수립의 문제이며 대안적인 교사와 학부모 관계의 수립 문제이다. 즉 사회적 관계 자체의 대안적 형태를 추구하는 것에서부터 시작되는 것이다.

아이들에 대한 어른들의 욕망투사의 진실

자식을 사랑하지 않는 부모도 있을까? 부모의 자식사랑은 말 그대로 지극한 내리사랑이다. 그러나 자본주의 사회에서 가족은 외로운 섬이 아니라 하나의 사회적 배치로 나타난다. 자본주의적 관계 속에서 부모가 자식과 관계하는 순간, 그 관계는 사랑의 관계가 아니라 욕망의 관계로 재편되어 버린다. 자본주의는 매우 미세한 영역까지 자신의 촉수를 드리우고 있으며 인간관계 속으로 삼투해 들어온다. 가족도 예외일 수 없다. 가장 작은 가족 단위 내부에서 자본주의적 욕망이 재생산되며 이색적인 욕망, 색다른 욕망, 탈주하려는 욕망 등에 대한 억압장치로 기능한다.

부모들은 아이에 대한 사랑이 사회적 배치로 향하는 순간 체제의 하사관 역할을 할 수밖에 없다는 자괴감에 사로잡히게 된다. 즉 잔혹하고 냉정한 현실에서 자신의 자녀들이 살아남으려면 체제와 제도의 논리를 가정에서부터 미리 교육시켜야 함을 알게 되는 것이다. 특히 부모세대들은 무엇보다도 매우 불안정하고 경쟁이 격화되어 있는 현실을 먼저 인식하게 마련이다. 부모들 자신이 겪고 있는 전망상실과 같은 불안정한 미래와 삶의 지지기반 상실과 같은 상황은 절대로 아이들에게 물려주어서는 안 될 현실이라고 생각한다. 부모들이 사교육열풍에 휩싸이는 이유 중 하나는 자신이 겪고 있는 불안정한 현실과는 다른 안정된 현실을 아이들에게 보장해 주어야 한다는 절실함 때문이다. 부모들은 아이들을 좋은 학교, 좋은 교육, 좋은 대학으로 보내기 위해서 무슨 일이든 해야 한다고 생각하게 되는데, 그것은 그 길만이 유일하게 안전하고 보장받는 삶을 가능케 하리라는 희망 때문이다. 그러나 일단 사교육시장에 아이들을 보내는 순간 부모들은 자본주의적 욕망의 틀에 자신의 생각과 욕망을 맞출 수밖에 없다. 이 순간부터 학부모들은 자신의 욕망이 돈의 형태로 아이들에게 투사되는 사교육의 구조에 따라 기계적으로 반응하게 된다. 자본주의는 학부모와 아이들의 관계를 직접적인 사랑의 형태가 아니라, 그 중간에 매개하는 사교육시장을 통해서 욕망의 관계로 만들어버렸다. 물론 그 관계 속에는 돈이 얼마나 많은가라는 점이 현실로 다가오며 돈으로 미래도 살 수 있다는 자본주의적 논리가 뒤따른다.

부모들은 아이들에게서 희망과 불안을 동시에 발견한다. 그래서 강렬한 자본주의적 욕망의 기계장치들인 사교육시장을 통해서만 아이들이 보다 더 경쟁력을 가지리라는 믿음을 갖게 되는 것이다. 자본주의의 거짓된 선지자들이 주입하는 이데올로기라고 할지라도 자신의 아이들만은 패배자가 되어서는 안 되겠기에 부모들은 그것에 매달릴 수밖에 없다. 이 과정에는 절박한 맹목성이 있다. 학부모는 아이들의 현재와 미래에 어떤 방식으로든 도움을 주고 아이들의 현실에 매개되어 있어야 한다고 생각한다. 그러나 자본주의에서 아이들의 미래와 관계할 수 있는 방법은 사교육이라는 기계장치뿐이다. 부모들은 아이들과 직접 만나 행복한 저녁시간을 보내는 것이 아니라 돈을 통해서 아이들의 미래와 관계한다. 그리고 아이들에게 자신의 욕망을 투사하는 방식을 선택한다.

그 욕망의 형식에 사교육만큼 적절한 것도 없다. 물론 학부모들의 이러한 어쩔 수 없는 선택은 가족을 하나의 작은 공동체가 아니라 예속집단으로 규정하게 만드는 사교육시장의 기계적 경로에 편입되는 것을 의미한다. 뭔가 잘못 돌아가고 있다고 생각할 때는 이미 늦었다. 사교육은 욕망을 증폭시키고 더 많은 돈을 투하해야 더 좋은 결과를 낳는다는 욕망의 논리를 들이댄다. 학부모와 아이들의 관계는 사교육이라는 자본주의적 기계장치의 욕망의 논리에 의해서 오염되고 더 적극적으로 예속을 욕망해야 살아남는다는 논리에 빠져든다. 물론 부모들이 이런 것을 바란 것은 아니다. 그리고 부모와 아이들의 관계가 이런 자본주의적 욕망의 관계를 통해서만 가능한 것도 아니다. 그러나 부모들은 부르주아 가족제도를 흉내내면서 신경증적 가족무의식을 받아들이고 성공한 사람들의 가족신화에 동참하고자 한다. 자본주의적 욕망은 가족 내부에서 욕망덩어리를 만들어 아이에게 일방적으로 투사되는 경로를 따르게 된다. 노동자가족, 서민가족들도 이러한 부르주아가족을 뒤따르면서 이 같은 욕망의 형식으로 아이들을 바라보고 사교육에 휩쓸려든 것이 사교육열풍의 중요한 원인인 것이다.

오이디푸스 삼각형을 넘어서

오이디푸스 삼각형은 부모들이 자신의 욕망을 아이들에게 덮어씌우려고 할 때 시작된다. 이 순간 가족은 하나의 작고 아름다운 공동체가 아니라 무시무시한 자본주의의 기계가 된다. 아버지는 돈 버는 기계가 되고 어머니는 살림하는 기계가 되고 아이들은 공부하는 기계가 된다. 이 거짓욕망의 사슬과 굴레를 아이들에게 씌워서는 안 되겠다고 생각한 학부모들이 있다. 생태와 대안적 삶을 가르치는 대안학교를 설립하여 학교가 자본주의적 예속장치로서 작동하지 않고 대안적인 관계망이 되게 하는 학부모집단이 있다. 오이디푸스 콤플렉스는 신경증적 가족유형에서 등장한다. 부모가 아이를 자신의 욕망의 부속물로 여기고 욕망을 투사할 때 온갖 추악하고 기괴한 오이디푸스 삼각형이 가족제도 내로 들어온다. 대안적 가족제도와 학교제도를 꿈꾸기 시작한 학부모집단의 등장은 어머니와 아버지의 의미를 다르게 구성하였다. 아이들과 충분히 대화를 나누며 자신과 함께 고민을 나눌 수 있는 친구와 같은 존재가 된 부모들은 아이들의 욕망을 오이디푸스 삼각형으로 예속시키지 않는 색다른 형태로 받아들인다. 새로운 대안의 모색은 이제야 자본주의가 만들어놓은 사교육시장의 욕망구조에 의문을 던지고 다른 방식의 삶이 가능하다는 것을 발견한다. 아이를 독립적인 인격체로 보고 아이의 말에 귀 기울이며 아이의 욕망의 창의성과 생산성과 함께 호흡하는 삶의 방식의 색다른 관계맺음은 대안이 매우 가까이에서 시작되는 것을 의미한다. 자본주의는 공동체들을 식민화시키려 한다. 그중에서도 가족공동체가 사교육시장에 의해서 식민화되었고 낡아빠진 오이디푸스 삼각형을 작동시켰다. 미래세대를 진정으로 생각하는 것은 아이가 처하게 될 환경의 문제, 아이들이 갖고 있는 욕망의 문제 등에 행동하기 시작할 때 가능하다. 성공과 승리의 미래를 조작해 내는 자본주의의 헛된 선동선전으로부터 벗어나야 새로운 대안수립이 가능하다. 부모들이 아이들의 욕망과 삶을 이해하고 '아이 되기'라는 사랑의 과정을 통해서 보다 적극적인 사랑과 기쁨의 관계를 맺으려는 것, 아이들로부터 새로운 미래를 배우며 어른세계가 만들어낸 위선과 가식의 갑옷을 벗어던지는 것, 지구환경과 동식물을 사랑하는 아이가 되도록 함께 고민하는 것 이 모든 것들이 진정으로 미래를 생각하는 부모들의 모습이다.

04 부동산 신화: 내 집에 황금송아지 있다

도착 perversion

프로이트는 성도착증을 성충동이 옷, 머리카락, 신체의 부분에 고착되어 나타나는 이상행동으로 보았다. 도착은 페티시즘(fetishism)이라는 물신주의에 수반되는 신체의 변화양상이다. 자본주의 욕망구조는 자본이나 상품 등을 물신(物神)화하여 바라보게 만든다. 이러한 물신에 대한 맹목적 숭배와 충동은 도착으로 나타난다. 프로이트는 도착과 같은 성충동이 유아기로의 퇴행을 의미하는 것으로 해석한다. 반면에 가타리는 카프카의 예를 들어 도착이 자본주의적 욕망의 기본구조라고 언급하면서 도착은 가족신경증 속에서 나타나는 것이 아니라, 물신의 권능을 통해서 가족·집단·사회를 스스로 조종해 낼 수 있다는 관료들의 편집증적 망상과 결합되어 나타난다고 본다. 도착의 메커니즘은 모든 사물에 무의식이 들러붙어 있다는 것을 반증한다. 무의식은 축구경기장에도 있고, 휴대폰에도 있고, 텔레비전에도 있다. 이러한 무의식 속에서 물신주의가 작동하는 경우가 있다. 가령 휴대폰이라는 상품에 대한 물신이 작동하는 순간 욕망은 도착으로 나아가게 된다. 이런 상품물신의 경우는 광고이미지와 영상 등에 의해서 조작되는 측면이 강하다. 도착의 일반적인 정의는 이상성애자나 변태를 의미한다. 그런데 자본주의 소유구조는 땅이나 집, 아파트 등을 '영원히 갖는다'는 물신적 욕망을 만들어내기 때문에 도착을 발생시킨다. 이 도착은 사도·마조히즘이나 페티시즘 같은 도착보다 더 정상으로 간주되어 온 변태적 욕망이다.

"내가 똥이라고 말할 때, 그것은 결코 은유가 아니다.

자본주의는 모든 것을 똥 같은 상태로, 즉 각자가 사적이고 자책감에 사로잡힌 방식으로

[그것에서] 자신의 몫을 추출해야 하는 그런 미분화하고 탈코드화된 흐름의 상태로 환원한다."

−가타리, 『분자혁명』

강부자와 강남아줌마

1980년대부터 한국사회에서 부동산열풍이 서서히 시작되었고 2005년을 전후하여 한국사회는 중산층 등이 주도하는 매우 격렬한 형태의 부동산열 풍에 휩싸였다. 이명박정부의 집권 초기 내각인사 대부분도 이른바 강부자 라는 부동산재벌들인 것만 보더라도 한국사회에서 부자가 된다는 것이 얼 마나 부동산과 관련되어 있는지를 알 수 있다. 속칭 '강부자'는 "강남에서 부동산으로 부자 된 사람"을 일컫는다. 부동산은 가치를 생산하지 않는다 는 의미에서 불변자본이며, 유동성을 갖지 않는다는 의미에서 고정자본이 다. 그러나 부동산투기는 부동산이 가치를 증식할 수 있다는 믿음과 부동 산도 부의 원천이라는 생각이 깔려 있다.

물론 봉건사회에서도 부동산을 가진 자와 그것을 임대하여 소작하는 사람의 관계가 존재하였으며 사회적 관계에서 중요한 위치를 차지했다. 그 러나 봉건사회의 부동산 개념은 자본주의 사회의 그것과는 매우 다르다. 특히 탈근대 자본주의에서의 부동산은 단순한 임대수익을 위한 고정자산

이 아니라, 도착적 욕망의 덩어리라는 의미를 가진다. 땅이 부동산으로서 가치를 갖기 위해서는 농부처럼 생명을 순환시키는 것이 아니라, 콘크리트 건물을 세움으로써 생명을 없애야 한다. 부동산가치는 생명가치와 맞교환해야지만 가치가 생긴다는 특징을 갖고 있다. 즉 개발주의와 성장주의의 땅 개념은 생명가치를 파괴해야지만 시장가치를 만들 수 있다는 형식으로 자리 잡고 있다. 땅 위에 건물을 세우고 골프장을 짓는 것은 땅이 지닌 고유한 생명가치를 잃으면서 시장가치와 교환되는 것이다. 한국사회의 부자들은 대부분 부동산재벌들이라고 할 수 있는데, 그것은 시장가치 영역에서 고정자본에 비중을 두는 한국부자들의 자본의 형식과도 관련이 있다.

그런데 문제가 되는 것은 왜 굳이 중산층이 부동산에 동요를 했는가라는 점이다. 특히 강남, 일산, 분당 등 신도시를 중심으로 한 부동산투기 열풍은 속칭 강남아줌마라는 욕망의 주체들을 형성하고 부를 거머쥐기 위한 긴 줄과 거대한 무리를 이룬다. 여기서는 먹이피라미드와 같은 욕망의 바벨탑이 존재한다. 가족에게 욕망을 투사하여 자신의 가족만이 영원함이 보장된 미래로 향하고 성공한 미래로 나아갈 수 있다고 생각하는 아줌마집단은 물신의 권능으로 오이디푸스 삼각형을 자기 손아귀에 넣을 수 있다는 도착에 사로잡힌다. 이 도착의 욕망은 가족을 자본의 물신에 의해서 움직이는 자동장치로 만들었다. 이러한 도착의 기본적인 문제의식은 자본이 영원성을 보장한다는 물신에 기반하고 있으며, 자기 가족의 영원성 역시 자본의 영원성에서 보장될 수 있다는 믿음을 갖고 있다는 것이다. 자본이 자동 증식하듯이 부동산은 부를 저절로 증식했으며, 이것은 도착과 물신의 망상을 증폭시켰다. 특히 부동산 차익에 대한 환상은 땅, 아파트, 가옥 등을 사용가치의 측면에서 보기보다는 욕망가치의 입장에서 재구성하였다. 아줌마집단은 도덕적 명제나 명예 따위는 가족의 안녕 뒤에 접어두고 물신의 행렬에 동참했다. 부동산은 이제 자본이 약속하는 욕망가치의 증거였으며, 이 행렬에 동참하지 않는 자는 머저리가 되는 것이었다. 아줌마들은 자본가계급의 주요한 본능과 충동을 재빨리 익혔으며, 아주 중요하고도 비밀스런 정보를 통해서 부동산 재테크가 부자 되는 가장 빠른 길이라는 것을 감지했다.

욕망의 황금송아지

자본의 기호계는 항문기 단계의 주체성을 생산한다. 즉 자본주의가 똥처럼 지저분한 현실을 배설하는 것과 같은 단계에 부동산이 있다. 똥은 돈이며 화폐와 같이 소비단계에서 나타나는 욕망흐름의 최종적인 결과물이라고 할 수 있다. 그것은 욕망덩어리로 응고되면서 화폐로 결정된다. 아줌마들은 욕망가치가 흐름이 아니라 덩어리로 나타나는 욕망 소비단계의 항문기적 주체성이 된다. 투기꾼이 되어버린 아줌마들의 무의식에는 자본의 신, 즉 물신이 있다. 이 물신 속에는 영원성을 약속하는 종교의식과 같은 사고가 있다. 불경스럽게도 기독교적 신과 자본은 무척 닮은 측면이 있다. 영원성을 약속할 수 있는 대주체에게 자신을 복속시키고 움직이게 만든다는 측면에서 더욱 그렇다. 초기 자본주의가 프로테스탄티즘을 통해서 탈주술화되고 세속화된 신을 주장하는 점에서 보자면, 자본(신)의 물신주의 배경은 역사적이기까지 하다. 자본에 진입하기 위한 욕망, 부자가 되기 위한 욕망, 자본주의에서 노년과 미래를 약속받고 싶은 욕망, 이러한 욕망들이 덩어리를 이루어 거대한 화폐시장을 형성하였다. 이 부동산시장은 사람들을 극도로 자극했다. 이제 집은 사용가치나 교환가치에 의해서만 판단될 수 없다. 집을 산다는 것은 그만큼의 부에 대한 욕망을 사는 것이며, 욕망이 가치화되어 회전하고 흘러가서 결국에는 화폐로 응고되리라는 욕망을 사는 것이다. 땅이나 집은 소박한 톰아저씨의 오두막이 아니라 이제 욕망의 황금송아지라고 할 수 있다.

"도대체 물신주의가 무슨 문제인가? 황금송아지든 황금돼지든, 그것을 숭배하는 것이 무슨 잘못이란 말인가?"라는 반문도 가능하다. 도덕군자가 아니라면 부자가 되겠다는 이런 생각에 대해서 비난할 이유가 없다고 이 세속적이고 속물근성에 빠진 투기꾼들은 자신을 정당화한다. 또한 이들은 자신이 매우 현실적이라고 말한다. 그런데 문제가 되는 것은 부동산 차익을 통해서 부를 획득하는 소수의 사람들을 위해서 사회의 나머지 구성원들이 기회비용과 사회적 비용을 대신 지불해야 한다는 점이다. 그리고 부동산에 막대한 부가 축적되면 그만큼 사회적 손실분이 많아진다는 사실에 주목해야 한다. 또 다른 문제는 물신주의가 영원한 대주체를 망상할 뿐이지 유한자로서의 인간 자신을 생각하지 않고 있다는 점이다.

수만 년 된 산을 자신의 것이라고 등기한다고 해서 그것이 정말로 인간의 몫이 되는 것이라고 생각한다면 오산이다. 인간은 잠시 그것을 빌려 쓸 뿐, 그것을 영원히 자신의 것으로 만든다는 발상 자체에서부터 문제가 있다. 물신주의는 영원한 것이 아니지만 영원을 약속하는 계약 앞에서 도착을 정당화한다. 미래는 혁명적 변화 속에서 다가온다. 미래는 공동체들의 미시적인 욕망의 흐름이 어떤 형태로 사회적 배치를 바꾸고 사람들의 행위양식을 바꾸어낼 것인가에 달려 있다. 미래는 영원성이 미리 주어져 있고, 이것을 돈으로 사면 된다는 식이 될 수 없다. 물신을 통해서 가족의 미래를 책임진다는 것은 망상이며 허황된 사고방식이다.

아줌마와 도착적 변용

아줌마들이 자본을 향해서 움직이고 자본에 의해 조종당했다고 해서 반동계급으로 규정할 수는 없다. 탈근대 자본주의는 분자적이고 미시적인 욕망의 수준에까지 침투해 들어와서 가족무의식 속에 예속을 스스로 욕망하게 만들고 마치 자동인형처럼 움직이게 만든다. 개인들은 자본주의의 초자아—신, 아버지, 국가—의 수용좌표 내에서 사고할 때, 대주체적 초자아에게 자신이 예속되어 있다는 데 안정감을 느끼며 그 예속을 스스로 욕망하게 된다. 가족무의식 속에서의 예속 욕망은 사회집단이 반동화될 수 있는 기원이 된다. 모든 자본주의적 행위들이 관철되는 기본 세포단위에는 가족이 있으며, 이것이 기괴한 욕망덩어리를 정당화한다. 아줌마집단의 가족을 위한 헌신적 욕망은 자본을 욕망하는 것, 예속을 욕망하는 것, 돈을 욕망하는 것의 모습을 보인다. 돈에 대한 욕망도 물론 욕망이다. 그러나 문제는 돈에 대한 욕망이 아줌마집단을 예속시켜 사회의 다양한 배치를 자유롭게 가로지르지 못하게 만들고 물신주의를 숭배하는 맹목적인 충동으로 나아가게 한다는 점이다. 즉 돈에 예속되고 진정한 자유가 없는 집단이 된다.

먹이사슬 피라미드의 상단을 지향하는 맹목적인 충동은 예속된 욕망의 모습이다. 예를 들어 아줌마들이 가족의 미래를 생각하는 것 이상으로 진정한 미래세대를 생각했다면 무언가 자연환경을 자산으로 남겨주려는 '나늚과 연대의 행위양식'으로 향했을 것이다. 그러나 돈에 대한 욕망이 가족 무의식 속에 예속되는 순간 자기 자신과 가족들만의 미래와 안정을 위해서 "다른 사람들은 어떻게 되든 괜찮다"는 식의 방조적인 생각을 갖게 된다. 물론 아줌마들의 욕망 속에는 정글과 같은 자본주의에서 우리 가족은 어쨌든 살아남아야 한다는 매우 절박하고 현실적인 사고가 함께 존재한다. 그런데 어떻게 살 것인가의 문제에서 늘 물신주의적 도착만으로 대답하는 자본주의적 현실에 대해 의문을 갖지 않고서는 이 예속과 물신의 욕망의 끝은 보이지 않는 것이 문제이다.

한국사회에서는 개발주의와 더불어 부동산에 대한 욕망이 등장했다. 개발주의는 파헤칠수록 가치가 늘어나고 개발할수록 가치가 증대된다는 믿음이다. 이러한 가치의 형성과정에서는 소수자와 가난한 자들이 배제되는데, 그 모습은 세입자·철거민·영세상인 등으로 나타난다. 이 과정에서 부동산을 사적으로 소유한 사람만이 사회적 부를 거머쥘 수 있는 열쇠를 가진다는 것은 자명한 진리인 것처럼 보인다. 강남아줌마들이 예속집단인 이유는 민중과 소수자의 삶을 외면한 채, 계급상승에 대한 희망에 눈이 멀었기 때문이다. 강남아줌마들에게는 소수자 되기, 민중 되기라는 사랑과 변용이 존재하지 않는다. 그녀들은 도착과 물신을 통해서만 세상을 본다. 자본주의에서 문제가 되는 것은 가족예속의 형식 아래서 모든 도착적 물신주의가 정당화된다는 점이다. 그러나 시장가치와 생명가치가 맞교환되는 것은 임계점이 있다. 그것이 아무리 도착적이라 할지라도 지구·생명·생태·생활의 한계를 무시하면서까지 정당화될 수는 없다. 아줌마들의 예속은 비록 부동산열풍 속에서 반동이 되었다 할지라도 생명파괴의 임계점까지 물신주의를 확장해서는 안 된다는 지점에서 머뭇거린다. 물론 의식적인 영역에서는 내 아이가 다치고 피해를 입어서는 안 되기 때문이라는 생각으로 나타나지만 무의식적 수준에서는 물신주의의 도착을 통해서 해결할 수 없는 생명의 문제가 남아 있다. 여기서 아줌마들의 욕망의 미시사에서 획기적인 사건이라고 할 수 있는 혁명적 욕망이 출현할 가능성이 생기는 것이다.

욕망의 미시정치

부동산열풍과 같은 도착적 욕망을 공동체는 어떻게 보아야 할 것인가? 사적 소유의 욕망은 공동체를 파괴하고 공격하는 측면이 있다. 많은 사람들이 돈을 모아 땅을 사서 공유지로 만드는 내셔널트러스트운동 같은 공통부의 입장에서 부동산을 사적 소유물이 아닌 공동자산으로 보는 사회적 관점이 필요하다. 문제는 사적 소유에 있는 것이 아니라 그것을 욕망한다는데 있다. 도착적인 욕망이 발생했을 경우 공동체가 어떻게 미시정치적인 대응을 할 것인가라는 문제는 매우 중요한 화두라고 할 수 있다. 대부분의 풀뿌리공동체들은 공통 부의 기반 아래서 개인의 인격권과 창의성을 보장한다는 의미에서 개인적 소유를 긍정하는 형태이다. 사적 소유는 끊임없이 공동체를 위협하고 암적인 욕망을 동원하며 맹목적인 물신에 빠져들게 하는 측면이 있다. 공동체들이 공통 부의 측면에서 개인적 소유를 보장하는 방식은 개인성을 존중하는 공통성을 만들려는 시도이며, 욕망의 자주관리라는 점에서 매우 중요하다.

　부동산열풍의 주인공이 아줌마들이라는 사실에서 주목해야 할 점은,

이들이 가족·부부·사회에서 어떤 위치에 있는가라는 것이다. 보통 아줌마는 여성으로 간주되지 않는다. 아줌마는 중성적이고 무성애적이고 사회에서 억척스럽게 살아남는 모습으로 설정되어 있다. 이 게임 속에서 여성으로서의 부드러운 혁명의 가능성은 사라지게 된다. 욕망은 가족무의식이라는 틀 속에서 외부로 투사된다. 아줌마들의 욕망은 자본주의와의 타협이나 계약을 두려워하지 않는다. 특히 남편이나 아이들에 대한 욕망의 투여는 그녀 자신의 욕망을 대리하면서 증폭하는 형태로 나타난다. 아줌마들의 현실은 자본주의가 예속양식으로 설정해 놓은 가족 자체를 욕망하도록 유도되고, 신경증적 가족구조의 외부를 볼 수 없게끔 억압된다는 점에서 매우 절박한 욕망흐름을 나타낸다. 그렇기 때문에 아줌마들의 무의식에서 물신주의와 도착이 사랑과 변용을 대신하게 된다.

문제는 자본주의에 도착적 욕망을 투사하지 않고서는 현실세계에 발을 붙일 수 없는 아줌마라는 집단의 차원이다. 가족의 재생산으로부터 보장체계를 획득할 수도 없고, 미래의 불확실성 속에서 가족을 지키고자 하는 절박한 욕망의 흐름들이 있다. 이 가족의 미래라는 생각은 강박관념처럼 늘 뒤따른다. 아줌마들은 미래에 대한 선택을 자본주의적 물신에서 찾으며, 미래세대에게 남겨주어야 할 사회적 문제와 환경의 문제, 생명의 문제는 부차적인 것으로 간주하게 된다. 아줌마집단이 반동적이어서일까? 문제는 자본주의적 가족제도가 꼭두각시놀이를 하듯이 개개인들에게 욕망을 할당하고 저절로 움직여서 맹목적 충동들로 무장하도록 만든다는 데 있다.

신자유주의와 서브프라임 모지기론

또한 신자유주의가 한국사회에 정착하면서 사회가 급격히 양극화되었던 점도 사고할 필요가 있다. 사막과 같은 사회환경은 분열양상으로 드러났으며, 사회안전망이 전혀 없는 이런 상황에서 안정되고자 하는 심리는 커졌고 비교적 영구적이라고 여겨지는 부동산 실물에 심리적으로 더 끌릴 수밖에 없었다. 양극화과정에서 밑바닥으로, 벌거벗은 실존으로 치달을 것이라는 위기감은 이를 막기 위해 무언가를 해야 한다는 생각을 갖게 만들었다. 그러나 대부분의 명품 한국부자들과 달리 중산층의 부동산열풍은 짝퉁에 가까웠다고 할 수 있다. 시장을 주도한 것은 진정한 시장가치의 상승이라기보다는 욕망가치의 증식과 피라미드식으로 응고되는 욕망덩어리들의 그래프였다. 양극화과정이 진행될수록 중산층에게는 마치 자신의 거주지를 벗어나듯이 상층계급으로 향하려는 탈영토화의 욕망현상이 더 급격하게 증대되었다. 이들에게 분열된 양극단은 모두 다 자신의 삶에 내재되어 있었다. 밑바닥은 늘 삶에 실존하고 있었고 동시에 부자가 되는 것도 삶에 실존하는 것이었다. 부동산 가격이 높아질수록 투자금의 증대와 거품의 증대는 병행적으로 수반되었다. 행동에 나선 중산층의 기괴한 욕망의 대열은 아파트 청약의 거대한 물결과 부동산을 로또 당첨인 양 보는 심리구조를 만들어냈다. 중산층이 이러한 자본주의적 욕망의 기계적 배치에 들어가는 순간 맹목적으로 전진하려는 욕망만이 있을 뿐이었다.

노무현정부 시기 동안 갖가지 부동산대책이 나왔음에도 불구하고 부동산에 대한 욕망의 대열과 욕망가치의 상승은 꺾일 기세가 아니었다. 문제는 이러한 부동산열풍의 맹목성에는 부자가 되고자 하는 욕망, 성공에 대한 욕망, 승리에 대한 욕망이 있었으며 이것은 사회반동화를 수반한다는 점이다. 미시파시즘이 똬리를 틀고 욕망을 점령하는 것은 시간문제였다. 그러나 이 열풍을 잠재운 것은 다름 아닌 서브프라임 모기지론이라는 부동산 파생상품의 붕괴와 관계있다. 세계적 규모의 욕망가치 붕괴라는 전대미문의 사태 역시 부동산과 관련되어 있다. 위기는 미국 차원에 머물지 않고 세계적으로 확대되었다. 당시 한국사회가 부동산열풍을 거쳐 이명박정부라는 성공주의의 맹목성을 드러내는 순간, 세계적 규모의 부동산거품이 붕괴하는 예상치 못한 전지구적 사건을 맞닥뜨렸다. 이 둘 사이에는 아무런 연관이 없는 것일까? 이러한 상황은 비대칭적으로 진행되어 마치 서로 연관이 없는 것처럼 보인다. 그러나 통합된 세계자본주의 아래서 이 위기는 세계적 수준의 양극화가 가져온 삶의 위기를 의미하며, 그 파급효과가 세계적 경기침체에 이른 것은 이 위기가 얼마나 뿌리 깊은 모순인가를 보여준다. 당연히 탈근대 자본주의의 부동산에 대한 다양한 사회적 장치와 금융적 장치들이 얽혀 있는 상황에서 아래로부터의 위기 발생과 파급효과는 지구 전체를 뒤흔들었다. 한국도 예외가 아니었다. 이명박정부의 부동산정책은 이른바 강부자들의 계급적 이해를 철저히 담고 있었다. 이명박정부는 세계자본주의의 부동산위기의 본질을 파악하고 있지 못했으며, 오히려 위기를 증폭시키는 부동산정책을 구사한 것이다. 부동산 성장과 개발이 이 위기를 넘길 수 있다는 생각만큼 안이한 생각도 없다. 통합된 세계자본주의하에서의 서브프라임 모기지 사태는 신자유주의가 추진한 부동산정책의 근간을 뒤흔드는 위기였다.

　탈근대 자본주의하에서 욕망가치는 부동산으로 응고되면서 시장가치와는 별도로 자기들만의 룰과 형태를 가지면서 가치를 증식할 수 있었다. 그러나 이러한 부동산에 욕망을 투사하는 것은 삶의 공간을 지키고자 하는 소수자들에 대한 약탈의 대가를 분배받는 것에 불과하다. 두 모습이 겹친다. 한편에는 위기의 순간에 부동산을 안정적인 투자가치 자산으로 사고하는 축이 있고, 그 반대편에는 부동산 신용위기로 벼랑 끝까지 몰린 밑바닥 사람들이 있다. 통합된 세계자본주의하에서 양극화의 수준과 위기는 이미 국경을 넘어서 전지구적인 차원의 문제가 되고 있다. 그리고 그 파열구는 가장 선진적으로 신자유주의화되어 있던 미국의 하층민에서부터 나타나기 시작했다. 이런 위기 속에서도 부동산열풍의 부활을 꿈꾸는 반동적 사유는 양극화와 이에 따른 삶의 위기 문제를 방조하는 것인 동시에 이 위기의 본질이기도 하다.

도착의 종결과 야성적 블록의 출현

미세한 영역에서의 변화가 체제를 침식한다. 자본주의의 도착이 생명가치 영역까지 침범하는 그 임계점에서 새로운 주체성이 탄생한다. 진정한 미래를 향한 욕망은 부지불식간에 찾아오며 위기의 정중앙에서 대안을 수립해내고 잠깐 동안 모습을 드러냈다가 사라진다. 섬광과 같은 순간이 찾아오고 당연시되어 오던 부동산열풍과 물신주의, 도착으로부터 탈주한 소수의 아줌마집단이 모습을 드러냈다. 그 속에는 색다른 욕망의 생성이 있었다. 광우병사태 같은 미시적인 수준에서 아줌마들을 전율케 한 사건들이 벌어지자 아줌마들은 유모차를 끌고 거리로 나서기 시작했다. 이들은 전체 아줌마집단 중 소수에 불과했지만, 도착의 약속을 거부하는 소수집단의 혁명적 욕망은 지상에서 모습을 잠깐 드러낸다. 그 맥락은 자본주의가 구성한 물신주의와 도착의 기획이 사실상 생명가치를 대가로 요구할 때, 그 생명가치가 자신의 아이들일 수도 있다는 위기의식의 발로였다. 아주 잠깐 동안이고 소수에 불과하지만 아줌마들의 무의식은 야성성을 회복하였고, 가족·부부·학교·군대 등 자본주의적 기계장치는 고장 나고 정지했다. 물신의 권능을 통해서 오이디푸스 삼각형을 움직이려는 계획이 아니라, 생명의 역능을 통해서 사회를 변화시켜야 한다는 생각이 지상에 모습을 드러냈다. 가족이 맹목적인 욕망을 발생시키는 자동장치가 되었던 부동산열풍의 진원지인 아줌마집단 속에서 도착의 기억도, 물신에 대한 희망도 없이 아이를 끌고 나온 아줌마집단이 존재했다. 시장가치가 맞교환하고자 했던 생명가치에 아이들의 생명도 포함되어 있다는 절박한 상황인식의 발로였다. 기괴한 신자유주의 체제에 저항하던 아줌마들은 매우 소수였지만, 이 소수의 특이성이 전체 아줌마집단을 변화시킬 특이한 목소리를 낸다는 점에 주목해야 한다. 그것은 단지 간주곡처럼 나타난 일순간의 사이배치에 불과했으며, 아줌마집단의 가족이기주의도 견고하고 이 속에서의 도착과 물신의 욕망도 여전히 강건하다. 그러나 유모차부대라는 주체성은 아이들의 생명까지도 위협하는 자본주의 시스템에 대해 유모차를 끌고 물대포 앞에 서며 흥망과 생명을 걸고 도전한다. 여기서 최대한 상상할 수 있는 여지와 가능성은 생긴다. 불현듯 아줌마들의 코뮌이 선포되고 도착이 아닌 생명의 대지가 열리리라. 그것은 매우 짧은 순간이었지만 상상력과 영감을 불러일으키고, 서둘러 진압되고 섬광처럼 사라진다.

05 벤처: 욕망이 청년을 사로잡다

욕망경제 économie désirant

가타리는 실물생산을 움직이는 현실의 정치경제는 리비도적 욕망이 역동적으로 움직이는 욕망경제와 함께 움직인다고 본다. 즉 욕망이 생산되는 것과 상품이 생산되는 것이 서로 구별되지 않는다. 자본주의는 욕망을 동원하는 특징을 갖고 있으며, 특히 새로운 생산의 힘을 욕망 속에서 찾는다. 그러므로 성과 사랑, 젊음이 지닌 에너지에 주목하면서, 이를 상품생산과 결합하려고 한다. 프로이트는 정신의 역동과정과 마찬가지로 리비도적 욕망의 역동과정이 있다는 것을 발견했으나, 현실 정치경제와 어떻게 결합되어 나타나는지는 설명하지 못했다. 가타리는 들뢰즈와 함께 『안티 오이디푸스』에서 욕망경제의 세 가지 구도를 제시한다. 이 구도에 따르면 '그리고… 그리고… 그리고' 형태의 '접속'이 욕망의 생산을 만들고 '또는… 또는… 또는' 형태의 분리차별이 욕망의 등록을 만들고, '나는 ~이다'는 정체성이 욕망의 소비를 만든다. 욕망의 흐름은 접속과정에서 자연스러운 흐름을 가지는데, 이 가운데서 자본주의가 차별과 배체의 공식에 따라 식별한 욕망만이 정체가 분명하기 때문에 살아남는 형태가 욕망경제의 기본적인 메커니즘이다. 결국 자본주의는 실물 정치경제에서는 착취를 통해서 움직이는 것처럼 보이지만, 그 속에는 욕망에 대한 차별의 작동방식이 있다는 것이다. 욕망경제는 욕망을 동원하는 자본주의의 경제적 흐름이며, 모든 사람이 갖고 있는 욕망가치 중에서 소수자의 욕망가치를 차별하는 자본주의의 움직임이다.

> "혁명투쟁을 분명한 세력관계 수준에만 한정할 수는 없습니다.
> 혁명투쟁은 자본주의에 오염된 욕망경제의 모든 수준(개인, 부부, 가족, 학교, 활동가집단,
> 광기, 감옥, 동성애자 들의 수준)에서 전개되어야 합니다."
> —가타리, 『분자혁명』

386세대와 벤처

냄새나고 지저분한 독재와 자본주의 현실에 불꽃처럼 저항한 청년집단이 있었다. 그들에게 자본주의는 극복되어야 할 현실이었으며, 코뮤니즘은 구성되어야 할 미래였다. 그들은 자신의 기득권과 영토를 벗어나 가난한 자, 노동자와 민중에게 들어가고자 했다. 1980년대를 뜨겁게 타오르게 했던 386세대는 시대를 야성적이면서도 날카롭게 진단했다. 이 386세대라는 집단의 야성적 무의식은 대한민국 민주주의 역사에서 가장 주목해야 할 행동의 원천이다. 민주화가 달성되었다고 여겨졌던 즈음에 이들은 일관되게 반자본주의와 코뮤니즘의 미래를 지향한 것이 아니라, 다른 기성세대와 마찬가지로 자본주의 영토 속에서 자기 자리를 찾으려 했다. 이들의 여피화 과정은 매우 화려하고 시끌벅적하게 이루어졌는데 이른바 벤처열풍이라는 새로운 욕망의 흐름이 그것이다.

역사는 탈주한 사람이 기득권을 갖게 되고 제도로부터 벗어나는 흐름 이후에는 제도로 돌아가려는 흐름을 만든다. 그래서 역사는 하나의 순환처

럼 보인다. 물론 기존 영토나 제도로 돌아가지 않는 탈주의 물결도 있다. 하지만 386세대는 스스로 착취와 억압의 관계라고 규정했던 자본주의의 대리인이 되는 쪽을 선택한다. 그들이 전망한 새로운 현실은 무척 이색적 이며 독특하다. 그들은 벤처열풍에 휩싸이면서 '계급투쟁'이라는 가장 핵 심적인 명제를 잊어버리고, 자본을 내면화하면서 새로운 미래에 주목하였 다. 그들이 보기에 정보지식 자본주의와 탈근대 자본주의는 기존의 자본주 의와는 확실히 다른 미래를 약속하는 것 같았기 때문이다. 여기서 벤처를 통해 드러난 욕망의 정치경제학은 자본가계급과 노동자계급의 적대와 이 분법을 넘어 자본도 노동도 아닌 새로운 욕망의 영토를 개척하고, 사용가 치도 교환가치도 맞교환 가능한 욕망가치의 영역이 지상에 모습을 드러낸 다. 욕망의 정치경제학과 현실의 정치경제학은 따로 존재하는 것이 아니었 다. 청년세대의 욕망의 창의성과 생산성에 기반을 둔 자본의 운동은 색다 른 미래가 가까이 있다는 환상을 갖게 해주었다. 욕망경제는 새로운 영토 를 만들어내었고, 꿈꾸고 창조해 내는 욕망가치는 젊음의 열정을 투사하도 록 만들었다. 물론 이러한 욕망가치는 소수자의 욕망가치가 아니었다. 소 수자들이 욕망하는 존재로서 존엄하다는 명제는 그들의 머리에서 잊혀진 지 오래다. 대신 그들은 소수자들을 밟고 일어서 성공하고 승리해야 하는 자본의 도착적 욕망가치의 대리인이 되었다. 자본은 도착적 욕망과 물신주 의에 내재해 있었으며, 이 세대로 하여금 성공과 승리의 증후 앞에서 초인 적인 힘을 발휘하도록 했다.

당시 정보지식 자본주의 또는 탈근대 자본주의로의 이행과정은 386세 대가 자본주의를 내면화할 수 있는 중요한 계기였다. 정보지식 자본주의가 제시한 가상공간은 자본주의의 현실을 재구성하는 것으로 여기게 해주었다. 가상공간에서 벤처기업의 자본은 대중들 사이에서의 욕망의 흐름이었으며, 이 욕망덩어리를 대중들의 관계 속에서 뽑아낼 수 있는가 여부였다. 벤처기업의 자본은 집단적 최면과 접속의 황홀함 같은 첨단과학기술이 약속하는 장밋빛 미래였다. 탈근대 자본주의는 사회 속에 존재하는 '근대성'을 낡은 것으로 몰아내고, 그 자리에 전대미문의 욕망의 힘을 보여주었다. 대중들은 들뜨고 환호했다. 언론과 미디어는 연일 성공신화를 쓰며 벤처를 선전해댔다. 창의적이고 자율적인 작업환경 속에서 벤처 노동자들은 열악한 노동조건도 잊어버린 채 스톡옵션과 같은 새로운 향기에 취해 버렸다. 이 모든 사태는 노동도 자본도 아닌 새로운 욕망 영역의 등장에서 시작되었지만, 이 새로운 환경이 무엇을 의미하는지에 대해서 사람들은 성찰하지 않았다. 오로지 성공과 승리의 신화가 있었으며, 최소한 가져야 할 기업의 사회적 책임이나 소수자, 사회적 약자, 못가진 자에 대한 배려 같은 것은 문제가 되지 않았다. 겉으로 드러난 벤처의 시대정신과 장밋빛 신화 이면에는 화려한 포장 뒤의 그렇고 그런 자본주의적 인간형들의 고루한 논리들이 도사리고 있다.

신자유주의와 벤처

벤처기업은 자본주의하에서 잉여가치가 어떻게 발생하는지 그 지점을 첨예하게 보여준다. 잉여가치는 크게 두 가지 부문에서 발생한다. 하나는 꿈가치, 생명가치, 공동체 가치, 욕망가치, 기계적 가치, 예술가치 등의 사회적 영역에서 발생되는 '사회적 가치' 부문이며, 또 하나는 노동현장에서 착취되는 '노동가치' 부문이다. 근대 자본주의가 후자에서 잉여가치 추출을 목표로 했다면, 탈근대 자본주의의 벤처기업은 전자에서 잉여가치를 추출하려고 한다. 사회적 가치는 일반지성이라고도 불리며, 기계류로 모습을 드러낸다. 사회적 가치는 대부분 사회적 지성의 산물이지만 개인이 특허나 지적 재산권 등을 통해서 무단 점취하여 자본의 소유물로 만든다. 벤처산업은 노동가치보다 사회적 가치 부문를 강조하면서 첨단기술사회의 원천이 되었던 전지구적 지성에 대해 대가를 지불하지 않고 자유롭게 그것을 활용한다. 또한 벤처는 현재의 투자이익이 목표가 되는 것이 아니라 미래의 투자이익이 목표가 된다. 이러한 미래가치 영역은 자본주의가 언제나 어음처럼 할인받는 가치의 영역이기도 하다. 여기서 '무단점취'라고 표현하는 이유는 사회적 가치가 일반지성, 집합지성, 공동체의 전유물 등으로 표현되는 공유물이자 공공재이기 때문이다. 사회적 가치의 무단점취 형태는 마치 색다른 기계적 코드나 기계적 매뉴얼과 기계적 프로그램이 발견된 것처럼 나타난다. 그것은 벤처회사의 기업소유물이 되는데, 사실은 사회적 지성의 산물이며 공통 부의 영역이라고 할 수 있다. 벤처기업은 일반지성인 기계류에 대한 공유와 공공성을 부정함으로써 생산수단의 사적 소유라는 자본주의 메커니즘과 동일선상에 서게 되며, 코뮤니즘을 역행한다.

벤처는 자본주의의 가장 탐욕적 형상과 닮았음에도 불구하고 청년들은 벤처에 욕망을 투사하고 탈영토화의 흐름으로 나아갔다. 벤처는 신자유주의의 사생아이며 신자유주의의 미래 모습이라고 할 수 있다. 그러나 청년들에게는 이 벤처기업이 미래에 대한 희망을 만들어줄 것 같은 반동적 탈주로였다. 물론 대부분 그것이 지닌 허구를 깨닫게 되겠지만, 초기에 그 욕망은 과잉되었다. 벤처는 386세대의 반자본주의적인 야성적 무의식을 탈근대 자본주의에 적합한 욕망으로 뒤바꾸어버렸다. 돈 때문에 돈을 욕망하고, 자본 때문에 자본이 욕망하는 억압을 욕망하는 것은 필연적으로 자본주의 체제의 화신이 될 수밖에 없다.

그럼 세대별·집단별로 볼 때 왜 굳이 386세대였던가? 386세대는 가장 반자본주의적인 영역으로까지 욕망의 힘을 확장시켰던 세대이다. 혁명은 반동을 수반하고, 탈주는 재구조화를 수반하는 역설은 어디에서 발생하는가? 역사는 탈영토화 이후에 재영토화를 수반한다. 그 역사적 형태는 프랑스혁명 이후에 찾아온 테르미도르 반동에서, 미국으로 탈주한 청교도들이 인디언의 억압자가 되었던 역사에서, 탈주하며 떠돌던 이스라엘이 정주하면서 팔레스타인을 억압하는 사례에서 볼 수 있다. 탈주와 혁명을 향해 가던 집단의 야성적 광기는 자신이 자본주의 체제에서 어떤 정체성도 갖지 못한 집단이라는 것을 스스로 느끼는 순간, 식별될 수 있는 주체, 의미작용을 하는 주체로 복귀하려는 역행적 경향을 보인다. 물론 기존의 영토로 돌아가지 않고 도주선을 따라 끊임없이 움직이는 절대적 탈영토화도 가능하다. 그러나 탈주의 극한까지 나아가지 못한 집단은 강렬하게 탈영토화했듯이 강렬하게 재영토화하면서 자신의 영토를 기존 영토에서 차지하려는 욕망과 광기의 모습을 보인다.

탈코드화와 초코드화 사이에서

자본주의는 자신의 체제가 승인하지 않는 욕망은 광기로 규정한다. 일단 외부의 광기가 하나의 벡터장을 만들어내면 그 힘은 사라지지 않는다. 자본주의 외부의 광기를 그대로 둘 수 없기 때문에 광기는 사회적 배치에 새로운 욕망으로 재규정되고 편입된다. 디지털은 대표적인 여피화의 수단이며, 광기를 자본주의적 욕망으로 만드는 기계장치이다. 아날로그가 기계장치에 머물러 있다면 디지털은 이진법 기호작동으로 이를 변화시킨다. 아날로그는 일 대 일로 기계작동을 통제해야 한다면, 디지털은 통합적으로 기호작동을 통제하고 관리할 수 있다. 디지털은 언어로 표현되지 않는 기호작용이라고 할 수 있는 광인·어린이·동물·식물·광물·음악·색채·우주의 무의식을 모두 이분법적인 기호체계와 언어적 의미화작용으로 환원시켜 낸다. 디지털의 이분법에는 생명 네트워크의 모든 기호작용을 언어적 네트워크로 만들려는 기계적 코드화의 야심이 있다. 디지털화된 모든 것들은 식별 가능한 것이 되고, 정체가 분명한 것이 된다. 그러나 야성적인 집단의 무의식, 광기, 반체제적 욕망은 디지털 체계 내에서 걸러지고 배제된다. 정체가 분명한 욕망만이 관계망을 형성하는 사회는 지배계급이 염원하는 사회이다. 물론 디지털은 정상적인 사회, 정상적인 가족, 정상적인 시민만을 위한 지배코드화로 한정될 수는 없다. 기존의 질서를 넘어서서 제도나 규범을 탈코드화하는 흐름 역시 네트워크 내에 존재하기 때문이다. 그러나 디지털은 그 자체가 규범과 규칙을 내장하고 있으며, 자기검열로 향하게 만드는 경향이 있다. 그러므로 탈코드화의 가능성이 제거된 기계적 코드화를 전자민주주의나 전자공동체와 같이 아름답게 묘사한다고 할지라도 포섭된 욕망이라는 점을 부정할 수 없다. 지배질서의 규범코드 외부에는 야성적 광기가 있으며, 욕망은 규범코드를 넘어서 있다.

정보지식산업은 욕망을 걸러내고 선별하고 코드화하는 장치라고 할 수 있다. 욕망이 체제 외부를 응시하지 못하도록, 자신의 삶의 방식에 문제제기하지 않도록, 소수자들이 자유를 찾고자 하는 욕망으로 인해 코드와 체제의 외부로 향하지 않도록 하는 것이 정보지식사회를 만들어가는 코드화의 기초이다. 전자적 코드, 유전자 코드, 생물학적 코드, 화학적 코드 등의 코드화를 통해서 욕망이 자본주의가 관리할 수 있는 손아귀 내에 있어야 하는 것이다. 다양한 코드를 관리할 수 있는 방법은 초월적 코드인 신, 아버지, 국가가 모든 코드에 명령을 내릴 수 있는 지위를 확보하는 것이다. 탈근대 자본주의에서 벤처기업은 능동적이고 역동적이며 자율적인 주체집단의 모습을 보여주었다. 그러나 그것은 돈 때문에 돈을 욕망하고, 자본 때문에 자본이 욕망하는 예속을 욕망하도록 만드는 예속집단의 속성을 함께 갖고 있었다. 벤처기업은 자본주의의 무덤을 파는 자가 자본이라는 사실을 극명하게 보여주는데, 그 이유는 욕망을 탈영토화하고 탈코드화하는 입자가속기에 넣는 것과 같은 상태를 만들어내기 때문이다. 그러면서도 국가권력과 벤처자본 같은 자본의 힘이 이 욕망의 강렬함을 통제한다. 벤처 열풍이 2000년부터 2004년까지 불과 몇 년밖에 유지되지 못했던 이유는 대중들이 벤처기업이 의미하는 바를 잘 알게 되었기 때문이다. 대중들은 이 심각한 수준의 자기착취, 전대미문의 광기, 충족되기 어려운 수준의 욕망의 출현, 그것들을 감내할 수 있는 초인적인 영역에 의문을 갖기 시작한 것이다.

욕망의 한계와 망상장치

자본의 강렬한 욕망은 자신의 한계를 넘어서는 경향이 있음에도 불구하고,

인간의 신체는 욕망·광기·죽음이라는 유한성을 가지며 지구환경은 생명·생태·생활을 영유하는 데 있어 한계를 갖고 있다. 욕망은 양자적 수준의 힘까지도 퍼올릴 수 있는 강렬한 힘의 원천이다. 그러나 그러한 강렬한 욕망이 멈추고 정지하는 순간이 찾아온다. 욕망은 영속적인 것이 아니라 벌거벗은 신체의 한계에서 정지되고 폐색된다. 이 한계지점 때문에 벤처열풍의 폭발적 힘은 잠깐 동안의 휘발성으로 머물러 더 이상 지속할 수 없게 된다. 모두가 벤처의 신화에 도전할 수 있을 만큼 초인적이지도 않았고, 신체의 한계지점에 이를 만큼 모험적이지도 않았다. 대중은 삶의 지지기반과 안정감을 반납하고, 불안정하고도 격렬한 자본의 욕망에 동참할 수 없었다. 그러나 신자유주의자들은 대중들을 다그쳤다. "왜 성공을 위해 자기를 계발하지 않는가?" "왜 성공을 위해서 모험을 하지 않는가?" 그들의 다그침은 미디어에 의해서 전파되고 대중을 소인배라고 비아냥거리는 메시지들이 발송되었다. 그러나 대중들은 벤처열풍이 신자유주의자들과 공모하고 신자유주의라는 사막과 같은 사회환경을 받아들이게 한다는 것을 간파한다. 그것은 민중의 신화가 아니라 자본의 신화였으며, 승리와 성공의 신화였던 것이다.

벤처는 모든 안정적인 현재와 미래를 파괴할 정도로 욕망을 투사해야지만 혁신과 창의의 동력이 생긴다는 신자유주의적인 발상을 갖고 있다. 벤처는 아주 급진적인 모험을 통해서 일확천금을 얻을 수 있다는 망상을 대중들에게 선전선동하였고, 아주 작은 꿈과 희망이라도 벤처와 만나게 되면 기괴스럽게 자동적으로 돌아가는 망상장치를 만들어낸다. 벤처의 미래는 결국은 대박과 성공의 신화에 불과하며, 실패하는 경우 보장되는 것이 하나도 없는 위험한 모험이다. 거기에는 모든 자본주의적인 망상이 응집되어 있고, 망상은 행위의 원동력이 된다. 자신의 현실을 초인적으로 넘어서서 성공으로 갈 수 있다는 식의 계획과 아이디어가 쉴 새 없이 자동장치처럼 작동하면서 꿈 노동을 하게 만든다. 물론 이 망상의 배후에는 어김없이 자본이라는 물신이 존재한다. 그들에게 신앙과도 같은 성공의 망상은 자본을 무소불위의 권력으로 보는 물신주의적 도착이 존재하기 때문에 가능한 것이다. 성공한 벤처의 신화 앞에 실패한 벤처는 패배자로서 망각되고 짓밟히고 나락으로 추락하여 지상에서 사라진다. 패배자에게는 도덕적 해이, 게으름, 초인으로 혁신되지 못한 나태함이라는 잣대를 들이대며, 그들의 삶이 나락으로 추락하여도 어떠한 보장도 해주어서는 안 된다는 철의 규율, 즉 자본가의 규율이 작동한다.

욕망의 정치경제학

도대체 무슨 일이 있었는가? 탈근대 자본주의에서는 욕망의 정치경제학과 자본주의 정치경제학의 경계가 허물어졌다. 사용가치와 교환가치라는 기존 도식 속에 욕망가치가 불쑥 등장하면서 돌연 이것들과 맞교환되기 시작한다. 욕망이 흐름이 되어 흘러가고, 덩어리가 되어 사람들을 결집하게 만드는 등 네트워크상의 욕망경제 양상들은 자본주의 정치경제학의 논리와 동등한 위치를 점한다. 대중이 갖고 있는 사소한 관심이나 욕망이 지닌 환호와 경탄과 황홀경의 요소는 가치화되어 나타난다. 먼저 사람들의 욕망이 있고 그 다음 자본의 가치화가 있는 것이 아니라, 기존 실물경제 구도를 넘어선 욕망경제의 구도가 있으며 사람들마다의 욕망가치가 있다. 그러므로 자본은 욕망정치·욕망경제를 구사하기 시작했다. 물론 이러한 자본주의적 욕망은 자본에 대한 예속의 욕망을 넘어서지 못한다. 그리고 심각하게 자본주의에 오염되어 있는 경우가 대부분이다. 그러나 욕망경제 속에서 다양한 사회집단이 움직이는 벤처열풍과 같은 현상에서 욕망에 대해 언급하지 않고 자본주의적 예속으로부터 벗어나는 것은 불가능하다. 탈근대 자본주의는 미디어, 스포츠, 소비생활, 여가시간 등을 촘촘한 그물망과 같은 네트워크를 통해서 재조직화해 낸다. 대중 욕망의 강렬함과 역동성은 벤처열풍과 같은 목숨을 건 도약을 시도하는 행동으로 나타난다.

　　벤처가 사회적 책임을 회피하는 등 기생성의 특징은 사회의 공적 영역을 파괴하고 공동체의 관계망을 착취하는 등의 문제를 드러냈다. 사회적 기업에 관한 논의가 이제 첫발을 떼기 시작한 지금 시점에서 벤처열풍은 재평가될 수 있다. 벤처는 기업 자체가 사회에 기여하지 못하고 고용효과도 미미하며, 일확천금을 노리고 주식투기를 조장하는 등 잘못된 기업문화의 역사적 표본이었음을 보여준다. 이 벤처의 욕망의 정치경제학은 주식시세판의 도표들이 욕망의 상승과 하강을 반복할 때마다 더욱더 약탈성과 공격성과 모험성을 가지면서 사회의 공동자산을 자신의 것으로 만들고 사회에 기생했다. 특히 벤처가 지닌 욕망의 강렬함은 무한궤도를 달리는 성공 욕망을 자극하였으며, 전자적 장치들을 이용해서 삶의 자율적 영역과 공동체들을 포섭하면서 착취하려는 기획이었다. 생활·생태·생명 영역이라는 지구의 유한성과 죽음·욕망·광기라는 인간의 유한성 측면에서 볼 때, 한계를 부정하며 성공을 향해 맹목적인 충동을 밀어붙이는 광기적 요소가 벤처열풍에 있었다. 벤처는 자본에 의한 미시파시즘의 극단적인 형태인 신자유주의의 아바타였던 것이다.

탈근대 자본주의의 욕망경제와 벤처

자본주의적 욕망을 비판하는 이유는 그 욕망이 생명에너지로서 제 역할을 못하기 때문이다. 욕망은 그 자체로 보자면 생명에너지의 분출과 순환, 강렬함과 고요함이라는 측면을 갖고 있으며 사회와 공동체를 움직이게 하는 긍정적인 에너지로 볼 수 있다. 문제는 욕망이 자본주의 체제로 들어왔을 때, 욕망의 자연스러운 힘은 억압에 봉사하고 편집증적으로 성공에 집착하는 반역의 에너지로 바뀐다는 점이다. 욕망경제의 측면에서 가난한 자, 소수자, 사회적 약자의 욕망가치는 위대한 삶의 생명에너지 숨결을 여전히 가지고 있으며 존엄하게 긍정되어야 할 가치를 지니고 있다. 그러나 기득권을 가지려 하고 소수자를 배제하며 성공하려 하고 자신의 안위만 생각하는 욕망에는 차별과 식별·선별을 통한 경쟁의 미시파시즘이 작동하게 된다. 벤처열풍에는 협력과 나눔의 메시지가 아니라, 무한경쟁에서 승리와 성공이라는 지상 최대의 명제만이 있었다. 신자유주의의 황폐화된 사회환경 속에서 공동체에 기여하지 않고 한 집단이 성공하려면 때로는 냉혹함과 때로는 재치가 있는 아이디어와 혹은 사회공동체를 무시하면서 집단지성을 점취하는 재빠름이 필요할 따름이다.

　IT열풍과 BT열풍을 거치면서 벤처기업은 기존 기업과 마찬가지로 제도화되었고, 그 강렬함도 제도화 과정을 통해 점차 사라졌다. 벤처기업은 대중에게 너무 불안정한 기업형태이며, 그 약탈과 기생성에 비해 고용이나 분배의 측면에서 사회적 기여도가 거의 없다는 점에서 환영받지 못한다.

벤처에 청춘의 열정과 욕망에너지를 쏟아냈던 386세대도 제도권에 있는 여타 세대들과 마찬가지의 시선을 받고 있다. 벤처열풍 이후에 곧바로 청년들 사이에서 공무원시험 열풍이 불었던 것은 386세대 이후에 등장한 청년세대의 또 다른 모습이다. 이 청년집단들은 벤처세대에게 곱지 않는 시선을 보내는데, 이른바 88만원 세대라고 불리며 비정규직과 실업이라는 새로운 문제에 직면해 있기 때문이다. 결국 시대는 끊임없이 세대를 바꾸면서 또는 주체를 갈아치우며 흘러가지만, 그 아래 도도히 흐르는 것은 주체로서 인정받아 본 적이 없는 광인, 여성, 장애인, 어린이, 이주민, 노인 등 소수자집단의 욕망이다. 자본주의 욕망경제는 이들의 욕망가치를 차별하고 배제하는 데 초점을 맞추고 있다. 그러나 노동으로 소득을 보장받던 시대가 끝났음을 벤처열풍이 응시하고 욕망경제를 작동시켰다면, 이제 욕망하는 주체들에게 소득을 보장할 수 있는 시대가 되어야 한다. 소수자에 관한 기본소득 논의와 사회안전망에 관한 논의는 출발점에 서 있다. 이들의 욕망가치에 주목하는 욕망경제의 수립은 벤처열풍의 배신과 반역과는 다른 궤도를 그릴 것이다. 벤처열풍은 돌아오지 않을 것이다. 성공에 미쳐 있던 주체들에게는 짜릿한 추억이겠지만, 이 사회 소수자들의 욕망은 완전히 배제되었던 신화였으니 말이다. 욕망경제는 소수자의 욕망가치 존중이라는 새로운 궤도 속에서 사회적 기업에 대한 논의로 이행한다.

2부

우
울

01 88만원 세대: 우린 아마 안 될 거야

소수자 되기 devenir minorité

가타리와 들뢰즈는 소수자 되기라는 개념을 통해서 민중들이 소수성과 접속하여 변용을 일으켜 사회를 이행시킬 수 있다고 본다. 여기서 소수자는 성인-남성-백인-정상인-자국민이라는 다수자가 아닌 어린아이, 노인-장애인, 정신장애인-여성-이주민-유색인 등의 계열을 가진다. 소수자는 양적으로 소수이거나 사회적 약자로서의 소수를 의미하는 것이 아니라 특이성을 생산해 낼 수 있는 존재를 의미한다. 소수자 되기는 이러한 특이성에 접속하여 자신의 존재를 진지하게 이동시키는 실험과 실천에 착수하는 것을 의미한다. 주류사회는 소수자들의 특이한 목소리를 보편적인 기준 내로 포섭하여 위계화하려고 한다. 이 속에서 차이는 차별로 바뀌며 위계 속에서 독특하고 색다른 성격을 가진 소수자들은 배제당한다. 소수자 되기는 성공주의와 승리주의로 맹목적으로 달려가는 자본주의적 욕망에 대한 해독제이다. 성공을 선전선동하는 자본주의는 자기계발서, 심리학, 처세술, 성공학 등으로 사람들의 무의식을 오염시키고 소수자들을 배제하거나 차별해도 된다는 식의 생각을 갖게 만든다. 소수자 되기는 소수자에게 귀 기울일 뿐 아니라 자신의 신체와 사고를 변용시켜 소수자가 되는 것을 의미한다. 자신이 존재하는 정상 사회의 틀에서 벗어나 소수자의 특이한 목소리와 삶들을 받아들이고 자기 내부에 있는 소수성을 발견하는 과정이 소수자 되기이다.

"어떤 경우에건 이 가장자리나 특이자 현상이 없는 패거리는 존재하지 않는다. 자기 내부에 혼인과 가족 또는 국가유형의 내부적 중심을 세우고 무리의 변용은 가족의 감정이나 국가의 명료성을 대체함으로써 패거리들을 완전히 다른 형태의 사회성으로 바꿔버리는 매우 상이한 힘들에 의해 패거리들이 침식되는 것도 사실이다."

─들뢰즈 · 가타리, 『천개의 고원』)

청년 비정규직의 욕망 문제

이태백, 사오정, 오륙도라는 얘기가 회자된 것이 어제오늘의 일이 아니다. IMF관리체제를 막 벗어나고부터는 청년이 직장에 들어가서 안정적인 삶을 산다는 것은 희망사항에 가까운 것이 되었다. 청년들은 직장에 문을 두드려보기도 전에 사회의 주변으로 밀려나 비정규노동자가 되는 냉혹한 현실과 마주쳐야 했다. 학원 알바, 경비직, 학습지 교사, 과외교사, 파트타임 점원 등 주변부 노동은 대학을 막 졸업한 청년들의 몫이 되었다. 물론 그마저도 매우 구하기 힘든 일에 속했기 때문에 대부분의 청년들은 백수 혹은 반백수 생활을 하면서 지내고 있다. 기성세대는 청년들이 힘든 일을 하지 않으려 한다고 말한다. 그러나 노동의 질이 하락하여 선택할 수 있는 폭이 매우 좁은 것이 현실이다.

이런 상황에서 청년들의 욕망은 기존과는 다른 궤도를 그리고 있다. 청년들의 꿈은 성공과 승리의 꿈으로 왜곡되는 경우도 있지만 지성과 존엄이 있고 가치가 있는 직업을 선호하는 성향을 보인다. 청년들은 현재의 직장을 평생 다녀야 할 곳으로 생각하지 않고 언제든 다른 일로 바꿀 용의가 있다. 그런 의미에서 그들은 시작도 끝도 아닌, 늘 중간에 있는 사이존재라고도 할 수 있다. 청년들의 잦은 이직을 보면서 잡(雜)노마드라고 부르는 사람도 있다. 그러나 그 이면에는 노동의 질이 하락함으로 인해 더 고달프고 스트레스가 많고 집단이 융화될 수 없게 만드는 작업장 배치 등이 가로놓여 있다. 이 같은 노동의 성격은 신자유주의가 만들어놓은 노동에 대한 적대적 태도와 관련 있다. 동시에 첨단기술사회의 노동 영향력의 급격한 축소도 큰 몫을 차지한다. 자본주의는 노동에 큰 권한을 위임하지 않고도 가치를 창출할 수 있다는 자신감에 넘쳐 있다. 바야흐로 고용 없는 성장의 시대에 진입한 것이다.

청년들의 욕망지도는 프리터족처럼 적은 노동과 많은 여유시간을 찾는 부류가 있는가 하면, 공무원지망생들처럼 완전히 보장적이고 안정적인 일자리를 찾아서 그 준비기간으로 젊음을 낭비하는 부류도 있다. 또 더러는 국제봉사나 대안적 활동을 통해서 개성적이고 자본주의적 가치질서와 무관한 자신의 일을 스스로 개척하려는 부류도 있다. 그러나 대부분 청년들의 욕망은 보다 나은 일자리를 찾고자 하는 데 있다. 신자유주의 사회에서 노동을 통한 소득보장은 낡은 것이 되었고 노동도 반드시 필수적인 것이 아니라 잉여로 존재한다. 이것을 혹자는 그림자노동이라고도 부른다. 그렇다고 성장을 통한 분배가 가능한 것도 아니다. 성장과 분배의 고리도 끊어진 지 오래며 성장을 통해서 더 많은 일자리가 나오는 것도 아니다.

이런 열악한 상황에도 불구하고 청년들의 생각과 시각의 폭은 점점 넓어졌으며 자신의 활동 폭을 아시아나 세계로 생각하는 젊은이들도 많다.

그러나 이 과정에서 이상과 현실의 괴리는 심각한 수준이 되었다. 많은 정보와 경험을 통해서 새로운 영역을 개척하려는 젊은이들에게 신자유주의 체제가 창출해 내는 일자리는 매우 초라하고 왜소하기 짝이 없다. 또한 정규직이나 공무원 등과 같은 보장노동자의 삶에 비해 청년들의 사회적 위치가 불안정하다는 것은 극심한 상대적 박탈감을 넘어서 사회분열적 양극화 양상이 되고 있다. 청년들이 꿈꿀 수 없고 희망을 가질 수 없는 사회는 심각한 병리적 현상을 드러내게 마련이다. 청년세대의 깊은 좌절감은 그들의 성격을 매우 냉소적이고 경직되게 만들었다. 물론 모든 청년들이 다 냉소·우울·불안·좌절의 병리현상에 빠져버린 것은 아니다. 또 한편으로는 탈주의 가능성을 찾아서 떠나고 뾰족한 대안이 없을지라도 대안을 만들기 위해서 노력하고 행동에 나선 청년집단들이 있다. 이러한 예외적인 젊은이가 비록 소수지만 새로운 문화와 관계망과 삶의 형태를 창안하고 있다. 이렇듯 작은 규모이지만 청년집단의 생성과 창조의 시도는 꾸준히 있어왔다.

젊은 세대들을 하나의 통합되고 통일된 집단으로 간주하는 것은 무리이다. 청년세대들은 여러 집단의 파편화된 조각들이 연결되어 있고 나이라는 기준으로 분류될 수 있는 것이 아니라 다양한 가치기준들로 분할되어 있다. 겉으로 보면 20대들은 자율적인 세대라기보다는 예속된 세대, 모두가 너무도 바쁘지만 정말 실속 없이 바쁜 세대인 것 같다. 이들의 욕망은 매우 불안정하다. 흡사 기말 리포트를 작성하듯 벼락치기로 시험을 준비하듯 불안정한 욕망의 흐름이 격렬하게 기계적인 사회시스템 속에서 소비되고 있다. 사실 자본주의 체제는 청년의 불안정한 욕망이 강렬하게 사회에 침투하는 것을 원하지 않는다. 청년의 욕망은 철저히 의심되고 배제되어야 할 목록 중 하나라고 할 수 있는데, 그럼에도 불구하고 자본주의는 청년의 젊은 피에서 욕망과 발상, 이미지, 활력, 정동 등을 수혈받고자 한다. 왜냐하면 청년들의 욕망 투여가 자본주의에 활력이 되기 때문이다. 이는 청년을 배제하면서도 이용하려는 이율배반적인 태도이며, 사실 청년들을 들러리로 활용하는 자본주의의 모순된 태도라고 할 수 있다.

세대의 문제인가? 계급의 문제인가?

그런데 혹자는 '88만원세대의 문제가 비단 세대의 문제로만 환원할 수 있을까?'라고 묻는다. 계급 내부의 차별의 문제, 즉 노동자계급 내부에 있는 또 다른 균열이라 할 수 있는 정규직과 비정규직 간의 차별의 문제로 봐야 하지 않느냐는 것이다. 엄밀히 말해 이것은 계급의 문제라기보다 계급 내의 다수자와 소수자의 관계라고 할 수 있다. 88만원세대의 문제가 대두되었을 때 단순히 세대론에 국한시킴으로 해서 이러한 차별을 명확하게 부각시키지 못한다는 비판을 일각에서 제기했다. 물론 비정규직의 문제는 청년 세대만의 문제라기보다 모든 세대에 걸쳐 나타나는 현상이다. 그러나 청년 세대가 욕망의 불안정함과 사회진출에서 미숙한 점, 심리적 · 정서적 갈등, 수많은 희망사항과 현실의 장벽 등을 안고 있다는 면에서 볼 때, 이들의 비정규직 문제는 단순히 88만원이라는 수치상의 문제를 뛰어넘어서 증폭된다. 즉 비정규직 문제는 많은 문제들의 최종적인 결과를 의미하는바, 그렇게 되기까지의 과정에서 겪는 다양한 상황들이 더 문제라고 할 수 있다.

청년세대의 욕망은 계급투쟁과 욕망투쟁 모두의 측면에서 고려되어야 한다. 다양한 집단이 청년집단과 연결되어 있기도 하고 또 이들을 배제하기도 한다. 청년집단은 어떤 집단과 접속하느냐에 따라서 그 성격을 달리하는 경우가 많다. 청년세대는 단일한 집단이 아니며 다양하고 미세한 단위의 집단들이 느슨한 연합의 고리로 이어진 모습으로 이루어져 있을 따름이다. 그 내에는 문화적 · 정서적 · 심미적으로 다른 성향의 여러 집단이 각기 다른 방향을 향해서 커뮤니티를 형성하며 움직인다. 개중에는 자신의 욕망을 억누르지 않고 그대로 표현하고자 투쟁하고 기성사회에 맞서는 집단도 있다. 얼핏 한 작은 집단에서 나타나는 특이한 삶의 유형이라고만 치부할 수도 있겠지만, 이런 집단들의 미세한 변화에 주목할 필요가 있다. 다르게 살려고 하고 다른 방식으로 생각하고 다른 방식으로 행동하는 청년들의 미세한 움직임이 분자혁명으로 나아가는 임계적 수준에 도달해 있다. 청년세대 내의 다채로운 집단들의 문제는 비단 정치적 집단만의 문제가 아니며 욕망을 억압하는 모든 것에 도전하고 새로운 대안을 창조하며 새로운 삶의 형태를 만드는 모든 사회집단이 갖고 있는 핵심적인 문제이다.

대학생들의 보수화와 욕망의 왜곡

혹자는 20대의 사랑은 '거짓사랑'이라고 단정하기를 서슴지 않는다. 그러나 이들의 사랑에는 자본주의의 물신화와 소비유형의 욕망, 미래를 설계하거나 기약할 수 없다는 우울감 등이 복잡하게 스며들어 있으며, 거짓사랑이라는 상투성이 지닌 것보다 훨씬 복잡하고 애매모호함이 엿보인다. 20대가 연약하고 흔들리는 주체라는 인상을 풍기는 것은 그들이 개인으로 분해되어 있기 때문이다. 20대는 사회적 스트레스에 취약하며 사회 · 역사적 무의식과 단절된 채 자기세계를 구축하면서 혼자 중얼거리는 리토르넬르(후렴구)가 만들어내는 소리영토에 의존해서 걸어가는 어린아이와 같다. 특히 대학생들의 전반적인 삶의 위기는 단순히 등록금 인상 문제 같은 것으로만 환원될 수 없다. 왜냐하면 값비싼 등록금을 통해서도 보장되는 것은 하나도 없이 늘 불안정한 현재가 미래까지 이어질 것이기 때문이다.

등록금투쟁에 결집하던 20대 대학생들의 모습은 실종되고, 오히려 매우 세분화된 집단의 출현과 문화소비, 욕망의 투여가 존재한다. 확실히 20대는 혁명적이고 낭만적인 사랑과는 거리가 먼 사랑의 행태를 보인다. 매우 불확실하고 우발적이며 어디에서 온 것인지 알 수 없는 정체모를 사랑만이 일시적으로 다가왔다가 일시적으로 사라진다. 민주화운동의 전위부대 역할을 했던 1980년대 세대들이 결국 제도권 내로 편입되어 버리면서 대학생들에게는 엄밀한 의미에서의 선배도 없다고 볼 수밖에 없다. 심층에서 벌어지고 있는 욕망억압의 문제를 전면에 내세우기에는 체제와 제도권의 다양한 그물망들이 존재한다. 프로젝트와 과제, 공모, 스펙 쌓기 등이 그들을 촘촘히 포섭하고 있고 그래서 20대는 자기계발의 신화에 의존하고 있다. 청년들의 욕망은 늘 전면에 내세울 수 없는 부가항목에 불과하다. 뭔가 잘못되었다고 생각하는 청년들이 이렇게 많은데도 불구하고 좌·우파의 공리계에는 그들의 문제의식이 담겨 있지 않다. 물론 좌파가 대하는 욕망의 내적 소외양식이 우파의 외적 소외양식보다는 더 나은 것으로 보일수도 있다. 그래서 흔히 경향적으로는 좌파 지향적으로 드러나지만 실상그 내부의 레토릭은 냉소이다. 20대는 다른 세대들이 인식하지 못하는 영역에서 더 광범위한 차원의 욕망을 구축하고 있다. 그래서 이러한 욕망의 야성적 차원을 기성세대가 충족시킬 수 없음을 잘 알기에 더 냉소적으로 되고 오히려 역설적으로 보수적인 안전 지향적 삶을 추구하게 된다.

대학을 갓 나온 졸업생들의 낮은 취업률은 사실상 대학생들의 좌절·냉소·우울·위축의 원인이면서 동시에 이들에게는 사회와 자신을 격리시키는 새로운 배제의 방법으로 다가온다. 가벼운 활력을 가지고 그것을 극복하기에는 버거운 구조에 직면한 개인의 무력감은 좌절, 밑바닥 감정, 미래에 대한 불안과 이에 수반되는 현재에 대한 우울 등으로 나타난다. 비록 소수이지만, 집단을 구성하여 집합적 기획으로 이런 문제를 해결하고 새로운 제도를 창안하려는 시도는 있게 마련이다. 하지만 이 역시 20대 전체의 문제로서 제기되는 것은 아니다. 중요한 것은 행동하지 않고 관조하며 안전 지향적으로 문제를 풀려고 하는 다수의 젊은이들을 어떻게 볼 것인가 하는 점이다. 주도권을 가진 다수는 침묵하고 있고 행동하지 않는다. 행동하는 소수집단들은 주변과 경계에 위치해 있다. 대학생의 경우 학생회는 경제주의와 조합주의에 매몰되어, 다수 학생들이 참여할 수 있는 새로운 제도를 생산하는 집합적 기획을 내어놓지 못하고 있다. 대학생들이 이렇게 보수화된 것은 대학이라는 공간이 신자유주의에 의해 재편됨으로써 더 이상 전투를 수행하는 전초기지나 탈주와 생성의 공간으로 기능하지 못하는 데도 그 원인이 있다. 주목해야 할 것은 미세한 변화를 만들어내는 소수집단들이다. 이 집단들이 가진 새로운 층위의 욕망과 새로운 수준의 의식·무의식 등이 대학사회의 전환을 가능케 할 가능성의 영역이라고 할 수 있다. 결국 대학생들이 기존제도로부터 자신의 욕망을 보장받을 수 없다는 것을 깨닫는 순간이 찾아올 것이다. 그래서 스스로가 새로운 제도를 창안하고 미시적인 삶을 바꾸어야 함을 깨닫게 될 것이다. 이런 변용의 순간은 섬광과 같이 찾아올 것이다. 21세기를 살고 있는 대학생들은 길고 지루한 모색의 상황에 놓여 있다. 그 모색의 과정에서 스펙을 쌓고 직장을 얻거나 공무원이 된다는 환상적인 유토피아는 모색의 산통이 갖고 있는 격렬함에 대한 마취제일지도 모른다. 그러나 미래는 그런 방식으로 가능하지 않다는 것을 정작 그 자신은 잘 알고 있다.

청년들은 왜 마이너리티를 두려워하는가?

자본주의의 진보주의적 노선은 성공한 사람의 신화를 조작해 내고 한 치도 어긋남 없는 성공의 신화 앞에서 미래를 위해 현재의 욕망을 헌납하도록 만들고 있다. 성장주의와 개발주의가 고용으로 직결되지 않음에도 TV는 성장지표가 기준인 양 보도를 하고 있다. 진짜 현실을 알기 위해서는 새빨간 거짓말을 하는 미디어가 아니라 신림동 고시촌의 쪽방에 살고 있는 20대들의 현실을 보면 된다. 청년들이 젊고 건강하고 활력이 넘친다고 해서 그들이 주류사회에 이미 편입되어 있다고 생각하면 오산이다. 물론 대학은 주류사회를 재생산하는 시스템이 된 것은 사실이지만, 청년들 사이에서 생성되는 분열적 욕망은 자본주의를 살아가는 우리에게 사랑과 행복이 정말 무엇인가라는 근본적인 질문을 던지게 한다. 지금 청년들에게는 기계적으로 진통을 완화시키고 둔하고 멍하게 만드는 마취제들이 대량 투여되고 있다고 할 수 있다. 인터넷게임, 수업, 가족관계, 언론매체, 인터넷포털 사이트 등이 청년들을 겨냥해서 생산해 내는 다양한 읽을거리와 볼거리는 삶의 문제와 동떨어진 가십에 불과하지만 청년세대는 이를 통해서 재미를 추구한다. 심한 경우 세상과 연결통로마저 끊어버리는 현상이 생긴다.

히키코모리의 출현은 인터넷의 발전으로 새로운 양상을 보이고 있다. 자신만의 세계를 만들어 그것에 빠져서 세상 밖으로 나오지 않는 소수의 등장은, 언뜻 20대 전체의 문제와 무관해 보이지만 이들이 직면한 무의식적 상황과 사회에서 청년들이 어떻게 배치되고 있는가와 긴밀한 관계가 있다. 사소해 보이는 균열이라든가 극소수에게 드러나는 이상신호라 하더라도 그것은 사회적 배치와 동떨어진 문제라고 할 수 없다. 히키코모리는 20대의 욕망이 이 사회에서 자연스러운 흐름을 형성하지 못하고 폐색되고 협착되는 상황을 극명하게 보여준다. 사회적 행위를 통해서 문제를 해결하지 않고 은둔이나 잠행, 이탈로 문제를 완화시키거나 회피하려는 유형의 전형적인 예라고 하겠다. 이는 용감하게 문제와 대면하거나 문제의 지점으로부터 벗어나 탈주해 버리는 것과도 또 다른 차원의 방식이다. 즉 문제가 천천히 지연되고 회피되어 더 누적적으로 응결되고 증폭될 뿐이다.

20대들은 극단적으로 보면 안전지향적인 방식을 추구하면서 가족무의식으로부터 벗어나지 못하는 성향을 지녔다고 할 수 있다. 청년들이 사회·역사적 무의식을 가지고 가족이라는 자본주의적 관리장치로부터 자유로워야 하는데도 불구하고 가족을 벗어나 자유롭게 행동할 시점과 계기를 놓친다. 문제의 핵심은 이처럼 지연되고 누적된다는 데 있다. 이른바 캥거루족은 일반화되고 당연한 현상이 되고 있다. 20대들은 부모에게 용돈 받을 때 복잡한 감정이 교차한다. 사회적 안전망 면에서 볼 때 가족은 가장 고전적이며 낡은 것에 불과하다. 그러나 가족에 의존할 수밖에 없는 청년들은 가족신경증으로부터 자유롭지 못한 자신을 발견하며 가족으로부터 벗어나기를 추구하면서도 가족을 벗어나는 것이 위험하다는 것을 감지한다. 젊은 세대의 욕망은 야성적이고 강렬한 것임에도 불구하고 소득원이나 생활공간이 가족으로 한정되면서 가족 내의 아버지와 같은 존재의 비중은 높아진다. 20대들은 더 큰 초자아, 더 강력한 아버지를 꿈꾸면서 안전함을 유지하려는 성향을 띤다. 욕망을 자연스럽게 발산하고 욕망을 자유롭게 표현하여 궁극적으로 욕망을 해방시키는 것과는 다소 거리가 있는 가족으로 흩어져서 동물처럼 무리를 형성하지 못하는 20대들의 욕망은 매우 굴절되어 있다. 대학이 더 이상 욕망의 해방구로 기능하지도 않고 가족 내에서 자신의 욕망은 끊임없이 통제되고 있는 처지에서, 경제적으로 독립하여 자유롭게 살 수 있는 방법은 딱히 떠오르지 않는 상황이 20대들을 난처하고 당황하게 만든다. 문제는 해결되지 않고 지연될 뿐이며 누적되고 응결된다. 20대들의 정신위생과 성적 억압 문제는 매우 심각한 수준에 이르렀다.

물론 백수인 20대들도 이따금 가정에서 허드렛일을 돕거나 시간제 아르바이트를 하면서 용돈을 벌기도 한다. 그러면서도 늘 주변인으로 간주되고 있는 자신을 확인하는 데 그친다. 청년들의 욕망 문제는 더 심각한 상황에 직면하게 된다. 자본주의적 욕망에 복속된 청년들의 정신위생 상태가 심각하다는 것은 인터넷상에서 드러나며 미시파시즘의 유혹으로부터 자유롭지 않은 새로운 문제를 발생시킨다. 이제 이 문제는 20대는 물론이고 대학공간을 넘어서고 있다. 실질적 예속은 현실적인 차원의 예속집단을 만들어낸다. 그러나 문제를 이렇게 접근하다 보면 20대 보수화의 해결책이 보이지 않고 자본주의적 욕망의 병리적 현상에 찌들어 있는 청년만 보게 될 것이다. 그럼에도 20대의 욕망은 여전히 해방적 기획과 맞닿아 있다.

청년세대의 소수자 되기

20대에서 희망을 발견할 수 없으며 20대가 희망을 찾기 어려운 시대라는 기성세대의 아우성에도 불구하고, 20대들은 자신의 전망을 새롭게 만드는 새로운 모습을 보이고 있다. 양심적 병역거부, 동성애운동, 공동체운동 등에서 20대들은 여전히 주역이며 대안을 언급할 때 가장 신선한 바람을 불어넣는다. 20대들에게 필요한 것은 잘못되어 있다는 현실의 문제를 지적하는 데서 더 나아가 미시적 영역에서 새로운 실천방향에 대한 실험들이라고 할 수 있다. 20대 정신질환자그룹의 그룹 홈 실험, 20대들의 사회적 일자리 실험, 20대들이 실천하고 있는 대안공동체 실험, 연구와 공부의 대안연구집단 실험, 대안 운송수단을 추구하는 운동, 새로운 주거형태 발굴 등 사실 다양한 실험이 존재한다. 다만 예전처럼 이데올로기적 방식으로 자신들을 선전하지 않을 뿐이다. 조용한 전염처럼 묵묵히 자신의 삶의 방식을 실험하고 실천할 따름이다.

20대들에게서 대안을 발견할 수 없다는 사람들은 이들이 실천하고 있는 미시적인 영역에서의 다양한 사고와 실천을 간과한 채 싸잡아서 비난하는 경우가 많다. 물론 이런 새로운 실험과 실천이 소수에 의해 이루어지고 있고 매우 더디게 새로운 욕망을 파급시켜 나가고 있다. 그렇지만 이 시대 역시 20대들의 새로운 제도창안과 새로운 방식의 삶을 주목해야 할 시대인 것은 의심의 여지가 없다. 젊은이들이 처한 매서운 칼바람 같은 사회환경은 우리가 미래세대에게 무엇을 남겨주어야 하는가라는 문제를 항상 던진다. 우리는 젊은이들에게 더딘 걸음이라도 뭔가 위대한 유산을 남겨주고 사회적 책임주체로서 젊은이들이 나설 수 있도록 기반이 되어야 한다. 젊은이들은 꿈으로부터 내려와 꿈을 먹고 사는 사람들이라고 할 수 있다. 청년세대의 꿈 가치를 인정하는 사회적 환경은 젊은이들이 소외되고 배제되지 않도록 하는 섬세한 노력이 요구된다. 청년세대 또한 마이너리티적 주체성과의 접속을 삶의 미시적인 변화의 계기로 삼아야 한다. 20대의 소수성은 한마디로 베일에 싸여 있는 주체의 모습이라 하겠다. 이 소수성이 성공주의 혹은 승리주의가 아니라 전인민적 변용(=소수자 되기)의 새로운 표현소재가 되어야 할 것이다.

02 연쇄자살: 죽음의 블랙홀, 집단적으로 전이되다

블랙홀 trou noir

천체에 나타나는 검은 구멍 현상으로, 대폭발로 항성이 극단적으로 수축해서 주변의 빛ㆍ물질ㆍ입자ㆍ에너지 등을 빨아들이는 현상이다. 블랙홀에 한번 빠져들면 빠져나오지 못한다. 빛이나 큰 항성도 예외일 수 없다. 가타리는 언어로 표현될 수 없는 다양한 흐름ㆍ관계망ㆍ상호작용 들이 하나의 의미작용에 빨려들어 수렴되는 현상에 이 블랙홀 개념을 사용했다. 현실에는 물질ㆍ에너지ㆍ욕망 들의 흐름이 다채롭게 전개된다. 경제의 흐름, 식량의 흐름, 전기의 흐름, 욕망의 흐름 등이 그것이다. 그런데 이 흐름이 하나의 의미작용으로 환원될 때 어떤 현상이 생길까? 언어로는 표현되지 않았지만 다양한 수준에서 전개되던 흐름이 갑자기 하나의 설명양식으로 환원될 것이다. 복잡성은 단순성으로 바뀌며 살아 움직이는 흐름의 과정은 하나의 틀에 갇히게 된다. 예를 들어 1990년대의 다양한 사회문제들을 'IMF 때문에'라고 환원하던 대화를 생각해 보자. 문제의 차원을 이런 의미작용으로 환원하면 해결방안을 제대로 찾지 못하고 모든 문제가 그것으로 귀결된다. 블랙홀 현상은 다양한 문제들이 누적되어 복잡한 현상을 드러내는 상황에서 '자살'이라는 의미작용으로 그것을 환원하는 방식에서도 드러난다. 여기서 자살에 이르게 한 여러 가지 사회적 문제들이 '자살률'이라는 구체적인 측정자료로 환원될 뿐 언급되지 않는 것도 블랙홀 현상이다. 또한 자살위기에 놓인 사람이 복잡한 사회문제를 안고 있으면서도 이를 단순화하고 그 해결책으로 자살이라는 결정을 내리는 것도 블랙홀 현상이다. 또한 자살위기를 방지하는 사회적 지지대라고 불리던 가족제도도 블랙홀이 될 수 있다. 즉 욕망의 다채로운 흐름이 가족과 같은 하나의 의미작용으로 폐색되고 협착되는 상황도 블랙홀 현상이다.

> "분열분석은 실험적 전망으로 열린―그 지층들, 그 탈영토화선, 그 블랙홀을 지닌―무의식지도를 제작할 필요가 있을 것이다. …왜 이런 재봉쇄이며 이런 감금일까? 이 블랙홀 효과는 무엇과 관련 있는 것인가?"
>
> ―가타리, 『기계적 무의식』

하층집단의 붕괴와 절규

2008년 한국의 자살사망자는 1만 2858명에 달하며 자살률은 멈춤 없이 상승세를 달리고 있다. 현재 한국사회는 OECD가입국 중에서 자살률 1위이다. 자살률의 가파른 상승은 신자유주의를 사회시스템에 도입하면서 나타난 현상으로, 급격한 사회환경 변화와 사회안전망 부재, 삶의 지지기반 상실 등에 원인이 있다. 한국사회의 자살문제는 자살위기로 내몰린 사람들이 기하급수적으로 늘고 있는 데서도 알 수 있듯이 매우 심각한 상황이다. 자살을 최후의 방법으로 삼는 사람들은 사회하층민들, 빈곤·실업·양극화·비정규직 등으로 내몰린 사람들이며 이들 대부분이 가정불화, 가족해체, 불안정 주거, 생활수단의 실종 등에 직면해 있다. 특히 문제가 되는 것은 노인과 농민들의 자살률 증가이다. 노인인구의 1/3 가까이가 절대빈곤층이며 자신의 생존을 노동을 통해서 유지할 수 없는 상황인데도 소득이 보장되지 않는 노인들에게는 앞으로 살아간다는 것이 굉장히 무의미하고 어렵게 여겨질 수밖에 없다. 특히 노인들 대부분이 지병을 가지고 있으며 가족으로부터 외면당하거나 사회 주변부에서 고독하게 지내기 때문에 자살위험이 높고 매우 직접적인 동기를 갖고 있다. 농민들의 상황도 마찬가지이다. 농민들에게 가장 직접적인 문제는 부채를 안고 살아가야 한다는 절박한 현실이다. 농가부채는 늘 마음을 억누르고 충동적인 상황에서 자살 위기로 치닫게 하는 요인이 된다. 20~30대의 자살은 심리적·정서적·경제적 지지기반의 붕괴와 불안정한 고용 그리고 열악한 주거환경, 취약한 위생과 영양 등과 직간접적으로 관련되어 있다. 먼저 젊은이들은 변변한 소유물도 없이 실업 혹은 불안정한 고용 상태에서 가족으로부터 외면당하거나 비난의 대상이 되면서 자존감이 극도로 낮아지게 된다. 이런 상황에서 젊은이들의 사랑은 매우 불안정하고 격렬하게 욕망을 투여하여 심각할 정도로 파멸적인 양상을 띠는 경우가 많다. '사랑 때문에' '사랑받지 못해서' '사랑에 배반당해서' 등의 이유로 젊은이들은 성과 사랑의 문제를 해결하지 못하는데, 여기에는 사랑을 해결할 수 있는 수단과 방법이 어디에도 없는 현실이 놓여 있다.

자살위기는 모든 사람들에게 다가오는 현실로서, 아주 특별하고 예외적인 상황에만 해당되는 그런 문제가 아니다. 물론 유명연예인, 사회지도층인사, 사업가 등도 자살위기에 내몰리는 것도 현실이지만 이들의 자살 성격은 하층집단의 자살과는 다른 궤도를 그리고 있다. 하층집단의 자살원인은 대부분 사회안전망의 붕괴와 관련되어 있다. 신자유주의는 기존에 모심, 살림, 돌봄, 보살핌 등의 역할을 하며 지지대가 되었던 가족공동체나 지역공동체와 같은 생활네트워크를 붕괴시킨다. 이러한 지지대의 실종과 사회환경의 급격한 변화로 지지대를 상실하고 맨몸의 실존적 상황에 직면한 서민들은 죽음과 삶의 경계에 서게 된다. 신자유주의는 사회공동체의 사회안전망 붕괴의 가장 중요한 원인이라고 할 수 있으며 사회를 매우 불안정하며 위험한 환경으로 몰아간다. 사실 자살위기를 심리적·정서적·인격적 위기로만 보는 것은 문제가 있다. 자살위기는 자살을 시도하는 사람의 정신적 문제라기보다는 현실에 존재하는 사회적 배치에서 비롯된다. 그렇기 때문에 현재 존재하는 사회적 배치가 어떻게 사람들의 욕망을 억압·고립시키고 블랙홀처럼 빨아들여 죽음에 이르게 하는가를 살펴보아야 한다. 즉 자살은 사회역학적 차원에서 각 집단의 주체들이 직면하게 되는 상황들을 들여다볼 때 그 진정한 원인을 파악할 수 있다.

지옥으로 변한 오이디푸스 삼각형

가족이 사회안전망 역할을 해낼 것이라고 보는 것은 책임을 떠넘기는 것이며 낭만적 과거를 읊조리는 것에 불과하다. 가족은 자본주의적 욕망의 매우 중요한 수단이며 도구이다. 가족제도는 자본주의가 생산하는 이미지, 상징, 기호체계에서 중요한 소재가 되고 있다. 가족신경증적인 아버지-어머니-나라는 오이디푸스 삼각형은 욕망을 조절하고 통제하여 죽음과 자살로 가지 않게 하는 부르주아사회의 안전장치였다고 할 수 있다. 그러나 가족의 차원으로 사회적 문제를 모두 떠넘길 수 없으며, 가족을 통해서 문제의 해결방안을 찾는 것은 더 이상 작동하지 못하는 가족공동체에 책임전가를 하는 것에 지나지 않는다. 결국 개인이 파멸적 상황에 직면하게 되는 것은 가족이 이미 해체되어 버려 돌아갈 곳이 없다는 현실에서 비롯된다. 실패한 사업가들이 가족과 함께 목숨을 끊는 것도 가족에 대한 자멸적인 욕망이 숨어 있다. 가족구성원을 이루는 어린아이, 노인, 장애인, 광인, 여성 등은 각자 독자적으로 사회에서 그 존엄성을 인정받아야 한다. 하지만 현실에서 이들은 독립적인 소득과 자존감과 인격을 가지기보다 노동자나 기업가 가장을 중심으로 설계된 가족에 전적으로 의존한다. 노동자가장이나 기업가가장이 갑자기 혹은 점차적으로 소득을 상실하거나 경제적 위기에 직면했을 때 가족 전체는 붕괴되고 가족갈등은 극한적인 상황으로 치달아간다. 사회를 위기로 몰아넣고 돈의 논리로 재편하는 신자유주의는 철저하게 가족에게 의존하면서도 가족을 해체하고 보장하지 않는 역할을 한다. 가족신경증은 더 강력한 형태의 무의식이 되며 사회안전망이 부재한 상황에서 더 잔혹한 지배명령질서가 된다.

가족으로부터 자율성을 얻고 독립해야 할 청년들의 경우 가족 내 갈등은 심각한 수준이 된다. 왜냐하면 비정규직이나 불안정 고용에 시달리고 있는 청년세대 입장에서 가족은 자신의 역량이 해결할 수 없는 무리한 욕망이나 요구를 해오고 그것을 명령하는 지옥과 같은 상황이기 때문이다. 청년세대의 불행함은 여기서 그치지 않는다. 사랑과 욕망의 문제에서 가장 예민하고 강렬하게 투사하는 청년에게 욕망의 봉쇄와 폐색은 어떻게 해야 할지 모를 정도의 욕망억압 상황으로 다가온다. 결국 강렬한 욕망은 불안정하고 격렬한 마음과 정서의 상황으로 내몰고, 그 강렬한 욕망만큼의 해결책을 찾지 못하고 오히려 배제되고 좌절하는 경우 죽음과 자살의 위기에 내몰리게 된다. 가족은 심리적·정서적 지지대가 되는 것이 아니라 지옥과 같은 오이디푸스의 포박의 그물이 된다. 특히 청년들이 성과 사랑의 문제를 해결할 방안을 갖고 있지 못하다는 잔혹한 현실은 이들의 욕망을 억압하고 그 억압으로 말미암아 저항과 우울 속에서 방황하게 만든다. 왜 자본주의는 억압을 욕망하는 것 이외의 방법을 청년들에게 제시하지 못하는가? 청년들의 욕망은 어디에서 해결책을 발견할 수 있는가?

누구도 자살위기로부터 예외일 수 없다. 자살은 욕망을 빨아들이며 모든 생명에너지를 절멸의 에너지로 만들어버린다. 극단적인 상황으로 내몰린 자살위기자의 현실에서 문제 삼아야 할 것은 사회구성원들의 욕망이 존중되지 못하고 있다는 점과 그러한 소수자나 청년 등의 욕망을 받아들이지 않는 현 사회의 욕망의 디자인이다. 자본주의 사회는 욕망을 가족 삼각형 내에서 통제하는 초소형의 억압장치를 발견했다. 그러나 가족이 심리적·정서적·경제적 지지대 역할을 하던 시대는 지나갔다. 가족으로 해결될 수 없는 욕망들이 등장하고 있다. 예를 들어 장애인들이 이동하고 싶은 욕망은 가족들이 모두 해결할 수 없는 욕망이다. 또한 노인들의 고독과 외로움, 경제적 어려움 등은 가족 차원에서 모두 해결할 수 없는 문제이다. 이러한 다양한 욕망들이 걸러지고 배제되는 것이다. 이 억압의 차원에는 다양한 사회적 기계장치들의 공모관계가 존재한다. 부부, 가족, 학교, 군대, 감옥, 시설 등의 사회적 기계장치들은 욕망을 스테레오타입화하며 색다른 욕망들을 억압한다. 이러한 기계장치로부터 벗어나려는 욕망은 억압당하고 공격당한다. 이러한 기계장치들이 주는 안정감은 자존감과 인격성의 파괴를 의미한다. 사회로부터 욕망을 배제당하고 욕망을 억압당하고 있는 사람들이 그것으로부터 해방될 수 있는 하나의 방법이 있다는 암시를 받게 되는데 그것이 자살이다.

그러나 자살은 올바른 방법일 수 없으며 모든 실천과 실험의 다채로운 노력을 무력화시킨다. 사회를 끊임없이 변화시키려는 욕망의 영구혁명을 응시하고, 사회의 배치를 바꾸려는 실천을 진지하고 신중하게 수행하면서 해결책을 모색하는 것이 욕망억압의 현실이 극한적으로 보여주는 자살의 문제를 벗어나는 경로이다. 결국 자살위기에 대한 해결책은 사회적 배치를 바꾸고 사회적 지지기반을 더욱 강화하면서, 욕망을 무턱대고 억압할 것이 아니라 욕망의 탈주로를 만들어내는 다채로운 프로그램을 개발하는 것이다.

우울증 매개변수와 자살

자살의 원인 중에서 우울증이 차지하는 비중이 비교적 낮은 편이다. 그러나 자살위험에 처한 사람의 정서적·심리적 상태를 우울증이라는 병인에서 파악하는 진단방식이 보건관련업종에서 일반화되어 있다. 만약 우울증이라면 그 우울증은 집단적 우울증이며 집단병리 차원에서 바라보아야 할 것이다. 사회적 배치와 개인을 떼어놓고 바라보면, 우울증이라는 정신질환의 상황이 설득력을 가지는 것처럼 느껴진다. 그러나 자신의 욕망이 좌절되고 억압되어서 극도로 낮은 자존감과 해체된 인격성을 갖게 되는 것은, 우울증이라는 개인의 병리적 정신상태가 아니라 현실에서 존재하는 사회적 관계·상황·배치 때문이라고 할 수 있다. 특히 사회에서 배제되고 경제적으로 곤란을 겪고 사회적 갈등상황에 직면한 집단들에게 정신병리적 상황은 쉽게 찾아들지만 결코 개인의 문제로 환원될 수 있는 성격의 것은 아니다. 소수자, 가난한 자, 사회적 약자 들에게 현실의 장벽은 끊임없이 우울감을 던져준다. 이 우울감이 지속적으로 반복되고 그것이 패턴화되는 순간 병리적 영역으로 넘어간다. 그러나 우리는 문제의 원인을 이런 심리적 차원에서 출발할 것이 아니라, 이 같은 심리적·정서적 상태를 만드는 사회적 배치에서부터 출발해야 한다. 삶과 죽음의 경계에 서게 되는 실존적 위기에 직면한 사람들은 우울할 수도 더 격렬한 분노와 좌절을 겪을 수도 있다. 그렇지만 그 원인을 단순히 우울증으로 환원하는 것은 문제가 있다. 사회환경적 요인을 배제하고 집단이 직면한 현실의 상황으로부터 벗어난 '개인의 심리적 요인'을 설정하는 것은 신자유주의나 자본주의적 욕망 억압이 사회적 책임이 없다는 논거로 작동한다. 그러나 매우 불안정하고 위험한 사회환경의 조성에서 기득권을 가진 자, 권력을 가진 자들은 그 책임으로부터 자유로울 수 없다.

결국 죽음을 부르는 사회환경을 말하지 않고 개인적인 병리적 상황이나 죽음충동을 운운하는 것은 자살위기의 현실적 문제를 방조하는 것이라고 할 수 있다. 사회환경적인 측면에서 삶의 욕망을 거스르는 다양한 문제들, 즉 양극화, 실업, 빈곤, 비정규노동, 불안정주거, 가족갈등은 복합적으로 다가온다. 문제의 실타래 하나만이라도 풀린다면 해결책이 보일 수도 있다. 그러나 문제는 중첩되어 있고 도그마와 같이 동시에 붕괴되는 측면이 있다. 그런 상황에 부딪힌 사람들은 자신의 존재감이 한없이 사라지는 것처럼 느끼며 자신의 인격이 끝없이 부서지면서 자신의 실존이 나락으로 추락하는 것을 느낀다. 그러면서 아주 사소한 계기를 통해서 그것이 행동으로 나타나게 된다. 그러나 문제가 완화될 수 있는 다양한 사회적 안전장치들이 있다면, 설사 그것이 실낱같아도 희망의 끈을 놓지 않을 것이고 자살위기로까지 나가지는 않을 것이다. 그러나 자신의 삶의 위기를 죽음의 문제와 등치시키며 행동에 옮기는 것은 비극적 결말을 암시하는 듯한 절박한 실존의 현실에서 기인한다. 자살위기자에게 현실의 문제는 매우 복합적으로 다가오며 어디에서도 해결책을 찾을 수 없다는 식으로 나타난다. 마침내 이 상황을 아주 단순하게 정리하고 싶다는 생각을 갖게 되며 복잡한 문제들의 단순화가 뒤따른다. 결국 죽음으로 깨끗이 정리하고 싶다는 생각이 드는 것이다. 그러나 먼저 중요한 것은 복합적인 문제가 다가오기 전에 하나의 층위에서라도 문제해결의 실마리를 잡을 수 있게끔 사회환경이 조성되어 있어야 한다는 점이다. 자살위기의 상황은 블랙홀처럼 삶의 욕망을 빨아들이고 마지막 하나의 희망마저도 사라지게 만들기 때문이다.

자살의 전염효과와 지지기반의 상실

매스미디어가 자살사건을 호들갑스럽게 다룰 때, 그것은 자살을 막기보다 오히려 자살이 삶의 위기에 대한 하나의 방법이 될 수도 있다는 암시를 주는 데 문제가 있다. 베르테르 효과는 『젊은 베르테르의 슬픔』처럼 낭만적인 에피소드를 가지는 것이 아니라, 취약계층에게 죽음이 해결방법이 될 수 있음을 무의식적으로 학습시키고 전염시키는 괴기스러운 사회현상이다. 존재가 불안정하고 열악한 취약계층에게 자신의 실존적인 죽음이란 이미 도처에 존재하는 것이라고 할 수 있다. 그들은 자존감과 인격과 생활능력의 상실을 겪으면서 이미 자신의 존재가 이 사회에서 무의미하게 취급받는 것을 느낀다. TV를 심리적 · 정서적 지지대로 여기는 사람들에게 선정적이고 원색적인 자살보도는 흔히 자신에게 주어진 무언의 메시지로 인식되기 십상이다. 특히 사회지도층이나 유명연예인들의 잇따른 자살 보도는 자신과 관계있는 사람의 죽음으로 인식되고 기계적으로 각인된다.

문제는 매우 힘들고 열악한 자신의 삶도 그들처럼 자살을 해결책으로 선택할 수 있다는 망상을 심어준다는 데 있다. 그렇기 때문에 미디어가 정서적 · 심리적 지지대로 기능하기 위해서는 미디어보도의 윤리기준을 강화할 필요가 있다. 그저 사건을 확대 과장하고 왜곡하고 선정적인 기사거리로 시청률을 높이려는 보도자세에서 벗어나 미디어가 사회환경에서 사람들의 마음과 정서와 감정을 책임지는 태도를 갖는 것이 요구된다. 그러나 현대사회에서 자본주의 미디어는 일반적으로 하나의 권력으로 기능한다. 윤리적이고 미학적인 태도와 사명을 간과한 채 광고수입을 위해 시청률을 높이는 원색적인 보도에 치중하고, 보다 많은 사람의 이목을 끌 수 있는 발언권을 자신만이 가지고 있다고 생각한다. 결국 원색적이고 선정적인 보도들은 보이지 않는 영역에서 사람들의 마음을 공격하고 가난한 사람들을 암암리에 벼랑 끝으로 몰아넣는다.

또한 가족만이 심리적 · 정서적 지지기반이고 사회안전망이라는 생각도 매우 안이한 발상이다. 이런 발상은 자살을 눈앞에 둔 파멸적 상황에 놓인 사람들에게 오히려 독이 될 수 있다. 추락하고 붕괴되는 취약계층이나 청년세대에게 가족은 지지기반이라기보다는 욕망억압에 공모하는 역할을 수행하는 사회적 기계장치로 인식된다. 가족 이외의 사회적 지지기반은 소수자나 사회적 약자, 취약계층에 대한 직접적인 소득보장과 관련된 논의를 의미한다. 경제적 요인은 매우 직접적인 사회안전 기반에 관한 논의이다. 사회보장, 일자리, 복지 등은 지금까지 입증된 자살위기의 상쇄요인 중에서도 가장 직접적 효과를 가지는 것이다. 그러므로 가족의 역할과 기능을 강화하면서 책임을 전가하는 것은 오히려 현재의 상황에 개입할 수 없게 하고 역효과만 낸다. 욕망을 가족신경증의 오이디푸스 삼각형에 가두는 것이 자살위기로부터 벗어나게 할 수 있다는 생각은 과거에 대한 향수에 불과하다. 오히려 소수자들과 사회구성원들이 자신의 욕망가치에 대한 직접적인 보장체계를 통해서 가족이라는 울타리 외부에서도 지지기반을 획득할 수 있도록 하는 것이 사회안전망에 대한 논의의 출발점이 되어야 한다. 그러나 한국사회는 가족의 연대책임이라는 낡고 헛된 도식 속에서 독거노인이나 버려진 아이들, 청소년들에게 접근하는 경우가 여전히 많다. 물론 여기에는 복지가 성급하다는 식의 논리와 이에 수반되는 사회적 비용 문제에 대한 언급이 뒤따른다. 그러나 가족이라는 틀은 오히려 이러한 소수자들에게 더 욕망을 억압해야 하는 환경으로 다가갈 소지가 많으며 문제의 궁극적인 해결책이라고 할 수 없다. 그러므로 사회적 지지기반의 논의에서는 가족 이외의 영역에서 욕망의 가치와 존엄을 확인할 수 있는 방법을 찾아내고, 가족 이외의 공동체집단에서 욕망을 해방시키고 발산시킬 수 있는 방법을 개발하는 것이 반드시 수반되어야 한다.

자본주의적 욕망의 폐색과 협착

자본주의는 사회의 기존 제도영역으로부터 탈영토화된 욕망을 생산하면서도 그 욕망을 제도화하는 재영토화를 반복한다. 그래서 자본주의는 상대적으로 안정적인 시스템을 갖추기 위해서 벗어나는 힘과 사로잡는 힘의 균형을 추구해 왔다. 자본주의가 이미지, 상징, 영상 등 기호질서를 통해서 생산하는 욕망은 매우 불안정하기 때문에, 그 욕망을 사로잡을 수 있는 장치로 가족 같은 기계장치를 요구한다. 물론 문제는 욕망을 안정화시키는 데 있는 것이 아니라 욕망을 흐르게 하고 순환시키는 데 있다. 욕망의 창조적 분열과 흐름이 어떤 것에도 가로막힘 없이 순환할 때 사회는 건강성을 유지한다. 자본주의적 욕망의 스테레오타입화된 질서는 겉으로는 욕망을 강조하지만 양극화, 경쟁, 빈곤, 고용불안 등 욕망을 순환시킬 수 없는 폐색과 협착의 요소를 갖고 있다. 우울한 실업자, 불안한 아르바이트생, 주변으로 내몰리거나 가족에게 기대서 살아가야 하는 청년들, 직장에서 내몰린 중년아저씨들, 가정에서 고립된 가정주부, 고독한 노인 그리고 방황하는 아이들의 욕망은 자본주의의 경제적 흐름에서 탈락되고 배제되어 있다. 그렇기 때문에 이들의 욕망은 자본주의 사회의 흐름에 편승하지 못하고 폐색(閉塞)되고 협착(狹窄)되어 매우 열악한 상황으로 내몰린다. 욕망의 흐름이 단절되고 멈추는 그곳에서 집단적 우울의 절규가 울려퍼진다. 사회에서 배제된 사람들의 욕망을 사회가 책임지지 않는다면, 그들이 자살위기에 내몰리고 죽음에 이르러도 그 책임은 어디에도 없다. 그들은 단순히 개인적 사정이나 사적인 레파토리에 의해서 자살위기에 내몰린 것이 아니다. 그런 이야기는 순전히 반복되는 사후평가일 뿐이다. 개인이라는 주체는 존재하지 않으며 모든 사람들은 접속의 경로와 영역 내에서 항상 집단과 접속되어 있다. 사는 곳이 다르고 지역이 달라도 사람들은 각자 소속된 집단이 있다. 그렇기 때문에 개인을 강조하는 구조주의는 환상이다.

개인의 욕망은 집합적인 주체성을 통해서 드러나며 구조에 의해서 결정되는 것이 아니다. 그래서 욕망은 집단적 주체의 배치를 바꿈으로써 다른 순환경로를 취할 수 있으며 다른 방식으로 흐를 수 있다. 삶의 작은 영역부터 바꾸어내는 미시정치적 방향에서 욕망의 폐색과 협착을 해결할 수 있다. 사회를 구성하는 다양한 집단들의 욕망의 자주관리와 다채로운 욕망 프로그램이 자본주의적 욕망의 궤도를 변경시킬 수 있는 것이다.

사회구성원 각자의 욕망이 스스로 흐름을 갖고 사회적 배치에 흐르고 물질·에너지·정서 등을 선순환시킬 수 있는 사회를 만들기 위해서 선행되어야 할 것은 무엇일까? 그 출발점은 자본주의가 배제하고 차별하는 외부의 욕망들과 그러한 욕망억압의 틀에서 벗어나는 것이다. 자본주의가 벗어나려는 욕망을 사로잡으려고 설계한 가족이라는 기계장치는 현재의 상황에서 매우 낡은 것으로서, 사회적 지지기반으로 작동하기보다 욕망의 폐색과 협착의 기계장치로 기능하는 경우가 많다. 그러므로 새로운 공동체를 만들어내고 새로운 실험을 하는 것, 다른 방식으로 사유하고 다른 방식으로 살고 다른 방식으로 행동하는 분자혁명이 어느 때보다 중요하다. 그것이 죽음의 블랙홀에 빠진 자살위기자들을 구하고 대안을 구성할 것이기 때문이다.

죽음의 블랙홀에 맞서서

대한민국의 연쇄자살은 우리가 살고 있는 사회가 과연 기쁨과 평화의 공동체인가를 되묻게 한다. 사람들이 안심하고 평화롭게 살 수 없는 사회환경, 욕망이 폐색되고 협착되어 지옥과 같은 블랙홀로 빨아들이는 사회환경, 소수자들이 사회적 장벽으로 말미암아 집단적 우울감에 빠지는 사회환경은 자살공화국 대한민국의 현주소이다. 특히 연쇄자살 사태의 핵심에는 블랙홀과 같이 욕망을 강력하게 빨아들이고 빠져나오거나 벗어날 수 없게 만드는 욕망의 폐색과 협착이 있다. 스테레오타입화된 욕망을 강요하는 자본주의는 가족을 통해서 탈주하고 벗어나려는 욕망을 제어하지만, 이미 가족은 부르주아 안전주의를 지탱할 수 있는 수단으로 보기에는 낡은 것이 되었다. 사회에 건강하고 대안적인 욕망을 순환시키기 위해서는 빈곤, 실업, 양극화, 경쟁, 해고, 고용불안 등과 같은 죽음의 블랙홀들을 사회에서 추방해야 한다. 그 대신 소득보장, 사회안전망, 공공성, 대안적 복지, 대안적 공동체 구성 등과 같은 욕망의 프로그램을 마련해야 한다. 자살에 대해 사회가 책임이 없다는 앵무새와 같은 슬로건들은 낡아빠진 가족제도에서 문제의 해결책을 찾는다. 그러나 신자유주의의 사막 같은 환경이 만들어내는 죽음의 블랙홀은 도처에서 등장한다. 이 블랙홀은 생명을 빨아들이고 아무것도 아닌 것으로 만들며 사회적 가치와 생명의 존엄을 송두리째 집어삼킨다. 지금 한국은 예사롭지 않게 곳곳에 경고신호 같은 절규와 아우성으로 가득하다. 죽음의 블랙홀을 제거할 생명에너지로서의 대안적 욕망의 흐름과 탈주, 생성과 창조가 어느 때보다 중요하다.

03 노숙인: 외환위기사태가 광인의 '기관 없는 신체'로 드러나다

기관 없는 신체 corp sans organs

기관 없는 신체는 들뢰즈와 가타리가 아르토에서 빌려온 개념으로 유기체가 아닌 신체, 유기체 이전의 신체를 의미한다. 이 사회가 유기적인 전체로서 잘 돌아간다는 생각을 갖고 있을 때 그 속에는 배제와 포섭이 존재한다. 즉 건강한 사회는 소수자, 광인, 노숙자 등을 사회의 보이지 않는 영역으로 가두고 배제하면서 유지된다. 기관 없는 신체는 유기체적인 신체가 아니라 어떤 사회적 기관과도 관계하지 않는 신체를 의미한다. 먹는 기계, 싸는 기계, 빠는 기계 등 욕망이 기계적으로 작동하지 않는 상황에서는 신체는 강렬도=0의 상태가 된다. 이 상태는 폐색되고 정지된 상태의 신체라기보다, 오히려 새로운 기계를 장착할 수 있는 가능성을 가졌고 내부의 욕망들로 충만한 상태를 의미한다. 마치 알과 같은 상태를 생각해 보면 기관 없는 신체에 대한 기본적인 이미지에 이를 수 있다. 기관 없는 신체는 고정된 질서에서 벗어나 카오스 상태에서 무한한 생성과 변이를 잠재적으로 품고 있는 신체를 의미한다. 겉으로는 아무것도 일어나고 있지 않은 것처럼 보이며 욕망과 광기의 혼돈상태에 빠져든 신체로 보일지도 모른다. 그러나 그 내부에는 새로운 접속과 기계장치의 장착이 준비되고 있고 우주와 자연을 넘나드는 변화 가능성이 담겨 있다. 소수자 중에서 광인들은 기관 없는 신체가 그저 은유가 아니며 현실에 존재한다는 점을 보여준다. 광인들은 패턴화된 일상을 정지시키는 밑바닥 상태를 경험한다. 자본주의가 작동시키는 욕망이 정지되는 순간은 밑바닥 상태, 벌거벗은 신체의 상태를 의미하며 이 속에서 새로운 욕망이 생성될 가능성이 존재한다.

> "기관 없는 신체는 알이다. 이 알은 퇴행적인 알은 아니다. …알은 순수한
> 강렬함의 환경이며 내포적 공간으로서,
> 외연적 연장이 아니라 생산의 원리로서의 강도＝0이다."
> —들뢰즈 · 가타리, 『천개의 고원』

기관 없는 신체는 어떻게 역습을 취했는가?

거대한 탈주의 무리가 있었다. 막노동이라는 노동지옥으로부터, 실업이라는 최첨단 빈곤지역으로부터, 알 수 없는 광기의 식별 불가능한 영역으로부터 거리로 나선 사회 최말단 집단이 있었다. 한국사회에서 노숙인이라는 집단은 공식통계상으로는 수천 명에 불과하지만 실제로는 수만 명에 이르는 것으로 추정된다. IMF사태는 사회의 저 아래층 최말단 집단을 파멸로 몰아넣고 그들을 거리로 나서게 만들었다. 대부분 쪽방 아니면 고시원, 독서실에서 기거하며 일용직노동자 생활을 했던 노숙인들은 사회분열의 최극단을 체험하면서 그것을 정신분열로 드러내며 거리에서 모습을 보였다. 이들은 무리를 지으면서 서울역이나 용산역 등 사람들이 많이 오가는 틈에 끼여 새우잠을 자고 구걸을 하고 술을 마셨다. 이들이 거리로 나서게 된 것을 두고 의견이 분분하지만, 주목할 점은 한국사회에 신자유주의가 도입되

면서 사회분열 양상이 개인분열로, 더 나아가 집단분열로 치달아갔으며 그 자본주의적 광기를 여과 없이 드러낸다는 것이다. 거리에 노숙자들이 처음 눈에 띄곤 할 때 이들에 대한 사회의 시선은 여러 가지로 갈렸다. 동정, 비난, 방조 등 다양한 시선들이 있었지만 아무도 이들이 거리로 나서게 된 광기의 자기원인에 대해서는 분석하지 않았다.

탈근대 자본주의에서 노숙을 한다는 것은 거리에서 농성을 하는 것과 크게 다르지 않다. 자본주의는 끊임없이 욕망과 광기를 생산한다. 미친 듯이 일하고 미친 듯이 놀고 미친 듯이 소비한다. 그 욕망하는 기계가 멈추는 순간, 기관 없는 신체라는 벌거벗은 신체가 사회에 모습을 드러낸다. 이러한 기관 없는 신체는 자본주의는 이미 고장 나 있음을 드러낸다. 이것은 거리에서 시위하는 것보다 더 강력하게 자본주의 모순의 극한을 드러낸다. 물론 이러한 기관 없는 신체는 욕망의 강렬도=0의 상태를 보여주지만 그것은 욕망이 없는 비욕망의 상태가 아니라 매우 다른 욕망의 색깔을 갖고 있다. 마치 알과 같이 욕망은 정지되어 있으면서도 충만하다.

원래부터 미쳐서 거리로 나섰는지 아니면 거리로 나서서 미쳤는지 모르겠지만, 노숙자들이 직면한 열악한 환경이 이들의 정신세계를 파괴하고 광인으로 만들어버렸다는 점은 분명하다. 노숙인의 상당수는 망상과 광기를 맞닥뜨렸거나 그로부터 도피해 온 사람들이다. 이들의 욕망을 억압했던 수많은 사회현실들은 이들의 광기를 방조했다. 이들이 IMF사태와 신자유주의 체제의 최대 피해자임에도 불구하고, 그런 현상이 왜 일어났으며 노숙인의 삶이 무엇을 의미하는지조차 알려지지 않고 그저 거리에 방치되고 있다. 노숙집단의 등장은 사회통합을 외치는 국가주의의 위선을 보여주는 것이다. 국가란 더 이상 국민의 안전과 행복을 보장해 주는 집단이 아니다. 그저 여러 사회적 부분들 사이에서 전체의 이해를 말하는 부분에 불과하다. 사회시민단체나 종교단체의 자구노력은 노숙자의 심리적 · 경제적 지지대가 되어주려는 사회적 연대의 행동이다. 신자유주의가 방조하는 동안 많은 시민들이 노숙자로 살아가다가 사라져 갔다. 사랑의 행동과 결단은 노숙집단이 살 수 있는 지지대를 의미한다.

그러나 이러한 자구노력에도 불구하고 노숙자의 문제는 그렇게 간단치만은 않다. 이들이 경제적 · 사회적 지지대를 잃어버리는 순간 심리적 · 정서적 지지대도 동시에 잃어버리기 때문에, 노숙자들은 광기에 의해서 횡설수설하며 알코올에 의존하며 현실에 있지도 않은 망상에 사로잡혀 중얼중얼거린다. 이들에게 집단적 치료가 필요했지만 잘 생각해 보면 치료받을 대상은 노숙집단이 아니라 신자유주의 사회이다. 삶의 욕망을 해결할 수 없는 엄청난 장벽에 직면해서 그 욕망이 광기로 돌변해 버린 노숙자들에게 정말 이 사회에서 인간답게 살 수 있는 삶의 욕망을 되찾아주지 않고 광기만을 치료하겠다는 것은 이율배반인 것이다. 그렇기 때문에 신자유주의의 광기를 치료하지 않고 노숙인의 광기는 치료되지 않는다.

서울역 노숙자시위

노숙자들은 서울역에 모여 집단화되면서 자신들이 처한 참혹한 현실에 대해 눈뜨기 시작했다. 처음에는 몸을 씻을 수 있게 화장실 개방을 요구하는 수준에서 노숙자의 자조운동이 시작되었다. 서울역은 노숙인과 공안 · 공익요원 · 경찰 등이 끊임없이 충돌을 일으키는 공간이었다. 여기서 노숙자가 마주치는 국가는 자신의 삶을 보살펴주고 따뜻하게 보듬어 안는 국가라 기보다 눈에 띄지 않도록 끊임없이 사회 주변으로 밀어내고, 갈 곳 없는 사람들에게 어서 여기서 사라져 달라고 호통 치며 끌어내는 국가였다. 결국 노숙자들은 작은 조직을 만들었으며 자신들만의 자조적인 소통으로 자신들이 처한 상황을 외부로, 사회세력들에게 알리기를 원했다. 그러나 이들의 목소리가 노동자나 시민에게 잘 전달된 것 같지는 않다. 이들이 촛불집회 같은 데서 사회적 연대의 행동으로 나설 수 있는 유력한 주체집단임이 분명했지만 사회운동집단은 노숙자들을 사회적 주체로서 바라보지 않았다. 뿐더러 이 냄새나고 횡설수설하고 주체로서의 기반을 송두리째 잃어버린 벌거벗은 신체를 민중이라고 규정하지도 않았다. 탈근대 자본주의의 현실은 유기적이고 변증법적인 모순으로 이루어진 것이 아니라 배제된 주변집단, 소수자집단을 출현시킨다. 물론 노숙집단은 주체집단으로서 행동에 나설 준비가 늘 되어 있었다.

사건의 전조는 곳곳에서 있었지만 사건의 발단은 매우 무시무시한 것이었다. 2005년 1월 22일 철도공안과 공익요원들이 노숙인들과 충돌했을 때 주변 노숙자들은 심상치 않은 모습으로 지켜보고 있었다. 이 과정에서 공안에게 뭇매를 맞은 노숙자 두 명이 자연사인지 타살인지 불분명한 채 사망하고 만 것이다. 그 순간 서울역의 노숙자들은 그동안 잠재되어 있던 자신들의 처지로 인한 울분을 폭발시켰다. 서울역을 점거한 노숙자들은 흥분하여 집기를 마구 부수며 농성에 들어갔다. 항의의 물결, 야유, 절규의 목소리로 가득한 서울역은 기능이 정지되었다. 노숙자들의 코뮌이 형성되는 순간이었다. 그것은 엄청난 사회적 압력을 체감하고 있던 노숙자들의 자연발생적 시위에서 시작되었지만 그 출현은 지배질서의 위선을 순식간에 드러내 보였다. 다수의 무장경찰이 들이닥쳤고 노숙자들에게 해산을 요구하며 진압행동에 나섰다. 노숙자코뮌은 순식간에 와해되어 버렸지만 그 힘과 파급효과 그리고 인간존엄에 대한 메시지는 영원한 것이 되었다. 그런데 왜 서울역이었는가? 서울역이 노숙자들의 집결지였던 이유도 한몫했지만 노숙자들은 늘 자신을 어디론가 이동하는 유목하는 주체, 노마드적 주체로 자신의 주체성을 규정하고 있다는 점이 중요하다. 노숙자들은 사이 존재들이다. 어디론가 무엇인가를 찾아서 떠나야겠다고 다짐한 유랑인, 방랑자, 광인, 떠돌이예언자와 같은 존재들이다. 그들의 집단적 광기는 섬광과 같이 탈근대 자본주의의 절단면을 드러냈다.

삼일아파트 점거운동과 스쾃

스쾃은 유럽사회를 뒤흔들었던 문화적 빈집점거운동이다. 그 형태는 매우 예술적이었으며 자유로운 정신의 소유자들이 참여한 운동이었다. 한국에서 이 스쾃운동은 시도될 수 없었다. 재개발 속도가 너무나도 빨랐고 빈집점거를 미처 시도도 하기 전에 순식간에 집을 부숴버렸기 때문이다. 그러나 노숙자들의 자율운동은 빈집점거를 통해서 자신의 코뮌을 만들어야겠다고 생각하면서 이리저리 행동에 옮길 장소를 찾고 있었다. 2003년 7월 청계천복개공사와 재개발 와중에서 삼일아파트가 노숙자들의 빈집점거 장소가 되었다. 이들 노숙집단은 삼일아파트를 '더불어 사는 집'이라고 이름 붙이고는 용역들이 창문을 깨고 빈집을 탈환하려서 음해에 맞섰다. 이후 노숙자자율운동은 정부당국과 일정한 선에서 타협점을 찾기로 결정하고는, 이 빈집이 헐리기 전까지 유예기간을 가지며 빈집을 사용하도록 구청의 허가를 받아내는 데 성공했다. 6개월 동안 노숙자들은 소유권이 아닌 점유권과 점거권으로 자신의 집을 마련할 수도 있다는 가능성을 발견하게 된다. 집에 대한 개념이 소유권으로 획일화되어 있는 한국사회에서 점유권의 인정은 매우 이례적이었으며, 노숙자자율운동은 이로부터 활력을 얻을 수 있음을 깨닫게 되었던 것이다.

삼일아파트의 빈집점거는 매우 짧은 순간이었다. 그러나 노숙자들은 이러한 행동양식을 통해서 자신의 자치공간, 코뮌을 만들어낼 수 있는 잠재력을 가진 집단이라는 것을 확인시켜 주었다. 이들은 하루하루 벌어야만 쪽방, 일수방, 고시원, 독서실, 만화방, pc방, 오락실, 합숙소 등과 같은 불안정한 주거형태에서나마 살아가는 공간이 확보할 수 있었다. 그러다가 노숙자가 되어 자본주의 방식을 따르지 않는 대안적 주거형태의 가능성을 꿈꾸기 시작했다. 아쉬운 점은 이러한 노숙자들의 코뮌운동, 자율운동이 일어났을 때 사회운동조직들이 사회적 연대와 실천에서 이들을 누락시켰다는 점이다. 노숙자들과 함께 실천하는 몇몇 사회조직이 있었지만, 이들이 갖고 있는 생각도 노숙자들이 다시 시민이 되거나 자본주의 사회 내로 되돌아와야 한다거나 혹은 인권적 수준에 머물러 있다. 노숙자들의 자율운동을 사회운동의 일부로 바라보고 연대하는 획기적인 시각전환이 있지 않는 한 노숙자에 대한 연대활동은 한계를 가질 수밖에 없다.

노숙자운동과 광인해방운동

노숙자는 각종 신체적·정신적 질환에 노출되어 있는데, 한 조사에 따르면

78.6%가 정신과치료가 요구된다고 한다. 흔히들 노숙자, 광인이라고 하면 정상의 상궤에서 벗어난 사람이라고 규정한다. 그러나 정상성의 기준집단이 누구인가를 생각해 볼 필요가 있다. 부동산투기를 일삼는 집단의 광기가 노숙자의 광기보다 낫다고 할 수 없음에도 불구하고, 노숙자의 욕망(=광기)은 늘 주변적인 것으로 배치되고 사회에서 인정받지 못한다. 다수자 정상이라는 사람들은 소수자 광인에게 치료의 신화를 통해서 문제가 해결될 수 있다고 말한다. 그러나 치료의 신화는 기준집단의 광기에 대해서는 침묵한다. 기준집단이 가장 이성적이라고 간주되지만 이성으로 포장된 그들의 광기에 대해서 침묵한다. 이른바 정상인이라고 불리는 집단이 갖고 있는 돈에 대한 도착, 맹목적 성공주의 충동, 일상적 파시즘을 침묵한다면 치료과정은 이 사회가 만든 하나의 신화나 허구에 불과하다. '모두 다 미친' 자본주의하에서 광기와 욕망은 집단의 자치와 자조적 역량으로 자주 관리되어야 한다. 그러나 노숙자를 보는 사회적 시선이나 목소리는 이들을 사회로 복귀시키기 위해 현재의 광기의 성격을 부정하는 데서 출발한다. 정작 노숙자들은 벌거벗은 자신의 실존을 알리고 자유롭게 거리를 다니며 여느 사람들 속에서 살고자 하는 욕망과 광기를 갖고 있다. 이들이 도시구역에서 느끼는 자유는 망상 혹은 도주일지도 모른다. 이런 측면에서 노숙자들이 노숙자쉼터에 입소를 거부하는 이유를 유추해 볼 수도 있다. 광기의 척도는 자유의 척도인 것이다.

역사적으로 광인해방운동은 정신병원의 위계와 격리 등의 차별에 맞서서 의사와 간호사, 환자라는 경계를 민주적으로 바꾸기 위한 노력을 기울여왔다. 광인들의 폐쇄적인 환경 민주화운동은 노숙자들의 시설에 대한 태도와 동일한 위상에 있다고 볼 수 있다. 광인들의 자조운동은 최근 들어서 나타난 현상인데 치료의 대상, 분석의 대상이 아니라 자신의 광기와 삶을 긍정적으로 받아들이도록 하려는 자치적인 움직임이다. 노숙자들은 이러한 광인해방운동과 궤를 같이한다. 광인해방운동의 사회적 반응으로서, 당사자의 동의 여부를 묻지 않고 무차별적으로 정신병원에 가두는 것이 아니라 지역사회가 책임을 담당하도록 하는 개량주의적 조치가 제도화된 것이다. 지구별 섹터운동의 일종인 정신보건센터운동은 기존의 폐쇄적인 환경으로 모든 문제를 풀려고 하는 데서 한 단계 나아갔다. 그러나 지역사회가 이 문제를 풀어나가는 데도 한계가 있다. 결국 치료의 신화가 다시 등장하고 의사나 심리치료사, 사회복지사들과의 위계가 자리 잡는다. 마찬가지로 지역자활센터는 노숙자의 주민등록을 복구하고 생활보호대상자로 만들어서 최소한의 자율성을 보장해 준다는 방식으로 지역사회가 책임을 떠안는 형태를 띠고 있다. 그러나 노숙자의 광기는 사라지지 않는다. 개량주의적 조치는 집단이 갖고 있는 광기의 자주관리 역량과 접속해야 한다. 노숙자들이 거리에서 방황하고 유랑하는 광기는 노숙집단 스스로의 자치역량에 의해서 자주관리되어야 한다.

클래멘트 코스와 광기

'희망의 인문학' 등 노숙자단체에서 주관하고 있는 프로그램은 미국의 클래멘트 코스를 벤치마킹한 것이라고 할 수 있다. 이 클래멘트 코스는 노숙자를 정상사회에 복귀시켜서 치과의사가 되고 교사가 된 성공사례들을 희망으로 표현한다. 인문학이 치유의 역할을 할 수 있다는 것은 절반만의 진실이다. 인문학은 춤, 노래, 음악, 놀이 등 다양한 표현수단으로 치유의 역능을 가지고 있다. 신자유주의 시대에 값비싼 상품들을 소비하면서 살아가는 사람들이 "어째서 그래야 하는 거지, 왜 인생을 소진하면서 살아야 하는 거지?"라고 반문하게 만드는 것이 인문학이다. 인문학은 근본적인 성찰의 시간으로 인도한다. 그러나 인문학은 외부를 가지고 있다. 어린아이, 광인, 동물 등은 늘 정상사회의 인간이라는 범주에서 외부라고 할 수 있다. 인문학이 노숙자들에게 다가갈 때 그것은 정상성의 인간 범주 외부와의 접속이라고 할 수 있다. 인문학은 이 과정에서 정상으로 나아갈 수 있는 통로가 되었다고 자신 있게 말한다. 그러나 인문학이 제시하고 있는 치유방식이 비록 자본주의적 치료법과 다르다고 할지라도 현실에서 튕겨져 나간 주체성들, 즉 광인, 수감자, 노숙자 등이 직면하는 색다른 욕망과 광기에 대해서는 침묵할 수밖에 없다.

클래멘트 코스는 소수자의 광기를 중화시키고 문화적으로 살균하며 그들의 욕망을 제거한 상태에서 '인문주의'를 수용하게 만드는 한계를 지녔다. 그렇기 때문에 인문주의의 인간범주 외부에 있는 소수자들에게 이것은 자본주의의 성공주의와 승리주의의 새로운 버전에 불과하다. 결국 성공하여 정상사회에 복귀하는 것이 목표가 되는 것이다. 마이너리티의 정신과 감수성에 받아들여질 수 없는 고급문화가 그들의 자존감과 존엄함을 높일 수 있다는 것 그리고 그들을 정신적인(혹은 경제적인) 빈곤에서 벗어나게 할 수 있다는 것이 클래멘트 코스의 중요한 컨셉이다. 노숙자들의 광기의 색다른 차원이나 욕망의 야성성은 이 제도에서 수용될 수 없는 것이다. 노숙자나 광인이 갖고 있는, 가족제도와 기존 제도로부터 벗어난 욕망의 야성성은 인문학이 알 수 없는 자유의 척도를 갖고 있다. 그들의 광기는 제도의 영역으로 충분히 포섭될 수 없는, 정상성의 궤도와 다른 방향에서 무의식의 지도를 그리고 있다. 클래멘트 코스는 가난한 자, 벌거벗은 채 살아가는 사람들의 광기와 욕망의 야성성을 거세하고 문화식민지를 만들려는 자본주의의 코드화 양식으로 전락할 위험이 있다. 하지만 이런 한계와 위험에도 불구하고 이 인문학강좌를 주관하는 사람들은 노숙자나 소수자들의 광기로부터 배우는 것 같다. 대부분의 교사들은 노숙인의 통찰력에 놀라고 이들의 욕망과 광기가 갖고 있는 색다름에 다시 놀란다.

빈곤으로부터 벗어나기 위해서 신자유주의의 양극화나 사회분열적 양상을 다루지 않고 소수자들의 정신적 혹은 문화적 영역을 문제의 출발점으로 삼는 것은 본말이 전도된 문제해결 방식이다. 노숙인의 인문학강좌에서 이들은 이 사회에서 무엇이 잘못 돌아가고 있는지 이미 잘 알고 있다는 것을 어김없이 확인할 수 있다. 이런 통찰력은 무시무시한 체제의 압박에도 불구하고 대안사회와 이미 접속되어 있는 이들의 무의식의 지평을 의미한다. 현실의 문제를 따라가다 보면 이들이 정신적 빈곤이 아니라 실질적인 빈곤에 직면해서 정신적인 파멸에 이른 것을 알 수 있다. 자본주의는 정신분열증을 생산한다. 이 정신분열증에서 벗어난다는 것은 예술을 생산하고 과학을 생산하는 창조적 분열과의 접속을 의미한다. 탈주는 오히려 창조적 분열을 활성화시켜 병리적 분열을 넘어서 창조의 지평으로 나아갈 수 있도록 하는바, 더 미쳐야 해결될 수 있다. 인문학은 이러한 창조적 분열을 통해서 탈주하면서 노숙인과 소수자의 광기에 활력을 불어넣어 주는 역할을 해야 할 것이다. 자본주의 체제를 내면화시키지 않고 광기를 배제하지 않는 인문학적 자율성이 필요한 것이다.

기관 없는 신체들의 연결접속

집 없는 노숙인이 어떤 장소를 점거한다는 것은 거리에서 시위하는 것보다 중요하다. 그가 존재함으로써 자본주의에 문제가 있으며 어딘가 잘못되고 있다는 것을 금방 알 수 있다. 이들이 존재한다는 것 자체만으로 자본주의가 정상코드로 돌아간다고 외치는 미디어나 위정자에 대해 의문을 품을 수 있으며, 욕망과 광기가 자본주의 틀 내에서만 존재하는 것이 아니라는 것도 분명해진다. 노숙인집단은 벌거벗은 신체인 기관 없는 신체 상태로 서로의 연대망을 형성함으로써 내부의 역량을 키워나간다. 노숙인집단이 대안적 주거형태와 미시적인 코뮌 같은 자치공동체를 이루어낼 역량을 갖고 있음은 의심의 여지가 없다. 노숙인들의 네트워크는 주로 역 근방의 계류지에서 형성되는데, 이들이 정서적·심리적 공감대를 갖고 연결되어 있다는 것은 분명하다. 삼일아파트의 '더불어 사는 집' 사례는 비록 짧은 기간이지만 노숙인들의 잠재력을 보여주었다. 노숙인의 자조적 공동체는 언제 어디서 등장할지 모르지만 노숙인들 자신이 늘 꿈꾸고 있는 내재적인 역량이다. 노숙인의 꿈은 망상과 다르지 않고 자유는 광기와 다르지 않지만, 이들이 자본주의와는 다른 방식의 삶을 지향하고 있는 것만은 분명하다. 기관 없는 신체는 광인의 신체이며 광기로 움직이는 신체들이다. 그러나 기관 없는 신체는 새로운 연결접속을 통해서 전혀 다른 방식으로 욕망의 흐름을 만들 수 있는 신체이다. 그렇기 때문에 가능성으로 충만하고 역량으로 풍부한 신체이다. 이 노숙인집단이 그후 촛불집회의 주역으로 거리에 나서서 신자유주의 현실을 고발하는 목소리를 낸 것은 주목해야 한다. 노숙인들은 삶의 욕망이 강렬하며 체제를 넘어선 광기를 지녔다. 이들의 꿈을 모두 다 알 수는 없다. 그러나 그 꿈이 품고 있는 무의식의 지도가 자본주의를 넘어선 지평을 응시하고 있음은 분명하다. 노숙인운동은 신자유주의의 위선을 고발하는 가장 밑바닥운동이기 때문에 늘 점거농성을 벌인다. 또한 자본주의적 욕망이 배제한 소수자의 욕망을 보여주는 운동이다.

04 신용대란: 내 욕망까지 불량은 아니야

제도 Institution

제도는 사회, 집단, 개인이 직면하는 관계망이다. 가타리는 제도요법을 통해서 무의식이 현실적인 관계망을 의미한다고 밝혔다. 예를 들어 왕따를 당한 아이가 심리적으로 문제를 일으킬 때 학교제도보다도 그 아이의 정신상태에 문제가 있다는 방식의 치료는 제도를 제대로 파악하지 못한 것이라고 지적한다. 문제는 학교제도에 있으며 그 제도를 변혁시킬 새로운 대안제도의 수립이 요구된다는 것이다. 그런데 무의식은 제도에서 발생하기 때문에 무의식을 변경한다는 것은 제도를 변경하는 것을 의미한다. 제도는 구조와 같이 변화 불가능한 것이 아니다. 집단과 개인이 새로운 방식으로 관계를 맺을 때 제도는 수정되며, 그 관계망 자체가 다른 제도를 의미한다. 그렇기 때문에 제도는 생산될 수 있으며 변경될 수 있고 수정될 수 있는 것이다. 핵심적인 문제는 어떤 방식으로 세상과 접촉하고 만나는가의 차원이다. 가타리는 정신질환자들을 치료하면서 그들의 무의식이 생산되는 장은 기존에 갖고 있던 관계망이었다는 것을 발견한다. 그래서 음악, 미술, 춤, 노래, 글쓰기 등 완전히 새로운 방식으로 세상과 관계를 맺는 것을 통해서 관계망 자체에 수정을 가하려고 하였다. 이는 곧 세계와의 관계를 재창조하는 작업이다. 모든 제도는 사회적 관계 속에서 나오며, 중요한 것은 제도를 생산할 수 있는 다른 관계망의 수립이라고 할 수 있다. 집단적 주체들의 색다른 관계 맺기는 그 자체로 이미 제도이다. 이러한 제도의 수립은 기존 제도를 변경하고 수정하는, 실존좌표에서의 변화를 의미한다. 법제도나 국가제도 역시 예외일 수 없다. 중요한 것은 제도를 생산할 수 있는 색다른 주체, 특이한 욕망, 독특한 관계라고 할 수 있다.

> "구조로서의 제도 주위를 선회하는 대신 (국가나 당) 제도의 전체화가 지닌 성격을 뒤흔들고 파열시키는 것에 성공한다면, 그 순간부터 제도는 주체적인 일관성을 획득하고 모든 종류의 수정과 재검토를 개시할 수 있다."
>
> ─가타리, 『정신분석과 횡단성』

사회적 신뢰관계와 신용

IMF사태가 났을 때 시장에서의 신뢰관계는 사상누각처럼 무너져 내렸다. 국가신용등급의 하락과 외환위기로 시장의 신뢰관계는 붕괴되었고 그것은 사회적 신뢰관계망의 파열로 이어졌다. 격렬한 붕괴의 징후를 보인 기업·개인·공공기관이 문을 닫았고, 한국의 사회적 관계망에 신자유주의 프로그램이 도입되었다. 당시 신자유주의는 시장의 신뢰관계를 회복시켜주는 프로그램이라기보다 사회적 신뢰관계망 속에서 시장법칙을 관철시켜 시장에 권력을 이양하는 것이었다. 금융신용이 사회적 신뢰관계를 대표하면서 사회 내부의 호혜관계와 공공성 등은 파괴되었다. 신용은 사회적 신뢰관계와 따로 떨어진 것이 아니며 그 일부를 이룬다. 사회적 신뢰관계의 토대가 없다면 신용도 불가능하다.

신뢰를 잃은 국가나 신뢰를 잃은 기업에 사회적 신뢰관계를 위임할 수 없다. 오히려 사회적 신뢰관계의 기반이 되는 것은 다양한 지역공동체와 조합들의 자조적 관계망이다. 이처럼 토대를 이루는 관계망을 시장 중심으로 재편할 때 문제는 세밀하게 쪼개진 개인의 신용 차원의 것이 된다. 외환위기 와중에서 사회적 신뢰관계의 토대를 이루는 공공영역과 공동체들이 공격받았으며, 당시 사회적 안전망은 거의 전무한 상태였다. 사회적 신뢰의 관계망을 파괴하는 IMF 프로그램은 토대가 취약했던 한국사회를 붕괴시켜 신용불량자라는 시장권력의 희생양을 만들어냈다. 사회적 제도를 생산할 수 있는 주체성이 형성되어 있지 않은 상황에서 거대한 위기는 희생을 강요당하는 피해자를 양산했다. 그러나 신용불량자들은 그저 개인이 아니라 거대한 집단을 이루었다. 신용불량자들의 자조모임은 피해자의식에 머물지 않고 새로운 관계망인 제도를 생산하기를 요구하는 자율적 주체가 되었던 것이다. 단순히 개인의 사정에 의한 파산이 아니라 사회적 신뢰관계의 한 축을 담당하고 있던 국가신용의 붕괴에서 비롯된 사회적 관계망의 위기였다. 신자유주의를 이식하는 수술을 담당한 IMF체제는 신용불량자를 양산하고 절규와 아우성과 한숨으로 가득 찬 파멸적 양상을 드러냈다. 그러나 벼랑 끝에 내몰려도 민중의 생명력은 질기고 강했다.

개인의 안전과 행복을 책임지지 못하는 국가는 시장이 국민의 핵심적인 권리를 짓밟는 데 동조 또는 방조한다고 할 수 있다. 시장의 룰에 따라 모든 것이 재편될 때, 신용의 문제는 신뢰의 문제와 슬쩍 뒤바뀌어버린다. 국가의 역할은 매우 축소되어 삶의 영역에서 작은 부분이 된다. IMF체제는 위기의 결과라기보다 위기의 시작이었다. 이것은 신자유주의라는 시장권력이 사회의 신뢰관계를 대신하도록 만드는 조치들로 구성되어 있다. 여기서 신용의 척도는 보다 넓은 의미를 갖게 된다. 이 과정에서 금융이 신용을 연결시키는 허브 역할을 하는데, 사실 금융은 사회적 신뢰관계를 양극화하고 분열시키는 주범이다. 먼저 못가진 자, 가난한 자 등 신용이 낮은 사람들에게 은행 문턱을 높게 만들어 이들을 고금리 대부업체로 밀어넣어 소시지에 넣을 속처럼 잘게 부수어냈다. 그리고 부자들, 기득권층처럼 신용을 갖춘 사람들에게는 저금리 가계대출이나 기업대출로 더 많은 부를 갖게 만들어주었다. 이러한 양극화과정에서 나타난 '신용'이라는 관계망의 척도는 사회적 신뢰관계를 파괴하고, 협력적이고 자조적인 가난한 사람의 공동체를 파괴하고 약탈하기 위해서 설계된 신자유주의의 작품이었다. 못가진 자, 가난한 자, 사회적 약자에게 더 잘살 수 있다는 희망을 주지 않고 나락으로 추락하게 하는 금융질서는 애초부터 사회적 신뢰를 지킬 의도에서 만들어지지 않았다. IMF사태는 국가신용을 회복시켜 주는 프로그램이 아니라 사회적 신뢰관계를 붕괴시키는 제도였으며 소수의 부자만이 잘살 수 있는 사회를 만드는 제도였다.

욕망과 신용?

신용은 욕망을 자극하며 욕망가치를 통해서 순환되는 측면이 있다. 젊은이들은 프롤레타리아계급의 이익보다는 신용을 통한 보다 나은 삶과 소비를 설계하게 된다. 자본주의 사회에서 신용은 욕망을 보증해 주는 중요한 열쇠 역할을 한다. 학교를 다니고 집을 사고 자동차를 사는 데 신용이 동원된다. 이런 면에서 볼 때 잘못된 것은 아무것도 없는 것처럼 느껴진다. "신용이 있으면 더 윤택해지는 것은 당연한 것 아닐까?" 그러나 이런 상식은 신용이 없어서 금융기관의 문턱에조차 가보지 못한 서민들의 욕망을 무시하는 경향이 있다. 신용이 사회적 신뢰관계를 대신할 수 없는 것임에도 불구하고, 신자유주의는 신용만이 사회적 신뢰관계를 보증할 수 있다고 봄으로써 가난한 사람들의 삶의 욕망을 철저히 배제시킨다. 자본주의적 욕망은 '신용'을 통해서 욕망가치를 교환하고 사용하기를 원하지만, 자본주의로부터 철저히 배제된 사람의 욕망가치에 대해서는 함구한다. 신용등급은 소득이 높아질수록 더 높아지는 만큼, 고소득자들은 신용이 높아 더 낮은 금리의 대출이나 더 수익률 높은 금융상품에 접근할 수 있다. 완전히 전도된 욕망가치의 두 가지 양상은 신용의 척도 외부에 있는 사회적 신뢰관계를 배제할 때 나타나는 현상이다. 신용이 사회를 장악할 때 연대와 자조와 협력의 가난한 자들의 공동체들은 파괴된다.

자본주의 사회에서도 신용을 욕망 차원이 아닌 필요욕구의 차원에서 보는 사람들이 있다. 그렇지만 신용은 절박한 필요를 충족시켜 주는 것으로 설계되어 있지 않다. 오히려 소비규모의 증대와 삶의 수준 향상 등과 관련되어 있다. 물론 카드 돌려막기를 하고 카드깡을 하는 도시빈민들에게 신용은 목숨과도 같은 생존수단의 의미를 갖는다. 그러나 생존을 위해서 신용을 지키고자 하는 이러한 시도는 대부분 실패할 수밖에 없는 게임이다. 시장의 신용은 원래부터 가난한 프롤레타리아트의 필요욕구 충족을 목표로 설계된 것이 아니라, 자본주의적 욕망을 생산하고 재생산하면서 상품 소비로 유도하는 기계장치일 뿐이다. 이런 시각에서 본다면 빈민, 소수자, 사회적 약자의 사회적 신뢰관계 구축은, 사회가 그들의 삶을 유지할 수 있도록 소득을 보장해 주어야 하고 그들의 욕망가치를 인정해 주어야 한다는 측면에서 다시 출발해야 한다. 여기서 욕망가치는 모든 사회구성원의 욕망이 자본주의적 가치체계에 복속되어 있다는 전제를 가지는데, 바로 그렇기 때문에 자본주의하에서 소수자들의 삶은 사회가 유지시켜 주어야 한다는 개념으로 나아간다. 다시 말해 욕망가치는 "자본주의는 욕망에 따라 움직인다"는 것을 승인하는 데 머물지 않고 "욕망을 가진 모든 존재는 그 존엄함과 가치를 인정받아야 한다"는 개념으로 전진 배치되는 것이다. 이것은 노동하는 사람만의 가치를 인정하는 노동가치와는 또 다른 개념이라고 할 수 있다.

신용카드대란과 신용불량자

김대중정부 시절, 신용카드의 남발 즉 개인들의 신용남발은 자본주의적 욕망가치의 극대화를 낳았다. 신용평가 기준이 모호한 채 발행된 신용카드는 한마디로 부실채권을 양산하는 기계였다. 빚을 지고도 변제할 능력이 없는 개인들이 신용카드를 손에 쥐고 마치 요술 같은 능력을 갖게 된 것처럼 느꼈다. 그러나 그 요술은 엄청난 대가를 치러야 했다. 소비를 독려하기 위해서 남발한 신용카드로 인해 연체율은 심각한 수준에 이르렀고 높은 이자율과 상환기일에 쫓긴 사람들은 다급하게 또 다른 빚을 내서서 상환하는 악순환을 거듭했다. 토끼가 굴속으로 숨어 들어간들 사냥꾼은 굴 앞에서 마냥 지키고 있게 마련이다. 여기에는 자본의 재빠른 순환패턴에 질식할 것만 같은 서민들이 있었고, 매일 독촉전화에 시달리는 도시빈민과 서민가정의 가장들이 있었다. 그것은 신자유주의의 체험장이었다. 시장의 신용에 따라 부채가 나누어지고 그것을 갚지 못하면 신용이 추락한다는 것을 체험하기 위한 이색전시관과 같았다. 전화벨 소리만 울리면 가슴이 벌렁거린다는 가정주부, 카드로 물건을 사고 막지 못해 헐값에 물건을 내놓은 사람, 빚이 꼬리에 꼬리를 물고 눈덩이처럼 불어나자 잠적한 아저씨들, 제각기 사연은 달라도 신자유주의가 삶을 옥죄어들고 있다는 것을 피부로 경험했다는 것은 똑같다.

　신용불량자는 서민들 사이에서도 가장 아래쪽에서부터 속출하기 시작했다. 거품이 붕괴되자 그 자리에 신용불량자의 딱지가 덕지덕지 붙여졌으며, 어쩔 줄 몰라 도피하는 사람들의 행렬이 뒤따랐다. 신용이 없다고 낙인 찍힌 사람들은 신자유주의로부터 격리되어 관리되기 시작했다. 노숙자로, 폐인으로, 은둔자로 전락한 사람들이 신용불량 딱지 앞에서 아무런 활동도 못하고 방치되었다. 이들을 기다리고 있는 것은 이 사회에서 더 이상 가치도 의미도 없는 사람으로 간주되어 서서히 사라지는 것이었다. 신용불량은 목표에 도달하지 못한 욕망가치, 순환하지 못한 욕망가치, 인정받지 못한 욕망가치라고 할 수 있다. 신용불량자들은 서서히 사회 주변으로 내몰렸으며 가족·지역·사회로부터 격리되기 시작했다. 신자유주의자들은 신용불량에 대해 일말의 관용도 없이 매우 냉혹하게 처리했으며 신용불량자들의 행복과 욕망, 존엄성을 방조 혹은 침묵으로 짓밟았다. 그러나 바로 이 지점에서 주체성의 혁명과 제도생산의 여지가 생겨났다. 신용불량자들이 무리를 이루어 상담을 받고 적극적으로 자신의 삶의 욕망을 지키려는 시도를 하기 시작한 것이다. 그들은 자신들의 욕망이 긍정될 수 있는 새로운 사회적 관계망으로서 제도를 생산하기 시작했다. 제도생산은 신용과 욕망의 관계를 다른 차원으로 이끈다. 신용불량자들이 자신들도 욕망가치를 보장받아야 할 존재임을 신자유주의 체제 앞에서 주장하기 시작했으며, 그들은 생존을 위한 채무변제의 정보를 서로 교환해 나갔다. 이런 색다른 관계망을 만드는 자체가 이미 제도라고 할 수 있다. 이러한 제도가 다른 관계망으로서 법제도 등을 개선시키는 효과를 낳는다. 신용불량자들이 자조적이고 협력적인 관계망을 만들면서 법제도나 금융제도도 불가피하게 수정되었다. 그러므로 제도는 관계망이며 제도생산은 색다른 관계 맺기이다.

사금융과 불법채권추심

'죽거나 나쁘거나'라는 잘못된 두 개의 발신음이 동시에 이중으로 구속하는 상황이 어떤 경우일까를 생각해 보면, 불법사금융의 대부처럼 이 상황을 잘 보여주는 것도 없을 것이다. 신용을 잃어가기 직전의 신용불량자들이 필사의 탈출구로 눈을 돌린 곳이 대부업체일 경우에는 더 그러하다. 그것은 가뭄 끝에 단비가 아니라 태풍이라 할 수 있다. 사금융은 신속하고 간편한 대출을 강조하지만 그 뒤에는 미행, 감금, 폭행, 협박전화, 가족 위협하기, 직장에 찾아가기, 인신매매, 성매매, 카드깡 등의 현실이 버티고 있었다. 지금은 다소 완화되었다고는 하지만 외환위기 직후에는 엄청난 규모로, 그것도 공개적으로 폭력이 자행되었다. 사금융의 고금리는 서민들의 경제를 파탄 나게 하고 서민들을 절망의 구렁텅이로 내동댕이친다. 살인적인 고금리 때문에 파산한 서민들은 길거리로 나앉았으며 그 무시무시한 폭력 앞에서 무장해제당할 수밖에 없었다. 사금융은 서민경제뿐 아니라 욕망경제의 측면에서도 암적인 신체를 의미한다. 암적 신체는 자신과 동일한 세포를 자동적으로 증식하여 전체의 생명을 위협한다. 욕망이라는 생명에너지를 복제하여 위장한 채 시시각각 자라나 생명 자체를 위협하는 것이 암이다. 사회 암적 존재로서의 사금융은 욕망을 절멸시키고 나서야 목표를 달성할 수 있는 규칙으로 서민들을 옭아맨다. 자살행렬이 줄을 잇고 절망에 빠져 거리로 나선 노숙행렬이 꼬리에 꼬리를 문다. 욕망의 생산적 힘을 완전히 뒤덮어버리는 암적 신체는 끊임없이 증식하면서 다른 삶의 욕망들을 착취한다. 예를 들어 가족이 가족을 착취하고 자신이 자신을 착취한다. 자기착취의 가장 극단적인 경우가 장기밀매라 할 수 있다.

이 같은 상황에서 신용불량자들은 피해자로서 죽기를 기다릴 수도 없었다. 그들은 인터넷카페나 단체를 통해 집단을 이루어 자신들의 상황을 사회구성원들에게 알렸다. 이런 색다른 관계망으로서의 제도생산이 있고 나서 나온 대안적인 신용제도가 워크아웃, 파산, 배드뱅크 같은 것이다. 부실채권에 대한 처방으로 나온 이 제도들은 신용불량자들의 상황을 마냥 방치해 둘 수 없고 신용불량자들이 스스로 주체적인 목소리를 내기 시작했을 때 만들어진 국가와 시장의 제도이다. 신용불량자들이 최소한 살아갈 수는 있어야 하지 않는가라는 사회구성원들의 목소리 역시 이 제도를 만들게 한 힘이었다. 신용불량자들은 가장 밑바닥에서 살아갈 수밖에 없는 사회구성원 중의 일부였으며, 시장은 그/그녀를 죽음으로까지 치닫게 할 정도로 상황을 악화시키고 있었다. 이런 상황에 대한 사회구성원들의 연대의 노력이 새로운 제도를 만들었던 것이다.

제도를 비판하고 비제도적인 행동을 하는 집단이 되는 것이 중요한 것이 아니라, 제도를 생산해 낼 수 있는 주체적인 집단이 되는 것이 중요하다. 새로운 제도를 창안하는 생산적이고 창의적인 사회적 힘은 대안적인 관계망과 행위양식에서 비롯된다. 그렇기 때문에 대안적 관계망 자체가 제도이다. 자본주의 체제는 비판되어야 할 것이지만 그렇다고 모든 제도생산의 여지를 접어버리는 것은 제토화의 길로 나아가는 것이다. 그런 의미에서 워크아웃, 파산, 배드뱅크 등은 신용불량자들의 집단적인 항의와 사회적 연대망이 얻어낸 제도생산의 성과라고 볼 수 있다.

기본소득인가? 금융인가?

자본주의적 욕망가치의 측면에서 보면 금융이라는 형태로 나타나는 욕망 증대적인 가치질서는 당연한 것으로 받아들여질 수밖에 없다. 자본주의적 욕망을 욕망증대 형태로 디자인한다는 것은 성공에 대한 확신을, 부의 무한증식에 대한 약속을 의미한다. 그러나 그 욕망이 정지되는 순간 파산을 맞닥뜨리고 또 역으로 원금의 일부만 갚는 배드뱅크도 존재한다는 사실은 욕망 증대적인 디자인이 과연 올바른가를 다시 생각하게 한다. 자본주의적 진보는 늘 새롭고 좋은 최신의 것을 살 수 있고 자신의 욕망이 소비로부터 보장되며 자신의 미래도 당연히 보장된다는 생각을 갖게 만든다. 이 과정에서 욕망은 끊임없이 더 나은 것을 추구하는 욕망증대 구조를 이루게 된다. 그러나 자본주의적 욕망의 디자인 자체에서 전제되고 있는 욕망가치가 시장가치와 교환되어야만 보장될 수 있다는 점에 대해서 의문을 가질 수밖에 없다. 욕망가치 자체는 욕망증대 프로그램으로부터 독립적인 가치질서를 의미한다. 예를 들어 생명보험 같은 상품질서를 통해서 삶의 욕망을 보장받을 수 있는 것은 아닐 것이다. 삶의 욕망은 그 자체로 존엄하며 즉각적으로 보장되어야 할 필요가 있다. 이것을 시장가치라는 욕망증대 프로그램만이 보장할 수 있다는 생각은 시장가치를 너무 확대하는 경향이 있다. 파산선고를 받은 신용불량자의 출현은 자본주의적 시장가치와 교환되는 욕망가치의 파산과 새로운 삶의 욕망가치의 출발점을 의미한다. 즉 신용불량자가 되어서 자본주의하에서의 욕망증대 프로그램에 해당사항이 없어졌다면 이제는 욕망 자체를 보장할 수 있는 새로운 사회적 프로그램과 대면해야 하는 것이다. 이런 개념에서 기본소득은 욕망가치의 색다른 해석 가능성과 긍정성을 알려주는 중요한 측면이다.

기계도 작동하기 위해서 전기를 주고 손보는 게 당연한데 인간에게 소득을 주지 않는다는 것은 이상한 일이다. 특히 첨단기술사회에서 인간과 기계의 경계가 모호해지고 인간의 집합지성이 기계류 혁신에 큰 역할을 할 때 이제 문제는 다른 차원으로 넘어간다. 인간이 기능, 기관, 기계적 매뉴얼로 간주되는 현실에서 인간을 욕망하는 기계, 기계류를 혁신하는 기계라고 본다면, 기계에 전기를 주듯이 소득을 보장하지 않을 이유가 없다. 즉 욕망하는 기계에서 발생하는 욕망가치를 긍정하고 기본소득을 보장한다는 것은, 불량선고를 받은 신용보다도 더 중요한 사회적 신뢰관계 확립에 가장 중요한 측면이라고 할 수 있을 것이다. 그런 의미에서 욕망가치는 두 개의 모습을 가지고 있다. 자본주의적 사용가치와 교환가치 등 시장가치와 대면하는 욕망가치와, 자본주의를 굳이 통하지 않더라도 기관 없는 신체에 내재되어 있는 욕망가치가 그것이다. 그러므로 전자의 경우에는 신용이 문제겠지만 후자의 경우에는 사회적 신뢰관계가 문제이다. 신자유주의 금융질서는 시장가치와 교환되는 욕망가치만을 제도적 관계망으로 간주한다. 그러나 그러한 제도로부터 벗어나 새로운 제도를 생산할 수 있는 벌거벗은 신체인 소수자의 경우에는 기본소득과 같은 제도가 필요하다. 물론 이 욕망가치의 두 가지 측면은 혼재되어 있다. 이 두 양상의 욕망가치는 통합된 형태로 모호하게 존재하며 자본주의를 내부로부터 변형시킬 수 있는 유력한 가치체계이다.

제도생산과 신용불량자

신용불량자라고 해서 권력과 자본에 바들바들 떨며 삶을 유지하는 나약한 존재라고 생각하면 오산이다. 현재의 신용불량자들은 자존을 지키기 위해 서로 결속하며 집단을 이루어 정보를 주고받고 서로 조언해 주는 상호 협력적인 하나의 무리로 나타나고 있다. 신용불량이라는 최악의 상황은 연대와 협력의 주체성 생산으로 다시 나타난다. 신용불량자들이 만든 관계망은 지금까지와 다른 내용을 담고 있는 제도이며, 그렇기 때문에 사회에서 배제된 주체성의 목소리·감정·표현방식을 지녔다. 제도는 관계망인 것처럼, 다른 관계망은 다른 제도생산을 의미한다. 이러한 다른 제도의 수립은 기존제도만을 반복하고 강요하는 사회적 배치를 뒤바꿀 수 있는 강력한 기제가 된다. 신용불량자들이 겪어야 했던 유례없는 반인권적이고 학대적인 사회적 처우는 많이 불식되었지만 지금도 잔존해 있다. 신용불량자들에게 회생의 기회를 주고 현재의 상황에 직면하게 된 빈곤문제를 해결할 수 있는 소득을 보장해 주는 다양한 제도들이 여전히 요구되는 상황이다. 이러한 제도생산의 여지는 또 다른 관계망의 수립과 관련을 갖는다.

신용불량 문제를 해결할 수 있는 가장 유력한 제도는 사회적 신뢰의 관계망을 수립하고 기본소득이라는 지금까지와 다른 관계망을 구축하는 것이다. 현재의 사회제도는 개인의 행복추구권과 인간답게 살 권리를 보장하지 않고 있으며, 금융제도를 통해서 부자들은 더 부자가 될 수 있고 가난한 사람들은 나락으로 추락하도록 설계되어 있다. 한마디로 사회 분열적인 양극화를 양산하는 것이며 사람을 사람답게 살도록 하는 사회제도와는 거리가 멀다. 제도는 평가될 수 있다. 신자유주의 금융제도는 극복되어야 할 욕망 증대적 설계로 되어 있다. 또한 소수의 잘사는 사람들에게 유리한 제도이다. 늘 가치를 생산하는 것은 인간의 욕망이며, 그 욕망의 존엄성이 보장되어야 한다는 것이 새로운 욕망가치의 시각이다. 신용불량자의 출현은 빙산의 일각에 불과하며 사회 곳곳에서는 사람이 더 이상 살 수 없는 환경 때문에 절규와 비탄이 교차한다. 색다른 욕망의 출현은 대안적인 제도생산의 여지를 준다. 신용불량자들이 자신의 욕망가치에 대해서 주장하기 시작하고 저항하는 것은 새로운 제도생산의 시작인 것이다.

| 3부 |

분열

01 붉은 악마: 집단적 분열증이 욕망의 돌연변이를 만들다

분열분석 schizo-analyse

가타리가 프로이트의 정신분석 한계를 넘어 욕망을 분석하기 위해서 창안한 방법론이다. 집단적 욕망을 분석할 경우, 정신분석처럼 가족무의식에 갇힌 개인을 분석하는 방식은 낡은 것이 된다. 정신분석은 지나치게 가족적 환경에 머물러 있는 개인을 설정하고 오이디푸스 콤플렉스 같은 것으로 환원하는 방법론이다. 분열분석은 마치 정신분열증 현상처럼 드러나는 집단적 행동양상에 대한 분석에 적합하다. 이른바 미친다는 행동으로 보이는 분열은 개인적인 광기가 아니라 집단적 광기로 나타나기 때문에, 분열이 어떻게 발생하고 어떤 양상을 보이는지 면밀한 검토가 필요하다. 분열분석은 분열이 만드는 욕망을 지도처럼 그려내고 그것의 다양한 방향성을 모색한다. 분열분석은 하나의 모델에 집중하는 몰적인 방향과 다양한 수준으로 변화하는 분자적 방향으로 구분된다. 가타리의 분열분석은 자본주의와 정신분열증의 유사성을 밝히는 초기작업과 함께 분열에 입각해서 생기는 욕망의 생성과정을 분석하는 분열생성론이라는 후기의 작업과 연결되어 있다. 분열생성론은 분열현상이 병리적 분열이든 창조적 분열이든 카오스적 상황으로 이끌면서 세상의 변화를 주도한다는 생각이다. 자본주의적 욕망, 도착, 중독, 망상 등 병리적 상황에서의 분열은 창조적 분열의 계기로서 존재한다. 특히 예속함을 욕망하는 병리적 분열이 어떤 경계에서 창조적 분열로 이행하는가라는 지점에 대한 분석이 요구된다. 미친 사람을 분석하기 위해서는 미친 사람보다 더 미친 사유를 전개해야 한다. 이 모든 것은 분열분석을 통해서 구체화된다.

> "유년기나 청년기가 담지하고 있는 욕망의 탈주는 가족이나 학교나 의료나 스포츠나
> 군대의 코드화에 의해 그리고 개인의 정상적인 행동을 지배하는 것으로 보이는
> 모든 규제나 법률에 의해 체계적으로 장악되어 있는 것은 확실하다.
> 그럼에도 불구하고 그 욕망의 탈주는
> 집합적 욕망기계를 대규모로 결정화하는 데 성공하는 일도 있다."
>
> ─가타리, 『기계적 무의식』

집단 도파민의 발산과 분열

때는 2002년, 사건은 잔잔한 수면 위에 이는 파문처럼 욕망의 복잡계를 뒤흔드는 생성의 벡터장 출현으로부터 시작된다. 그것이 외부의 힘에 의한 것인지 내부의 힘에 의한 것인지는 불명료하지만, 불안하고 침잠하고 우울해 있던 욕망의 복잡계는 섬광처럼 돌연변이를 일으켰고 그리고 신화가 된다. 그러한 분열이 시작된 것은 IMF금융지배체제로 모두가 음울한 사회환경에 노출되었던 시기이다. 신자유주의 세계화가 국가의 역할을 축소시키고 세계적 지배체제를 만들어놓은 그 시점에 "대한민국"이라는 구호는 국가의 역할에 대한 호소와 절규였다. 거리에는 수백만 명이 운집해 있었고 일사분란한 구호와 환호, 열정의 동작, 야유소리 등으로 거대 생명체처럼 움직이기 시작했다. 광장의 전광판에 비치는 영상에 거대한 군중들이 살아

움직이며 반응하기 시작한 것은 이때였다. 골이 들어가는 순간 사람들은 엄청난 에너지를 퍼올리면서 광기를 발산하였고, 그 광기는 개인적인 것이라기보다 집단적인 것이었다. 누가 그 해방의 기쁨과 짜릿함을 말로 묘사할 수 있을 것인가? 대한민국을 외치며 결집한 군중들에게 느껴지는 환희·경탄·도취의 힘은 어떤 곳에서도 느낄 수 없는 강렬한 욕망의 흐름이 된다. 사람들은 분열되었고 미쳐 있었다. 승리에 대한 열광, 국가에 대한 도취, 대/한/민/국이라는 자긍심, 이 모든 것은 축구가 주는 국가주의의 환각이기도 했다.

정신분석은 사회와 역사적 무의식에서 벗어난 가족무의식 속에서의 개인적 차원만을 다룬다. 그러므로 집단적 분열에 대해서 정신분석은 침묵할 수밖에 없다. 분열의 배후에는 늘 집단이 있으며 그 집단은 새로운 영토를 만들고 제도와 규범의 코드를 벗어나는 경향이 있다. 분열분석은 집단이 생성시키는 욕망의 성격에 관한 분석이다. 붉은 악마의 욕망과 광기는 신자유주의 세계화 시대에 국가주의, 지역주의, 분파주의를 재가동시키는 낭만주의적 반동성을 지니고 있었다. 신자유주의 세계화라는 통합된 세계자본주의 사회에서 국가의 역할은 축소되었으나 그 사실을 무의식적으로나 의식적으로 직감하고 있던 사람들은 과거에 대한 낭만적 감정에 도취되어 국가주의를 통해서 재결집하고자 했다. 물론 이 국가주의는 축구경기장 내에서만 가능한 것이었다. 그 이유는 이미 신자유주의 현실에서 국가는 국민의 삶을 책임지지도 않았고, 사람들의 삶의 매우 작은 영역에서만 작동하고 있었기 때문이다. 사람들은 축구에서 대한민국을 외치며 애국주의로 결집하는 것 자체에 만족했지만, 이는 매우 가상적인 국가에 대한 망상에 불과한 것이었다. 이러한 망상이 축구를 넘어서 확장한다면 '예속을 욕망하는' 새로운 차원의 문제가 다가온다. 그러나 거리를 메운 사람들의 욕망은 예속을 욕망하는 차원이 아니라, 사회현실에 활력을 주는 도약의 의미를 갖고 있었다. 사람들은 흥을 느끼게 되었으며 새로운 차원의 욕망에 접속했다.

집단적 분열증과 분열된 사회환경

광기와 욕망의 집단적 표출은 분열된 사회환경과 분열을 발생시키는 사회적 배치와 떨어뜨려 사고할 수 없다. IMF금융관리체제하에서 실업, 양극화, 빈곤, 비정규직 등 사회적 배치의 급격한 변화가 있던 시점에 사람들은 국경을 넘나드는 초국적자본을 제어할 수 있는 국가주의의 복원을 강렬히 열망하였다. 그리고 이 사회분열의 양상은 사회적 배치 속에서 집단적 분열증을 일으킬 수 있는 내재적인 기반이 되었다. 분열된 사회환경이 집단적 분열증의 직접적인 원인임에도 불구하고, 대중은 혁명적 분열을 일으키고 사회와 투쟁하기를 원하기보다는 과거의 국가주의 망령을 복원하고 그 국가주의가 새로운 지평을 열어줄 것이라고 욕망하는 이유는 무엇일까? 붉은 악마는 축구경기장 내에서 분열된 현실의 문제를 해결하려고 했다. 물론 그것은 가상적인 국가에 대한 열망과 신화에 불과한 것이다. 대한민국에 성공신화만 있는 것이 아니며 패배와 후퇴, 만성 적자와 실업, 음울한 대한민국도 함께 있었다. 그러나 대중들의 무의식은 패배보다 승리와 성공의 신화에 욕망을 투사하고 매우 짧은 순간이라도 현실에서 벗어나고자 한다. 그것은 달콤한 마약이며 순간의 쾌락이다.

정신분열증은 집단적이며 어떤 집단이 광기에 사로잡히는가 여부에 따라 그에 접속한 개인도 공명한다. 맹목적으로 승리를 향해 집단이 분열되는 것은 많은 사람들이 욕망을 적극적으로 투여한 결과이다. 국가의 승리 신화 앞에서 너도나도 모두 주역이 된다는 것은 매우 망상적인 설정이며, 그 강렬한 욕망 앞에서 누구라도 광기에 사로잡혀 구호와 노래와 율동을 할 수 있다는 것은 더할 수 없이 매력적이기도 하다. 만약 평상시에 어떤 사람이 붉은 악마의 복장을 하고 이런 행동을 한다면 사람들은 개인적인 광기로 치부해 버리겠지만, 집단의 광기는 이런 우려를 없애버리고 매우 당연한 것으로 만들어버린다. 붉은 악마 현상은 집단적 정신분열증적 시각에서 그 집단의 행동역학, 관계망, 욕망의 흐름과 에너지에 대해 평가해야 한다.

　　그것은 집단이 그려내는 욕망의 지도와도 상관이 있다. 어떤 욕망의 흐름 속에서 이러한 집단이 출현했는가, 그리고 그 욕망은 무엇을 만들어내려고 하는가에 대한 분석이 필요하다. 이제까지 존재하지 않았던 욕망은 분열을 통해서 생성되며 그 생성은 사회적 배치를 뒤바꾼다. 그렇기 때문에 기존의 것으로 해석하려고 하면 문제는 해명되지 않으며, 아직까지 기억에 없던 분열생성의 입장에서 그것을 바라보아야 할 것이다. 분열생성은 병리적 분열이라 하더라도 일단 분열이 발생하면 창조적 분열로 이행하는 것을 의미한다. 분열은 일단 시작되면 사람들을 밑바닥까지 이르게 만들어 그 벌거벗은 신체 상황 속에서 욕망의 궤도를 수정하게 한다. 붉은 악마의 경우에는 집단적 분열이 만든 사회적 장이 다채로운 욕망생성의 토양이 되고 광장을 개방하는 효과를 가져왔다. 분열에 사로잡혔던 많은 사람들은 붉은 악마에 접속하여 자신 속에서 발산되는 집단도파민 현상을 일체화시키고, 자신의 광기를 붉은 악마라는 정체성에 꿰어 맞추었다. 그러나 그 광기는 분열된 사회적 배치에 투사되는 집단적 욕망의 표현이라고 할 수 있다. 즉 사람들은 변화를 열망했던 것이다. 물론 대한민국은 그런 열망을 만족시켜 줄 만한 신화의 주체가 아니었다. IMF구제금융을 받아야 하는 약소국이라는 열등감, 점점 격화되는 경쟁이라는 분열된 환경의 사회적 배치, 끝없이 나락으로 추락함에도 불구하고 사회적 안전을 보장해 주는 국가가 없다는 것 등이 사람들의 내재적인 무의식 속에서 작동하고 있었지만, 새로운 차원을 개방하는 욕망이 탈주하면서 변이되고 생성되는 집단의 힘으로 나타났다.

붉은 악마와 미시파시즘

붉은 악마는 파시스트인가라는 논쟁은 그 시점에서 제기되었다. 사회적 소수자들의 현실, 사회적 패배자들의 열악하고 절박한 현실, 착취당하고 억압받는 사람들의 현실은 대한민국의 승리 신화에서 배제되었으며, 그래서 대한민국의 승리에 대한 열망은 당연히 미시파시즘과 공명한다는 혐의를 받을 수밖에 없었다. 승리주의, 성공주의라는 다수자들의 열망은 이미 패배한 사람들에게 배려와 보살핌의 손길을 내밀지 못한다. 오직 수단과 방법을 가리지 않는 승리만이 신화의 주인공이 될 자격이 있으며, 이미 그 반열에서 배제된 사람들은 논외가 된다. 이들이 생각하는 승리에 대한 열망에는 패배한 사람들에게 격려의 박수를 보낼 수 있는 배려나 관용이 없으며, 패배자라고 설정된 사람들 대부분이 소수자—이주민, 장애인, 어린아이, 노인, 여성, 광인—라는 점에 주목하지 않게 만드는 것이 승리주의 문화이다. 이 같은 사고 속에서 친근함과 재미와 열광을 주는 축구는 선의의 경쟁이라는 자본주의의 이데올로기를 확산시키고, 성공한 사람의 말로 설명할 수 없는 쾌감과 환호를 미리 느끼게끔 해준다. 스포츠는 파시즘의 호흡을 갖고 있다. 그리고 파시즘에 매번 이용되어 왔다. 스포츠가 자본주의 사회가 요구하는 인간형을 만들어내고 경쟁과정에서 소수자 배제를 정당화하고 승리한 사람들의 무의식을 미리 느끼게 해준다는 점은 붉은 악마가 열광했던 스포츠경기가 지니고 있는 빛과 그림자이다. 건강하고 속도감 있고 일사분란하며 승리에 대한 욕망으로 충만한 선수들은 환호와 경탄의 대상이 된다. 상대편과 자기편의 엄격한 구분은 경쟁상황에서 이겨야 한다는 경쟁심리를 극대화한다. 이긴다는 설정이 상대팀을 적으로 간주하는 것으로까지 나아가지는 않았지만, 국가주의를 강화하고 경쟁을 정당화하는 측면이 있다.

붉은 악마 현상은 경쟁에 지쳐 있던 사람들 사이에서 나타났지만, 사람들은 경쟁을 정당화하는 축구경기를 보면서 경쟁이 주는 재미를 다시 한번 느꼈다. 국가주의를 통해서 억압을 정당화하고 억압을 욕망하는 기괴한 미시파시즘은 어디든 똬리를 틀고 다채로운 욕망을 위협한다. 억압되어 있던 욕망이 붉은 악마 현상에서 분출될 때 새로운 생성의 계기가 된다는 점을 주목해야 하며, 미시파시즘에 의해서 오염된 면으로만 이 욕망을 평가해서도 안 된다. 모든 스포츠경기와 마찬가지로 축구를 통해서 이기겠다는 승리주의의 망상은 붉은 악마의 욕망에 큰 역할을 했다. 또한 애국주의는 마초제국주의, 미시파시즘, 가부장제와 공명하면서 소수자들을 배제하고 차별한다. 그러나 붉은 악마가 국가에 대해 가진 욕망은 이러한 애국주의 경향과 다른 지도를 그리고 있다. 그들의 욕망은 아래로부터 분출된 욕망이 만들어내는 공화주의적인 국가를 지향했다. 그것은 분출하며 탈주하는 욕망의 집단적 생성을 통해서 비제도적인 층위의 국가를 호출했다. 물론 늘 승리한 다수자와 패배한 소수자라는 사회적 배치 속에서 다수자의 승리 신화에 의해서 씌어진 것이 바로 주류의 역사이며 국가주의이다. 붉은 악마는 민족주의·국가주의·지역주의·분파주의를 내면화한 반동의 현상으로 머문 것이 아니라, 욕망이라는 생명에너지와의 접속 계기로 국가를 이용했다. 중요한 것은 욕망에 대해서 가치판단을 하기 전에 분열현상이 생기는 것이 사회의 배치와 욕망의 지도에 색다른 역할을 했다는 점이다. 거시파시즘은 마초, 가부장, 이주민차별주의자 등 미시파시즘과 공명하며 그것을 토양으로 해서 불현듯 나타나는 욕망의 왜곡현상이다. 세계적으로 스포츠 관람과 응원에서 이러한 미시파시즘 현상이 나타난다는 데 주목할 필요가 있다. 하지만 훌리건 같은 파괴적인 스포츠파시즘과 붉은 악마는 거리가 멀어 보인다. 붉은 악마에는 매우 질서정연한 고름이 있었으며, 집단 내부에서 욕망을 자율적으로 조절하는 유연함과 역동성이 있었다. 또 붉은 악마는 오히려 억압된 욕망을 해방시킨 측면이 있다는 점에서 억압을 욕망하는 것과는 궤를 달리한다. 복잡계 속에서 생성된 욕망은 다채로운 욕망의 구도를 갖기 때문에 단순하게 미시파시즘의 구도로 환원할 수 없다. 붉은 악마는 욕망이 갖고 있는 분열의 강렬한 힘을 보여주었으며 욕망을 통해서 세상이 재창조될 수 있다는 것을 보여주었다. 그것은 미시파시스트의 힘이라기보다 욕망의 힘이었다.

분열분석

자본주의와 정신분열증의 긴밀한 연관에 대해서 탐구하다 보면 자본주의 사회가 분열된 두 개의 발신음을 보낸다는 것을 알 수 있다. 경쟁이라는 분열된 사회환경은 승리와 패배를 결정짓는 드라마에서 승리의 주인공이 되자고 한다. 분열은 분열된 경쟁상황에서 시작된다. 그 극한적인 사회분열이 양극화나 경쟁사회와 같은 모습이다. 그러나 복잡계로 진입한 사회 네트워크에서 이러한 분열양상은 다른 방식으로 표현된다. 단순하지 않은 복잡한 모습으로 다시 바뀐다. 분열은 미세한 네트워크로 연결된 신경망과 같은 사회에 집단적으로 전염되면서 생성되는데, 집단의 욕망을 야성적인 지평으로 내던지게 만들어 망상·도착·광기 등으로 표출된다. 집단의 분열 속에는 기존사회에서 경험할 수 있는 위대성, 영원성, 강렬함 등이 있다.

붉은 악마는 광야에 투여되는 집단무의식 속에서 증식하는 하나의 복잡계 네트워크였다고 평가할 수 있다. 승리에 도취된 사람들은 먼저 고립되어 있던 가족이라는 환경을 벗어나 거리로 광장으로 뛰쳐나왔다. 사실 어떤 면에서 그들은 분열되고 미쳐 있었다고도 볼 수 있다. 대중들은 자본주의의 세포형태인 가족단위로 고립되어 있다가 순식간에 일체화된 집단무의식, 사회·역사적 무의식, 광야 무의식으로 투사된다. 물론 이런 광인과 같은 행동은 끊임없이 생성되는 욕망과 그 욕망을 억제하려는 반생산적 국가 사이의 갈림길에 서게 된다. 그러나 거리로 뛰쳐나온 광기의 군중이 기묘하게도 자신의 욕망을 억제하던 국가를 망상함으로써 아이러니가 생겨난다. 그것은 욕망을 분출하는 집단이 이리저리 정해지지 않은 방향으로 나가려는 분열적 힘을 한곳으로 응집시키는 편집적 힘으로 바꾸는 것이다.

처음에 혁명적이었던 분열증은 편집증에 포획되어 제어된다.

국가주의적 편집증이 집단의 분열에 대해 통제의 시각을 갖고 있음에도 불구하고, 오히려 국가주의를 욕망하는 것은 괴기스러운 역설이다. 그러나 분열의 과정은 이 아이러니를 극복하는 창조적 힘을 드러낸다. 분열의 힘이 광장을 열고 잡다한 대중이 거리로 나서 광장을 행동의 공간으로 바꾸어버리는 것이다. 광장에서 알 수 없는 대화들이 오가며 분자적 수준의 접속이 시작되고 이제까지 삶과 다른 행동양식이 표출된다. 제도적인 수준에서는 알 수 없는 탈영토화되고 탈코드화된 행위양식들이 광장에서 펼쳐진다. 이것은 자신을 분열시키는 자본주의 사회환경에서 벗어난, 창조적 분열을 통해 생성시킨 새로운 환경과 집단생태계를 의미한다. 분열이 너무 급진전되면 사람들은 두려움을 느끼게 된다. 사람들은 정체를 알 수 없는 집단이 되기를 거부하고 체제와 제도 내에서 식별 가능한 집단이 되고자 하며, 기존 질서에서는 파악될 수 없는 새로운 수준의 행위양식을 재영토화하려고 한다. 이것이 혁명 후에 찾아오는 반동이다. 자신의 분열이 돌아갈 곳을 찾고 결국 기존 영토를 망상하게 된다. 분열이 광장을 개방하고 새로운 장을 열었던 것은 혁신적이다. 사람들은 욕망이 만들어놓은 벡터장 속에서 색다른 현실을 재구성하기 시작했다. 붉은 악마가 열광했던 대한민국이 효순이 미선이의 죽음 앞에서 사법권조차 갖고 있지 못하다는 사실을 알게 되었을 때, 대중들의 행동역학의 변화가 촛불시위를 만들었다. 대중들은 새로운 벡터장 속에서 광장민주주의라는 새로운 영토로 진입한 것이다.

바로 이것이 욕망의 지도가 지닌 돌연변이 요소이다. 아무리 병리적 혹은 반동적인 형태를 띠고 있더라도 일단 욕망이 광장을 차지하는 순간 그 힘은 사라지지 않고 다른 방향으로 분출되는 것이다. 욕망의 흐름과 접속은 자본주의 기계장치와는 다르게 조립할 수 있는 새로운 기계를 만들어낸다. 그 기계는 무의식 속에서 서식하고 조립되고 증식하는 '욕망하는 기계'라고 일컬을 수 있다. 붉은 악마의 기계장치는 제도화되고 덩어리진 몰적 집단이 아닌 비제도적인 분자적 집단의 수준에서 시작되어, 새로운 수준의 기계를 만들어내는 대중의 역능을 보여주었다. 대중은 붉은 악마를 계기로 자신들이 역능을 가진 주체, 분열을 통해서 생성으로 나아갈 수 있는 주체라는 사실을 불현듯 깨닫는다. 그리고 그 과정에서 집단적 광기의 혁신적인 역할에 대해 눈을 뜨며, 그 욕망과 광기조차 자본주의의 승리주의 문화와 미시파시즘에 오염될 수 있다는 것을 알게 된다. 이는 자신의 광기라는 유한성을 대면하는 것이며 그렇기 때문에 더 격렬하게 불안정하면서도 열린 체계가 된다. 분열의 흐름은 광장을 개방하는 효과를 갖고 있었으며, 욕망의 벡터장을 통해 광장민주주의로 나아갈 수 있는 새로운 출구를 보여주었다.

붉은 악마에 대한 분열분석

붉은 악마는 집단적 분열을 일으키며 광장으로 진출한 거대한 무리가 만든 한 편의 파노라마와 같았다. 그러나 붉은 악마의 광기를 어떻게 볼 것인가 하는 문제는 세밀한 부분까지 파고들지 못하고 있다. 정신분열증이 자본주의와 상동적인 흐름을 보이는 것처럼 붉은 악마는 자본주의가 만들어낸 분열적 양상—양극화, 실업, 경쟁, 빈곤—에서 창조적 분열로 나아갔다. 욕망은 이러한 상황 속에서 분열생성의 힘을 드러내 보임으로써 자신의 근본적 문제의식과 다른 촉매제를 표출한다. 욕망은 폭발적인 양상으로 나타나 단번에 무의식의 지도를 바꾸어버린다. 그렇지만 이 욕망의 분열적 흐름은 국가라는 편집적인 흐름에 예속됨으로써 제어된다. 욕망은 자신의 영토를 넘어서는 강렬한 흐름을 이루는 순간, 다시 돌아갈 영토를 찾는 경향이 있다. 이것이 탈영토화와 재영토화의 순환고리이다. 그렇기 때문에 분열적 광기가 강렬한 만큼 편집적 방향의 망상도 강렬하다. 즉 신자유주의 세계화 이래로 제 기능을 못하고 있는 국가의 역할에 대한 열망을 의미하는 것이다. 미시파시즘은 국가에 환호하고 흥분하면서 강자에 대한 열망, 승리와 성공에 대한 욕망으로 나타난다.

그러나 대부분의 스포츠와 마찬가지로 미시파시즘으로 나아갈 수 있는 여지에도 불구하고, 붉은 악마는 다채로운 집단의 욕망투여가 만들어낸 분열생성을 통해서 전혀 다른 차원을 열었다. 붉은 악마의 욕망궤도에는 경쟁에 지치고 양극화 상황에서 밑바닥으로 밀려난 사람들의 욕망투여가 있었다. 소수자를 배제하고 다수자의 승리를 구가하는 스포츠파시즘의 욕망투여와 궤도를 달리하는 것이었다. 다채로운 집단이 만나 복잡계를 이룬 거대한 무리가 되면 그 무리의 성격은 하나의 정체성으로 규정될 수 없는 차원이 된다. 거대 무리의 분열은 사회적 배치에 욕망을 전달하고 욕망의 문제를 제기하기 시작하는 것을 의미한다. 욕망의 등장은 변화를 촉발하고 뭔가를 바꾸어야 한다는 생각으로 발전한다. 분열생성은 곧 연쇄반응의 시작이 되는 것이다. 이행과 변이의 과정에서 생명에너지로서의 욕망은 사회 곳곳에 전달되어 색다른 모습으로 출현한다.

02 황우석사태: 과학기술이 욕망을 점령하는 미시파시즘이 만들어지다

파시즘 fascism

가타리는 『분자혁명』의 "파시즘의 미시정치 분석"에서 파시즘에 대해서 정교하게 분석한다. 먼저 파시즘은 동물과 같은 욕망의 힘을 동원하여 대중을 움직이면서도, 사회 내부의 소수자와 이주민들에 대해서는 증오와 폭력으로 억압한다. 이런 파시즘의 속성은 도구적 이성에서 기인한 것이라고 평가된다. 도구적 이성은 자연대상을 무한 착취할 수 있고 목적을 위해 수단과 방법을 가리지 않는 근대 합리성을 의미한다. 나치의 파시즘에는 위대한 독일민족에 대한 망상과 죽음마저 불사하는 죽음의 충동이 있었다. 파시스트들은 위대한 독일제국이 영원한 역사적 사업에 착수했다고 믿었는데, 그 과정에는 아우슈비츠와 곤봉을 통한 절멸의 메시지가 있었다.

파시즘은 눈에 보이는 거대한 영역에도 있지만 삶의 작은 영역에도 존재한다. 가타리는 억압이 분자화되면서 눈에 보이지 않는 새로운 수준의 배제와 차별이 확산되고 있는 현재의 상황을 미시파시즘이라고 규정한다. 파시즘은 거시적인 영역에서는 타도되었지만, 자본주의 내부의 미시적 영역으로 숨어들어 언제든지 사회 암적인 신체로 자신의 정체를 드러낼 수 있다. 생명의 존엄성을 억압하고 소수자의 욕망을 억누르는 새로운 종류의 파시즘이 곳곳에서, 그것도 매우 합리적이고 이성적인 수준에서 그 모습을 드러내고 있다. 이렇게 미시적인 욕망을 동원하여 움직이고 소형화된 억압의 모습을 띤다고 해서 미시파시즘이라 일컫는다. 자본주의는 기호적 예속을 동원하여 개인이 갖고 있는 어린이 · 여성 · 동물 · 소수자에 대한 태도나 신체적 감성, 성파트너에 대한 태도에 미시파시즘적인 시각을 유포한다.

> " '파시즘은 다시없을 것이다' 따위의 너그러운 정식을 단호히 거부해야 한다.
> 파시즘은 이미 발생했고, 또 여전히 발생하고 있다.
> 파시즘은 밖에서 오는 것처럼 보이지만 그 에너지는 우리 각자의 욕망의 핵에서 나온다."
> ─가타리, 『분자혁명』

황우석 사태와 개발독재

2005년, 조 · 중 · 동이 연일 환호하며 영웅으로 추앙했던 황우석의 배아줄기세포 성공은 세계적인 잡지 『사이언스』에 등재되면서 사람들의 이목을 집중시키고 놀라움과 경탄을 자아냈다. 그러나 그해 말부터 터져나온 일련의 사태들은 한국사회의 취약한 연구윤리와 생명윤리에 대한 문제점을 드러내면서 법정다툼과 이전투구 양상으로 전개되었다. 한국사회에서 황우석 사태는 박정희식 개발주의와 성장주의가 갖고 있는 성공지상주의의 추악한 면을 보여주었다. 즉 과학기술의 중립성이라는 명제가 이미 낡은 것이 되었고, 과학기술도 대중의 욕망과 자본의 욕망의 노예가 되었음을 드러낸 것이다. 처음에 황우석은 대한민국을 온 세계에 알린 국민영웅, 신화적 인물로 추앙되었다. MBC 〈PD수첩〉이 연구윤리 위반에 대해 보도하자, 조 · 중 · 동을 비롯한 언론매체와 황우석을 따르는 대중들은 MBC야말로 보도윤리를 무시하였다고 비난과 공격을 퍼부었다. 그러나 논문조작과 줄기세포 바꿔치기 등이 속속 드러나면서 황우석 사태는 새로운 전기를 맞게 되었고 모두가 혼란에 빠져들었다. 물론 황우석을 지지하는 대중들의 맹목성은 미국의 공작의혹과 황우석을 음해하는 세력에 대한 음모론을 만들어냈다.

근대의 '도구적 이성'은 자연대상이나 대중을 수단으로 해서 목적합리성에 도달할 수 있다는 것, 즉 수단과 방법이 무엇이건간에 성공하면 되며 성공한 사람이 가장 합리적이라는 논리적 독소조항을 담고 있다. 박정희식 개발독재도 이러한 도구적 이성에 의거하여 어떻게 해서든지 "잘살아보세"라는 슬로건 아래 모든 것을 합리화하였다. 이 도구적 이성의 극한에는 히틀러의 파시즘이 있다. 파시즘은 위대한 독일을 망상하는 대중의 욕망을 동원하여 세계대전으로 치달았다. 황우석 사태는 이중적으로 파시즘적 측면을 보이는데, 하나는 동물이나 생명 영역을 과학의 이름으로 도구적으로 활용하려는 측면과 또 하나는 위대한 대한민국을 망상하는 대중의 욕망을 동원한 측면이다. 이와 같은 파시즘 경향은 황우석이라는 인물을 통해서 과학기술이 생명을 지배하는 것은 정당하다는 망상을 만들어내고, 황우석의 비윤리적인 행동에 반대하는 사람들에 대한 공격은 무조건 정당하다는 생각으로 나아가게 만든다. 이 도구적 이성의 자기정당화 논리는 과학은 무조건 진리라는 사고에서 유래하는데, 과학이 스스로를 정당화하는 이데올로기라고 할 수 있다. 오히려 과학은 자본의 망상과 욕망에 의해 철저히 프로그램화된다고 할 수 있다.

배아줄기세포, 동물실험에서 인간실험으로

황우석 사태의 일련의 과정을 들여다보면 왜 굳이 배아줄기세포인가라는 점에 의문을 가지게 된다. 여기서 가장 주목해야 할 것은 푸코가 말한 생명정치 · 생명권력이라는 통제사회의 맥락이 등장하고 있다는 점이다. 푸코의 생명정치 개념은 자본의 생물학적 · 유전자적 · 전자적 통제를 통해서 인간의 미시적인 영역을 부드럽게 억압하고 통제할 수 있는 방법을 의미한다. 그런 기획에 자본과 권력은 구미가 당기지 않을 수 없다. 이런 맥락에서 IT산업과 바이오산업(BT)이 새롭게 부상했으며, 그것은 자본이 갖고 있는 욕망의 맥락과 정확히 일치하는 것이기도 했다. 생명에 대한 약탈과 프로그래밍 기술의 습득은 자본이 생명의 영역을 침범하여 포획과 예속의 영역으로 나아가고자 하는 의도와 맞아떨어진다. 이러한 부드러운 통제 기법과 더불어 또 한 가지, 생명의 코드화과정에서 의료산업의 발전이 더 유리해질 수 있다는 다국적 제약회사 등 거대자본의 욕망이 있다. 이 두 가지 맥락은 자본의 욕망을 배태시켰고 극소미시 생명산업의 기반이 되어 대대적인 투자와 산출로 바이오산업을 융성케 했다. 여기에 배아줄기세포라는 영역이 있었다.

배아줄기세포 연구는 여러 과학자들이 수많은 동물실험을 통해 그 가능성에 접근하고자 했던 영역이다. 그러나 과학자들이 인간의 배아줄기세포 연구를 꺼려했던 이유는 생명윤리 영역이 늘 문제가 되었기 때문이다. 사실 대중에게 보편적으로 상용화되기까지는 윤리적 기반이 필요한 데 반해서 기획단계에서의 과학은 망상에 더 가까운 특징을 지닌다. 망상 수준에서 기획되고 있는 과학의 논리에는 윤리적인 명제가 도입될 필요가 없다. 성공만이 유일한 지상명제일 뿐이다. 논문조작이든 연구윤리 위반이든 생명윤리 위반이든, 아무런 상관이 없다. 한국에서 배아줄기세포 연구가 시작될 수 있었던 것은 한국이라는 나라가 동물실험의 천국이라는 점, 생명윤리를 지키지 않아도 전혀 문제가 안 될 만큼 사회적 윤리기반이 취약한 토양이었기 때문이다. "윤리고 나발이고 잘살아보세"라는 식의 논리가 황우석 사태를 만들었다. 동물을 마음껏 대상으로 삼고 수단으로 삼던 과학이 이제 인간을 대상으로 삼는 것은 지극히 자연스러운 일이었던 것이다. 인간에게 존재하는 동물적 욕망을 고려한다면, 그것을 동원하고 도구화하는 것이 나쁜 일이 아니라는 식의 생각이 자연스럽게 나타날 수 있다. 물론 의료적인 공헌을 할 것이라는 정당화 논리도 뒤따랐다. 배아줄기세포는 생명과 무생명의 경계를 넘나드는 매우 애매한 영역에 있었고, 연구기획 단계부터 생명윤리를 지키기 어려웠다. 그러나 배아가 태아 상태는 아니지만 이미 생명의 분할이 시작되었다는 점에서 배아줄기세포 연구는 그 자체로 이미 생명윤리를 위배하는 것일 수 있는바, 이 연구의 기본적인 맥락과 기획에서부터 문제점이 드러나고 있었다.

욕망하는 자본, 욕망하는 과학

황우석 사태를 생명윤리와 과학의 줄다리기라는 측면에서 보면 사태의 핵심은 파악되지 않는다. 오히려 문제의 핵심은 대중의 무의식과 욕망 분석이라는 측면과 자본이 욕망하거나 망상하는 미래상에 부합되는 과학기술에 있다. 즉 욕망의 측면에서 황우석 사태를 바라보지 않는 한 문제에 대한 접근이 매우 정형화되고 피상적일 수밖에 없다. 탈근대 자본주의에서 자본은 자신의 미래기획에 자본을 투하하고 과학기술이 이룩할 자신의 독특한 미래상을 그려낸다. 생명영역에 대해서 자본은 끊임없이 권력을 추출해 내고 그것에 개입하기를 원해 왔다. 현재 바이오산업은 생명을 마치 컴퓨터 프로그래밍처럼 디자인하는 수준에 와 있다. 자본은 생명의 미시적인 영역에 침투해서 자신이 미래의 인류로 생각하는 젊고 건강하고 활력 있는 정상인, 다수자의 지배질서를 정당화하려고 한다. 가난하고 어눌하고 장애가 있거나 생각이 독특한 소수자들을 배제 혹은 척결하는, 즉 자신의 내부에 받아들이지 않는 배제의 방법으로서 바이오산업은 각광을 받고 있다. 정신의학이나 의료산업 발전의 맥락 속에는 다수자와 소수자의 차별공식 아래서 권력을 추출하는 자본이 있다.

자본의 욕망은 어떤 기획이 과학에서 이루어지느냐의 여부만이 아니라, 스스로도 과학적인 기획을 요구하고 디자인하는 수준에 와 있다. 그렇기 때문에 이 시대의 과학자가 된다는 것은 기획력을 가지고 연구계획서를 쓰고 자본의 욕망을 읽을 줄 아는 기획자와 같은 스타일로 행동하기를 요구받는다. 선형적이고 축적되고 발전하는 과학기술이라는 자본주의 진보 노선은 과학이 가치중립적이라는 환상을 심어준다. 그러나 과학도 하나의 욕망이며, 자본의 욕망이라는 사실은 가치중립성과 완전히 다른 현실을 보여준다. 과학이 도입하는 실험실 환경과 변수 · 계측 · 계량의 척도들은 생태계가 갖고 있는 종합적으로 서로 연결되어 있는 전체적 환경과 매우 다른 고립된 환경이라 할 수 있다. 연구자가 설정하는 연구환경은 자연적 · 사회적 맥락과 동떨어진 권력과 자본의 욕망의 현장으로 돌변할 소지가 다분하며, 이와 같은 연구공간의 활성화는 권력과 자본의 욕망이 얼마나 투사되는가에 좌우된다. 연구자들은 각종 프로젝트를 수행하는 과정에서 자본의 욕망에 익숙한 사람으로 다시 태어나며, 또 갖가지 논문을 작성하는 동안 스스로를 그렇게 단련시켜 낸다. 이러한 욕망의 공간이 바로 실험실이며 그 역학관계에 가장 재빠르게 움직인 사람이 바로 황우석이다.

파시즘의 발호와 욕망생태계

SF영화에서는 실험과정에서 돌연변이가 나타나서 세상을 휘젓고 난리를 일으키는 장면이 종종 나온다. 황우석 사태를 보면 이런 풍경이 미래의 이야기가 아니라는 것이 분명해진다. 이 파시즘은 무균환경의 위생적인 실험실에서 돌연변이처럼 육성되었다. 과학은 욕망의 심장부까지 들어와 있으며 욕망도 과학의 중핵 역할을 한다. 대중들은 황우석이 엮어낸 신화와 같은 이야기에 환호하면서 욕망을 투사하기 시작했다. 욕망은 망상적으로 확장되어 위대한 대한민국이라는 가장 극한적인 국가주의 망상으로까지 발전했다.

이 신화의 아바타는 황우석이었다. 사람들이 자동기계처럼 스스로 망상하고 황우석씨가 위기에 처했을 때 자발적으로 모여들었다. 다름아니라 과학은 진실을 말한다는 믿음, 대한민국은 위대하다는 신념 때문이었다. 황우석의 거짓말이 하나둘 잇따라 밝혀지는 와중에도 미국의 음모론이 대중을 사로잡은 것 역시, 망상적 맥락에서 보자면 매우 자연스러운 일이라고 하겠다. 사실 황우석 사태는 과학기술 만능주의가 만들어낸 파시즘, 다시 말해 새로운 양상의 파시즘을 드러내고 있다. 연구윤리든 생명윤리든 성공을 위해서라면 상관없으며, 논문조작이나 사진조작 등도 얼마든 가능하다는 생각이 있었다. 그런 과학기술이라 할지라도 맹목적인 욕망을 투사하여 위대한 대한민국의 망상을 증식할 수 있다면, 그것은 진실이라는 식의 파시즘이 있었던 것이다.

당시 대한민국은 국가위상이 크게 떨어져 있었던 터라 국가적 영웅을 만들 필요가 있었다. 그것이 바로 황우석이었다. 조·중·동 같은 수구언론들은 '황우석 만들기'에 나서기 시작했다. 언론의 망상적 사유 확장은 대중들의 심성 속에 있는 파시즘을 충동질했으며, 황우석이 거짓말을 하고 있음이 밝혀진 다음에는 수구언론들은 노무현정부에 문제가 있다는 식의 보도로 자신들이 했던 일련의 행각을 노무현정부에게 덮어씌웠다. 황우석을 지지하는 사람들의 활동이 가장 활발했던 때는 『사이언스』에 실린 황우석의 논문이 조작되었다는 의혹을 받을 때와 황우석이 불법 난자체취 혐의를 받을 때였다. 자신의 난자를 체취해도 좋다는 서명지가 돌아다녔고, 한편으로 황우석 지지 촛불집회가 열렸으며, 황우석을 비판하던 진중권 교수를 강의실에 억류시키는 등의 행동이 나왔다. 사회 각계각층에서 황우석의 지지자들이 생겨났으며, 황우석의 거짓말이 적나라하게 드러나고 사회적 여론이 싸늘해지기까지 곳곳에서 충돌이 있었다. 황우석 사태에서 대중의 욕망은, 전지구적인 신자유주의하에서도 여전히 한국인이 있으며 위대한 대한민국이 있다는 식의 파시즘에 오염되어 있었다.

거짓말과 허언증, 권력의 주사위게임

거짓말을 하고 거짓이 탄로날까 봐 다른 거짓말을 하고 그 거짓을 지키기 위해서 우기고 거짓을 통해서 미시권력을 획득하고, 이런 과정이 황우석 사태에서 펼쳐졌다. 사람들은 잇달아 밝혀지는 거짓말로 얼어붙었다. 이런 거짓말을 만들어내는 곳이 바로 한국의 연구공간이었다. 거짓말로라도 자본을 끌어들이고 그 속에서 권력을 유지하고 싶은 생각이 들게 하는 곳이 바로 연구공간이었으며, 그 연구실에서의 미시권력은 사회적 권력으로 확장되었다. 그러나 개중에는 황우석에게 절대적인 신뢰를 보내는 사람들을 비롯하여 황우석을 음해하는 음모에 맞설 준비가 되어 있는 사람들도 여전히 많았다. 인터넷은 황우석을 비판하는 사람들과 황우석을 지지하는 사람들의 전쟁의 장이었다고 할 수 있다. 거짓말을 통해서 획득한 미시권력이 허물어지는 순간, 논쟁은 사라졌지만 사람들의 욕망생태계에는 미세한 균열이 생겨났고 사회적 후유증은 몇 개월간 지속되었다. 사람들의 욕망, 즉 생명에너지가 거짓말에 의해서 소모되는 것은 매우 잘못된 사회환경이라 할 수 있다. 이 속에서 사람들의 분열과 균열은 심각한 수준이었다. 서로 진실공방을 벌이면서 사람들은 도저히 봉합되기 힘든 균열과 분열의 지층을 그대로 드러내었다.

거짓말이 쌓아올린 허구의 신화 속에서 사람들의 무의식에는 망상을 지속하지 못하도록 제어하는 사회구성원들을 공격하는 파시즘이 똬리를 틀었다. "거짓말이라 하더라도 일말의 근거가 있는 거짓말이라면 믿겠다"는 매우 모호한 진실에 대한 사유가 한국사회에서 나타났으며, 그것은 진실이 없어진 사회윤리를 만들어버렸다. 사람들은 진실이란 없으며 모든 것이 허구인 세상에서 보다 세련된 사람들의 말을 믿겠다는 식의 반응으로 나아갔다. 권력의 허언증은 황우석 사태 이후 더 심각해졌고 대중들의 무의식은 오염되었다. 이 허언증에 의해 만들어진 권력에 동참하려는 편승심리에는 파시즘이 구사했던 점원 유형의 기회주의와 순응주의, 현실도피를 확산시켰다. 권력은 원래부터 썩은 것이라며 좌절했던 대중이 오히려 그렇기 때문에 "권력의 거짓말 중에서 가장 세련된 거짓말을 믿겠다"고 반응하는 것은 사회적 신뢰관계의 붕괴를 의미한다. 이것은 BBK의혹 등과 같은 이명박정부의 등장과도 밀접한 관계가 있다. 이 과정에서 좌우의 공리계가 뒤흔들렸고, 오히려 사람들의 무의식은 가장 반동적인 층위로 향했다고 할수 있다. 허언증이 오히려 낫다는 생각은 위험한 자포자기이며 가치관의 혼란과 아노미를 드러내는 것이라고 할 수 있다. 사회지도층의 부패와 비리와 거짓말은 황우석의 모델을 따라서 리모델링된다.

영원성을 약속하는 과학, 유한자인 인간

과학이 지닌 가장 핵심적인 한계는 종교나 철학과 달리 유한자로서의 인간과 유한한 지구와 유한한 생명을 가치명제로 전제하지 않는다는 점이다. 연속되는 진화와 발전 과정이 존재할 뿐이며, 늘 최첨단의 새로운 혁신이 이루어지기 때문에 퇴화나 노화가 있을 수 없다는 것이 과학이다. 이런 과학이 영원성의 망상을 주는 것은 자연스러운 일이며, 영원한 민족 혹은 국가를 망상하는 파시즘과 접속하는 것은 시간문제이다. 국가 · 신 · 아버지라는 초자아의 수용좌표에서 예속집단이 되는 것은 자신의 유한성과 죽음 · 광기 · 욕망과 대면하기를 거부하는 것을 의미한다. 진실의 시간은 배제되고 은폐된다. 자본이 욕망하는 과학노선은 늘 영원성에 대한 약속을 내포하고 있다. 영원성은 가장 중요한 발전의 전제조건이며 성장의 전제조건이기 때문이다. 그러나 생명의 유한성, 하나뿐인 지구, 인류의 유한성이라는 시각에서 과학을 다시 보아야 한다. 자본의 욕망은 죽음을 추방하고 삶을 끊임없이 추동하는 욕망 프로그램을 원한다. 그것을 충족시켜 주는 것이 바로 과학이다. 과학이 갖고 있는 신화의 이면에는 그 욕망이 배제한 다양한 욕망의 숨결이 있다. 연구공간은 종합적인 생태계의 욕망사슬을 끊고 매우 국지적이고 미시적인 영역에 있는 생명을 문제 삼는다. 종합보다 분석 차원에서 접근한다는 근대과학의 개념이 바로 연구공간의 정체라고 할 수 있다. 하나의 세포가 생태계 전반의 비밀을 담고 있다는 것은 사실 망상적인 과학의 신화라고 할 수 있다. 욕망은 연결되어 있으며 서로의 생명에너지를 통해서 연기적으로 순환하고 창발하고 관계한다.

황우석 사태를 피상적으로 바라보는 것은 과학의 심장부, 근대과학의 핵심적인 기획 자체를 문제 삼지 않고 그저 한 과학자의 거짓말로만 치부하는 것이다. 한국사회는 박정희식 개발독재 이래로 끊임없이 앞만 보고 달려왔으며, 그 맹목성으로 인해 자신이 추월하려는 것이 과연 무엇이고 어떤 가치로 그것을 평가해야 하는지 생각조차 하지 않았다. 그러다 보니 사회윤리나 가치명제를 가지고 사유하는 것보다 스스로 정당화하는 진리명제로 사유하는 틀에 익숙해졌다. 여기서 진리명제는 객관을 포장하고 있지만 성공과 승리의 가치명제를 기반으로 한다는 것을 은근슬쩍 감추고 있다는 데 문제가 있다. 가장 객관적일 수밖에 없다는 과학이라는 것도 사실 유한자로서의 인간존재를 감추고 영원한 약속의 땅으로 이끄는 허구적 이데올로기일 수 있다. 황우석 사태와 같이 과학이 약속하는 달콤한 마약에 취해서 망상하고 행동하던 대중들은 사회윤리의 새로운 적용방식을 이해할 수 없었다. 더 이상 과학이 자신을 정당화해 주지 않고, 다양한 가치명제가 과학의 연구 디자인 단계에서부터 도입되어야 한다는 점을 승인하기에는 익숙지 않았던 것이다. 그러나 과학이 자본의 욕망 기획의 하나가 되어버린 현재 과학 속에 소수자와 주변인의 대안적 욕망을 도입하는 것, 즉 유한자로서의 가치명제를 과학에 도입하는 것은 매우 자연스러운 일이 아닐 수 없다. 과학자로서 반파시스트가 되는 길이 거기에 있는 것이다.

파시즘, 대중은 왜 예속을 욕망하는가?

황우석 사태의 일련의 과정에서 대중은 왜 과학기술 만능주의와 영웅적 인물이라는 환상에 빠져 행동했는가? 한국사회에서 맹목적으로 성공을 향해 달리던 대중들은 처음으로 생명윤리라는 것을 알게 되었으며 일련의 공방 속에서 욕망의 지도에 큰 변화를 겪었다. 윤리적이고 미학적인 기획을 가지고, 가치기반에 의해서 소수자·부랑아·유랑민·광인들의 숨결을 가진 새로운 과학의 가치질서가 필요한 시점이다. 황우석 사태는 근대주의의 최종 결정물인 오만한 근대과학의 모습을 그대로 드러내 보였다. 비단 황우석만의 문제가 아니라 한국사회의 과학이 자본의 욕망과 연동되어 생명·생태·생활의 기본적인 윤리와 가치기반을 잃을 수도 있다는 경고가 사회 곳곳에서 터져나왔다. 대중들에 대한 권력과 거짓말의 역학관계에서 권력게임 정도로 바라보는 무의식의 오염은 이후 정치구도를 크게 뒤바꾸어놓았다.

한국사회 곳곳에서 파시즘의 징후가 나타났다. "대중들은 왜 예속을 욕망했는가?" 이 질문은 황우석 사태에 그치지 않고, 소수자 말살과 배제의 사회적·정치적 환경과도 긴밀한 관련을 가진다. 생명을 경외하지 않고 무한약탈의 대상 또는 무한개발의 대상으로 보는 시각이 여전히 존재했고, 사회 곳곳에서 소수자들의 비탄과 절규가 들려오던 당시의 사회분위기를 이용하여 황우석을 기점으로 무장한 파시즘이 대중의 욕망에 장착하는 일만 남아 있었던 것이다. 이 미시파시즘을 극복하기 위해서 사회는 사랑과 변용이라는 새로운 가치명제를 받아들여야 한다. 그것은 소수자 되기라는 반파시즘의 노선을 의미한다. 낮은 곳에서 살아가는 생명의 목소리를 듣는 새로운 윤리적·미학적 주체성이 등장하고, 반파시즘 생명노선으로 규합하기 시작한 것이 바로 황우석 사태를 격렬히 겪은 사회구성원 내부에서 생성된 새로운 모습이다.

03 노사모: 386세대의 대탈주

주체집단/예속집단 groupe-sujet/groupe assujetti

사회적 동물이라 정의되기도 하는 인간은 대개 어떤 방식으로든 몇 개의 집단에 소속되어 있다. 가타리는 주체집단과 예속집단을 구분한다. 주로 학교·감옥·시설·정신병원 등에서 예속집단이 등장하고, 인터넷 커뮤니티·대안공동체·혁명집단에서 주체집단이 종종 등장한다. 주체집단은 자신의 행동을 스스로 통제하고 자신의 행동대상이 무엇인지, 왜 그런 행동을 했는지를 해명할 수 있으며 세상에 대해 열린 태도를 취하는 집단이다. 반면 예속집단은 자기동일시나 지도력·거부·암시효과·희생양·터부·의례 등과 같은 내부규율을 갖고 있는 집단이다. 예속집단은 초자아—신, 국가, 아버지—의 수용좌표를 받아들임으로써 매우 안정감 있는 조직 운영원리를 갖추고 있는 데 반해, 주체집단은 끝없이 문제·긴장감·내부투쟁·분열의 위험으로 불안정한 모습을 보인다. 주체집단이 예속집단에 비해 안정되지 못한 이유는 스스로 다른 집단들에 대해서 열린 존재이기를 원하기 때문이다. 사회집단은 주체집단과 예속집단 중 어느 집단이기를 원하고 지향하느냐의 차원에서 평가될 수 있다. 예속집단은 구성원들에게 자기 집단이 영원할 것이라는 망상을 심어주며 그 속에서 생활하게 한다. 그에 반해 주체집단은 자신이 매우 유한하다는 것을 받아들이며 자기 자신의 죽음을 응시한다. 물론 주체집단이 현기증 나는 광기에 사로잡히는 경우가 있는데, 그것은 자신이 주체로서 사명을 다해야 하기 때문이다. 주체집단은 개념을 다루는 이론가집단도 아니고 기표를 생산하는 선동가도 아니다. 대신 그들은 새로운 관계망을 생산하며 기존 관계망을 대신하려 한다. 그렇기 때문에 주체집단은 기본환상에 머무는 예속집단과 달리 자신의 새로운 관계망이 현실에서 승인되기를 원하는 '과도적 환상'이라고 불리는 독특한 환상체계를 생산하고 분비한다.

> "하나의 집단이 다른 집단들의 대상으로 머무르는 한 그 집단은
> 외부로부터 무의미 · 죽음을 수용한다. 그러한 집단에서 사람들은 항상 스스로 오인의
> 구조 속으로 미리 도피할 수 있다."
>
> —가타리, 『정신분석과 횡단성』

신화가 된 노무현의 죽음

2009년 5월 시청 앞은 침통함에 잠긴 사람들로 가득했다. 더러는 눈물을 흘리기도 하고 또 더러는 알 수 없는 중얼거림과 탄식을 내뱉기도 했다. 전직 대통령 노무현이 사저 뒤편에 있는 부엉이바위에서 몸을 던져 스스로 생을 마감한 것이다. 기나긴 애도의 행렬은 노사모의 열정과 오버랩이 되면서 노무현 바람 이후로 역사적인 두번째 흐름을 만들어냈다. 노무현의 죽음에 대해 여러 가지 평가가 교차되지만, 무엇보다도 노무현을 만들었던 대중들에 대한 평가는 아직 진행되고 있지 않다. 노무현 바람을 일으켰던 2003년 대선의 기억은 노무현의 죽음으로 다시 복원되었다고 할 정도로 그동안 노사모는 잊혀왔다. 그러나 이제 노사모라는 집단에 대한 평가와

역사적 · 사회적 무의식 지도에 대해서 말할 때가 되었다. 노무현의 삶과 죽음은 거대한 무리를 만들어냈다. 처음 부산에서 노무현이 출마할 당시만 하더라도, 또 3당합당에 대해 이견그룹이 되었을 때만 하더라도, 노무현은 주류에 있지 않았으며 비주류의 노선을 따라 매우 독특한 이력을 걸어갔다. 그러나 민주당 대통령후보 선거가 국민참여 경선으로 치러지면서 미묘한 변화의 바람이 불었고, 특히 광주 유세에서부터는 젊은 유권자들이 대거 참여하면서 노무현의 대선후보 당선은 유력해졌다.

이때 노무현을 지지하는 작은 집단 노사모가 있었다. 노사모는 인터넷을 통한 참여와 386세대를 주력으로 하는 젊은 감수성과 정치개혁에 대한 열망으로 이루어진 조직이었다. 그것은 기존 집단과 달리 내부규율과 금기 등으로 이루어진 조직이라기보다 욕망과 열정과 재미 등으로 구성되어 욕망에 따라 서식하고 증식하고 무리짓기를 하였다. 노사모는 마치 팬클럽처럼 대통령을 스타로 생각하는 집단이라는 점이 특이하였다. 스타에게 열망과 욕망을 투사하듯 정치가에게 욕망과 열망을 투사한다는 것은 한국사회의 정치풍토에서 찾기 힘든 새로운 양상이었다. 이 욕망의 흐름은 사실 붉은 악마에서 출발한 욕망의 벡터장 확장과 긴밀한 관련이 있다. 한 사람이 무엇인가를 욕망할 때는 큰 문제가 되지 않는다. 그러나 집단적으로 무엇인가를 욕망하고 있을 때는 그 욕망의 힘이 사라지지 않고 집단 속에 잠재되어 벡터장을 형성하고 순환된다. 월드컵에서 출발한 집단적 욕망의 힘은 제도권으로 유출될 수 있을 만큼의 벡터장을 만들었다. 욕망의 힘 앞에서 변화되었으면 하는 바람을 갖게 되었고 그 변화의 바람에 편승하여 변화된 미래를 설계하고 싶은 욕망을 갖게 되었다. 노사모의 욕망흐름은 삶의 욕망이자 희망의 욕망이었다. 그리고 5년 후, 그 욕망은 낡은 것이 되어버렸고 달성하지 못했다는 자괴감에 시달리던 노무현은 홀로 죽음의 도주선을 따라가는 것을 선택하였다.

2003년 대선과 노사모의 등장

한 명이 꿈꾸면 단순한 꿈에 불과하지만 여러 사람이 꾸는 꿈은 현실이라는 얘기가 노사모를 설명하는 기본적인 전제가 될 수 있을 것이다. 개인적 환상을 넘어서 집단적 환상을 갖게 되면 그 집단은 자율적인 꿈과 환상의 체계를 가동시킨다. 민주당 대통령후보 선출대회가 TV에 생중계될 때 사람들에게서는 집단화된 상상력이 작동하기 시작한다. 정치가 재미있는 게임일 수 있으며 뭔가 변화를 만들어낼 수 있다는 생각이 대중의 무의식 속에서 작동하면서 직장인들을 토요일마다 결집시켜 내는 데 성공한다. TV에서의 극적 반전은 사람들에게 역전의 기쁨을 안겨다 주었을 뿐만 아니라 역사라는 드라마에 자신도 참여하고 있다는 생각을 갖게 만들었다. TV는 대량생산된 무의식을 만들어내지만 대량생산된 무의식으로 무엇을 해야 할지 알려주지는 않는다. 그러나 인터넷과 결합된 미디어의 형태는 기존 미디어의 수동성을 극복할 수 있는 가능성을 열었다.

정치참여의 드라마에는 당시 하나의 붐으로 자리 잡기 시작한 인터넷 매체가 있었다. 인터넷에서 작동되고 있던 열띤 정치토론에서 사람들은 집단적 욕망과 열망의 흐름을 만들어내고 있었다. 수많은 사람들이 정치논객들의 대화에 촉각을 곤두세우고 리플을 달며 정치적 토론에 참여하였다. 특히 이른바 386세대의 정치참여는 인터넷 매체에서 강렬한 주도권을 행사하면서 수많은 담론생산의 가능성을 보여주었다. 당시 인터넷 네트워크나 커뮤니티는 이제 막 걸음마를 뗀 단계라고 볼 수 있었는데, 특히 정치적 참여를 인터넷과 결합시키는 것은 매우 실험적인 시도였다. 많은 젊은이들이 개혁과 정치참여의 담론을 생산하였고, 그것은 투표결집이라는 형태로 구체화되었다.

노사모 사이트에서는 〈노무현의 눈물〉이라는 대표적인 동영상이 상영되고 있었다. 노무현에 대한 연민은 사람들의 자기감정으로 바뀌었으며 감정을 투사하는 것이 정치일 수 있다는 생각을 사람들에게 갖게 했다. 이러한 감정투사가 하나의 맹목적 열정으로 바뀔 수도 있음은 사실이다. 그러나 이 이미지는 노무현 바람을 일으키는 데 매우 큰 역할을 했던 것으로 보인다. 감성에 호소하는 전략은 민주화운동세대들에게는 매우 적절한 정치선동이었으며, 특히 벤처사업이나 자영업에 종사하는 386세대에게 설득력을 가졌다. 또 특이한 것은 핸드폰이 보편화되면서 젊은 층의 결집에 문자메시지가 큰 역할을 했다는 점이다. 갖가지 소식들과 투표독려 메시지 그리고 투표현황이 모바일을 통해서 전송되었고 이 새로운 네트워크 방식은 젊은 감성을 결집시키는 데 효과가 있었다. 마치 하나의 쇼를 보는 것처럼 토요일마다 상연되는 민주당 대통령후보 전당대회가 대중들을 움직였으며, 그 분수령이 된 것이 노무현에게 압도적인 지지표를 던진 광주전당대회였다. 무엇보다도 386세대와 젊은 직장인들은 역전의 기쁨과 더불어 자신이 정치에 참여하면 변화를 만들어낼 수도 있다는 자신감을 가지기 시작했다.

노사모라는 주체성의 등장은 변화를 바라는 기존제도로부터 벗어나서 탈영토화하는 욕망을 만들었다. 이 탈영토화하는 야성적인 욕망은 노무현이라는 하나의 얼굴과 인물에 대한 감성적 열망으로 재영토화된다. 그것은 기성세대들의 재영토화라는 제도화 과정과 달리 자신을 능가하는 권위와 권능을 가진 권력자를 재등장시키지 않았다. 여기서 권위주의의 종말을 진보라고 규정하는 일종의 진보주의가 발생하는데, 그것은 권위주의적 아버지의 모습을 대표하는 권력자 형태의 정치를 극복하는 새로운 정치적 특징을 보인다. 노사모 바람으로 나타난 노무현 정치의 특징은, 대중의 욕망은 지도자의 지도력이나 터부 같은 것으로 결정되는 것이 아니라 대중의 욕망과 열망 수준에서 결정된다는 것이다. 즉 대중의 욕망이 어떤 수준과 지평으로 나아가는가가 문제였기 때문에, 욕망이 탈영토화되어 자신의 거주지나 기존 영토를 넘어서는 수준이 정치를 결정하였다. 이러한 욕망의 정치가 노사모의 발생 때부터 작동하기 시작한 것이다.

탄핵정국과 노사모

노무현의 당선은 잘 연출된 한 편의 드라마였다. 그리고 노사모의 꿈은 이루어졌다. 그러나 이것은 낮은 수준의 진보일 뿐이다. 신자유주의와 통합된 세계자본주의하에서 이런 수준의 진보는 '신자유주의적 좌파'라는 새로운 역설을 만들어낸다. 탈영토화 과정에서 격렬하게 드러나는 집단의 창의성과 응집력 그리고 신선함은 재영토화되어 현실 속에서 자신의 유능함을 확인시키고 현실적인 문제들을 해결해야 하는 숙제를 안게 된다. 그러나 어딘가에 자신의 영토를 만들어야 하는 현실적인 재영토화 과정에서 노무현이라는 욕망의 정치모델은 갑자기 힘을 잃게 된다. 통합된 세계자본주의의 일관적인 생산라인의 부품에 불과한 일국의 주권체제 내에서 자율성은 매우 적은 것으로 드러났으며, 노무현의 정치는 결국 통합된 세계자본주의 구도 속에서 작동하는 신자유주의의 기계부품이 될 수밖에 없었다.

사실상 노사모는 자신의 욕망이 탈영토화한 극한에서 자신의 목표를 달성했음에도 불구하고 이유도 모른 채 그 욕망의 힘이 사라지는 것을 경험한다. 비제도적인 욕망의 힘이 제도화되는 순간 아버지를 만들어내는 오이디푸스적 예속관계의 장착은 시간문제가 된다. 노무현은 이러한 권위주의적 예속집단의 등장을 거부했다. 그러나 아무리 노사모가 예속집단화되는 것을 욕망하지 않았다 하더라도, 시장독재라 일컬어지는 자본의 권력과 흐름에 동의한다는 측면에서 신자유주라는 구도 속에서는 여전히 권력을 작동시키는 주체가 된다. 신자유주의가 문제되는 것은 민중들의 삶을 시장법칙에 종속시키고 빈곤·양극화·경쟁·자살 등으로 내몰기 때문이다. 노사모는 예속을 욕망했을까? 시장독재에 대한 성찰의 부재는 권위에 대한 저항만큼 큰 숙제를 남긴다.

이와 같은 재구조화 과정에서도 진통은 있었다. 격렬한 욕망의 투사로 특징지을 수 있는 노사모와 노무현의 정치형태를 기성 정당과 권위주의적 제도들은 받아들일 수 없었기 때문이다. 이어진 탄핵정국은 노무현의 위기이자 노사모의 재결집 기회였다. 노사모는 자신의 조직화 양식을 증식시키고 새로운 전초기지인 인터넷언론을 개발하고 새로운 커뮤니티를 만들어내어 끊임없는 담론생산과 전투에 돌입해야 한다는 것을 이때 깨닫는다. 기득권세력과 주류언론, 기성정당 등은 모두 적일 수밖에 없는 상황에 직면한 것이다. 탄핵정국이 촛불집회의 연속과 결집으로 이어지면서 분명해진 것은 안정적인 정권창출은 불확실해졌고, 전쟁기계와 같이 전쟁이 지속되고 욕망의 탈영토화가 항구적으로 지속되어야 한다는 불안정성이었다. 노사모의 이러한 현실인식 태도는 노무현정부의 향후 정치노선과 긴밀한 연관을 갖게 된다. 386세대는 불안정하고 탈영토화된 상태를 지속하지 않기 위해서 통합된 세계자본주의의 공리인 신자유주의를 자신의 정치적 구도로 받아들어야 한다는 점이 분명해졌다. 그런 의미에서 386세대와 노사모는 기성세대로 편입되고 재구조화를 거부할 수 없는 상황이 되었다. 탄핵정국과 노사모의 재결집은 보수진영의 결집을 초래했으며 사회분열 양상은 극단으로 치달았다. 특히 시장독재라는 내재적 구도는 사회적 배치를 뒤흔들었으며 사회적 안전망의 부재와 양극화 · 빈곤 · 실업 · 자살 등의 문제가 엄청난 파열음을 내면서 발생했다. 보수진영과 기득권세력의 사보타주, 시장의 경색과 불균형, 제도개혁의 격렬한 투쟁양상은 노무현 집권시기 내내 이어졌다. 좌우의 분열은 노사모와 기득권의 분할구도가 아니라, 시장독재에 맞선 민중진영과 노무현정부의 대결 그리고 기득권세력과 노무현정부의 대결로 나타났다. 이러한 상황에서 노사모는 긴 정치적 침묵에 빠지면서 노사모의 격렬한 욕망 투사는 지상에서 모습을 감춘다.

자발성과 홍위병 논란

"제도정치를 개혁할 수 있을까?"라는 정치적 질문을 던지면서 비제도적 영역의 욕망으로부터 출발한 노사모는 돌연 이율배반적인 집단이 되었다. 그 이유는 제도와 비제도의 영역을 넘나들며 자율성을 구축하지 못하였기 때문이다. 물론 노사모가 갖고 있던 제도개혁 열망과 시대변혁의 욕망은 기성제도권의 완강한 저항에 부딪혀 미완으로 남을 수밖에 없었다. 그러나 민중진영은 시장독재라는 통합된 세계자본주의 구도를 여전히 유지하고 있는 한 노무현정부나 노사모를 진보라고 규정할 수 없는 상황이었다. 사실 노사모라는 집단적 무의식의 등장에는 자본과 권력에 대한 민중진영의 근본적인 문제의식과 다른 수준에서 형성된 집단적 욕망의 흐름이 있었다. 그것은 기성제도에 강렬하게 저항하려는 욕망은 있지만 그 욕망의 격렬함에 비해 기본적인 문제의식은 여전히 기존 권력형태에 대한 문제의식과 노무현에 대한 감정 투사적 수준에 머물러 있었던 것이다. 그렇기 때문에 노사모는 시장독재와 그것이 초래하게 될 엄청난 수준의 사회분열 양상에 대한 해답을 갖고 있지 않았다. 보수신문들이나 기성 제도권 영역에 있는 사람들은 노사모의 실체를 찾아다녔지만, 사실 노사모는 실체를 가진 구체적인 집단이라기보다 모호하고 불분명하며 대부분 인터넷상에서의 자발적인 조직화로 이루어진 불특정한 다수였다. 그들이 생각하는 낮은 수준의 진보는 현실 속에서 작동하면서 그 한계를 여실히 드러내 보인다. 물론 노무현의 탈권위주의적 태도는 아버지·신·국가로 대표되는 초자아의 수용좌표 역할을 거부한다는 점에서 의미가 있다. 그러나 노사모는 초자아를 거부하면서도 자본주의적 예속관계로부터 자유롭지 않다는 한계를 보였다. 노사모는 자신의 유한성을 응시하는 순간 더 격렬하게 불안정성을 보이는 주체집단임을 의미하는 것이다.

재임기간 동안 조·중·동을 비롯한 주류언론들은 일제히 노무현을 공격하는 데 지면의 많은 부분을 할애했다. 그들은 본능적으로 노무현이 비제도권의 욕망을 동원한다는 사실을 알고 있었으며 그러한 격렬한 욕망의 개입을 인민주의로 규정하였다. 이른바 홍위병논란은 이때 시작된다. 물론 모택동의 정치방식이 노무현의 정치철학에 영향을 준 것도 사실이다. 노사모의 언어는 사회적 장에서 사람들을 통합시키는 것과는 다른 수준에 머물러 있었다. 격렬한 담론투쟁 속에서 언표행위는 집단적으로 배치되어 있었다. 조·중·동 같은 신문을 읽는 것과 인터넷언론——오마이뉴스, 프레시안, 대자보 등——을 읽는 것은 완벽하게 다른 언표행위의 집단적 배치였다. 물론 보수언론의 흑색선전은 진정한 초자아의 수용좌표를 원하는 예속집단의 충동을 대표하는 것이라고 할 수 있었다. 극단적 권위주의에 대한 향수가 작동하고 있었기 때문에 386세대는 담론에서 전쟁기계를 작동시키고 있었다. 그리고 노사모라는 주체집단이 작동하고 있는 데 대한 보수진영의 두려움 또한 계속 존재했다. 그렇기 때문에 보수진영은 홍위병이라는 원색적인 단어를 써가며 비제도적인 수준에서 욕망이 출현하는 것을 경계했다.

물론 두려워했던 일이 현실화되지는 않았다. 노사모라는 주체집단은 노무현 집권 내내 제대로 발언권을 갖지 못하고 긴 침묵을 지켜야 했다. 노무현의 집권시기에서 일어난 일련의 사태들——FTA, 이라크파병 등——앞에서 민중운동과 노사모는 더 멀어져 갔고 노사모는 기억 속에서 잊혀졌다. 물론 노사모라는 집단이 내건 제도개혁의 열망이라는 원래의 취지는 최소강령, 즉 낮은 수준의 민주주의를 의미한다. 그것은 민중진영이 생각하는 진보와는 궤를 달리하는 것이었다. 최소강령 수준의 요구는 늘 침묵하는 다수를 만든다. 그것은 이미 달성되어 있는 현실이기 때문이다.

노사모의 재구성과 주체집단

비제도적이고 야성적인 욕망의 생산적 힘은 국가라는 제도에 진입하는 순간 무력화되는 비운을 맞이한다. 기존의 사고처럼 국가권력 장악이 혁명의 완수라는 식은 통합된 세계자본주의라는 거대한 구도를 제대로 파악하지 못하는 것이다. 결과적으로 노사모의 야성성은 제도개혁 수준에 머무는 순간 한계지점에 도달하게 되는 것이다. 분자적 욕망의 재영토화라는 제도화 과정은 필연적으로 자본주의를 수용하게 만들고 자신의 야성성을 잃어버리는 경향이 있다. 노무현은 권위주의적 국가권력이라는 초자아의 수용좌표는 받아들이지 않았지만 신자유주의의 시장독재로부터 자유로울 수 없었다. 이러한 재영토화 과정을 통해서 노사모라는 새로운 주체집단은 제도 영역에서 자신의 영역을 찾아야 했지만, 그들 열망의 원천은 제도 내에 있지 않았다. 자본주의하에서 집단의 출현에는 반드시 그에 상응하는 욕망의 등장이 따른다. 노사모는 집단적 욕망을 통해서 제도개혁의 문제의식을 드러내 보였지만, 그들의 욕망이 순수하지 않아서라기보다 그 문제의식 자체가 한계를 갖고 있었기 때문에 수많은 주체 중에서도 가장 빨리 자신의 경계지대에 부딪혔다. 노사모는 신자유주의와 통합된 세계자본주의에 대해 근본적 문제의식을 갖는 순간 자신이 위치한 구도를 전반적으로 수정해야 한다는 사실을 알게 된다. 주체집단은 자신의 임계지점을 응시하면서도 그 유한성 때문에 더 열린 조직이 되어야 한다는 사실을 깨닫는다.

노사모의 집단무의식에는 권위라는 예속을 넘어서면서도 시장이라는 예속으로부터 자유로울 수 없다는 데 대한 자괴감이 있다. 물론 그렇다고 다른 집단과 다른 방식으로 발언하고자 했던 개혁주의적 희망과 열망까지도 평가절하되어서는 안 된다. 그러나 분자적 욕망이 몰적인 제도 속으로 들어가서 현실적인 한계를 드러낼 때 그것이 주체집단인가 아니면 예속집단인가라는 역사적 평가로부터 자유로울 수 없다. 대안적인 주체성은 신자유주의라는 시장독재로부터 자율적인 사회시스템의 구축을 기본적인 전제로 하고 있다. 노무현이 없는 노사모는 제도개혁이라는 기존의 문제설정으로부터 벗어나 이러한 대안적인 제도—관계성—의 생산 문제에 접속할 필요가 있다. 역사는 늘 새로운 주인공과 집단을 등장시키며 미래로 나아간다. 물론 여전히 그 역사적 주체의 외부에는 어린아이 · 광인 · 이주민 · 동성애자 · 장애인 등 소수자들이 있다. 그런 의미에서 진정한 역사적 주체는 젊고 건강한 욕망만이 아니라 소수자의 욕망에 대한 새로운 목소리를 요구한다. 이것은 자신의 유한성—죽음, 욕망, 광기—을 응시하는 것이며 자신의 죽음과 유한성까지 받아들이는 주체집단의 태도라고 할 수 있다.

4부

소
수
자

01 아이: 욕망해방의 최전선에 선 전사들

블록 bloc

가타리가 창안한 개념으로 유년기의 강렬한 지각작용들이 작동하는 방식을 의미한다. 아이들이 미지의 영역을 탐험하고 우주특공대를 만들고 모험을 위해 집을 나서는 모든 행위는 유년기의 감각블록을 형성한다. 이 감각블록은 성인이 되어서도 출현하는데 유년기와 유사한 강렬한 감각이 되살아날 때 작동한다. 기존의 정신분석은 성인에게도 유아기의 콤플렉스가 여전히 작동하며 콤플렉스의 형태로 무의식을 지배한다고 보았다. 그러나 가타리는 유년기의 감각블록을 무의식 속에 남아 있는 지각작용으로서, 강렬한 기억으로 각인된 유년기의 감성이 되살아나는 것으로 본다. 프로이트 등의 정신분석에서 어린아이는 콤플렉스에 좌우되는 나약한 존재, 가족무의식으로부터 벗어나 사회적 성좌로 나아갈 능력이 없는 예속된 존재로 간주된다. 그러나 가타리는 유년기의 감각블록이라는 개념을 통해서 어린아이의 짧은 기억들을 기반으로 해서 조직되어 있는 사회집단들 내부그룹의 작동방식을 분석한다. 여기서 블록 개념은 시간구획이라는 의미도 가지지만 집단구획이라는 의미도 갖는다. 그러므로 집단 내부에서 블록이 작동하는 방식은 강렬한 기억에 의해서 작동하기 시작한 무리라고 할 수 있다. 유년기의 다채로운 기억들은 현재의 집단 내부의 무리들의 강렬한 관계망을 형성하는 방식과 긴밀한 연관을 갖는다.

"우리가 분열분석의 입장에서 보고자 하는 것은 어린 시절 노래로의 퇴행이나 고착이 아니라,

리토르넬르의 잉여성과 안면성의 잉여성을 결합시키는 유년기 블록의

자본주의적 화용론의 장 속으로의 전이이다."

−가타리, 『기계적 무의식』

반동의 시간에 맞선 초능력적 탈영토화

학교에서 아이들은 0교시수업, 야간자율학습, 보충수업, 두발단속, 체벌, 가방검사, 벌점제 등 각종 감시와 통제 아래서 지내야 한다. 이런 상황은 아이들이 그 어떤 사회적 주체들보다 자신의 욕망을 통제하고 억압하는 사회시스템에서 살아가야 한다는 것을 의미한다. 오직 자본주의가 요구하는 방식으로 훈련된 인간형을 만들고 자본주의라는 철의 규율을 주입하여 뛰어난 인재를 솎아내기 위한 방법을 의미할 뿐인가? 아이들의 욕망은 온갖 제도와 규칙 아래서 통제당하고 있음에도, 여전히 아이들은 우주의 평화를 위해 싸우는 특공대와 같은 용감한 존재이며 지구의 미래를 책임질 용기 있는 전사들이다. 혹자는 반문할 것이다. "이 천진난만한 아이들에게 도대체 무슨 짓인가?" 그러나 억압과 통제가 첨단을 달리는 학교라는 무시무시한 공간 속에서 아이들은 자신의 꿈과 희망을 학교당국과 자본에게 빼앗기지 않고 한국사회에서 하나의 존엄한 주체로 뚜벅뚜벅 담대하게 등장한다. 학교라는 괴기스런 예속의 기계장치 앞에서 아이들은 초능력적 탈영토화의 방식으로 맞선다. 아이들은 학교의 위계와 경쟁체제에 대해 의문을 품으며 성인이 아니기 때문에 권리를 갖지 못하고 인격적으로 대우받지 못하

는 것에 대해 저항한다. 아이들은 노동·선거·사랑·인생에서 권리가 없다고 규정하는 기성체제에 저항하여 학교 안에서 혹은 학교를 넘어서 수없이 많은 저항행위에 돌입하였다. 학교라는 사회적 기계장치를 넘어선다는 것은 초능력적 탈영토화의 힘을 발휘하는 것이나 마찬가지다.

아이들이 거리로 나선다는 것은 광인이 거리로 나서는 것과 동등한 의미를 갖는다. 모든 억압에 대해 투쟁을 선포하면서 발언하고 행동하기 시작한 아이들, 이런 일련의 주체성 등장은 극적인 반전이다. 왜냐하면 아이들은 학교라는 공간의 체계적인 억압 속에서 살아왔기 때문이다. 아이들의 입을 막고 아이들의 호주머니를 뒤지고 아이들의 대화를 엿들어 생각을 탐색하는 모든 조치들이 학교라는 공간에서 이루어지고 있다. 아이들에게 저항은 어른사회의 계급적 이해관계와는 또 다른 차원의 것인바, 그것은 자신의 존엄성을 지킨다는 의미를 담고 있다. 아이들은 순종과 복종을 강요받는 데 대해 저항하고 친구들과 함께 초능력적 탈영토화의 연대망을 만들기 위해 활동했다. 이명박정부 들어와서 벌점제도에 의해 거의 1년 동안 3천여 명의 아이들이 학교에서 퇴학을 당할 정도로 억압은 더욱더 강력해졌다. 이에 맞서서 보이지 않는 저항과 탈영토화의 힘이 아이들의 은밀한 또래네트워크와 아이집단의 저변에서 꿈틀거렸다. 이 모든 상황이 아이들을 저항의 투사로 만들어놓았다. 한국사회의 역사를 살펴볼 때 언제나 사회반동화에서 비롯된 학교의 반동화는 아이들을 거리로 나서게 했다. 4·19혁명 때나 노태우대통령 당선에 저항한 서고련(서울고등학생연합)의 행동은 그 대표적인 역사적 행위라고 할 수 있다. 그러나 현재 아이들의 저항은 초중등학생 수준으로 내려와 있다. 그리고 아이들의 저항은 삶의 욕망과 존엄성을 보장받고자 하는 기본적인 행동양식에서부터 출발한다. 속칭 "노무현은 조·중·동과 싸웠지만, 이명박은 초중등과 싸운다"는 말이 그냥 나온 말이 아니다. 아이들의 저항은 보이지 않는 수준에서 사회적 배치를 뒤흔들 만한 욕망의 초능력적 탈영토화의 힘을 지녔기 때문이다.

욕망해방의 최전선에 선 아이들

욕망 억압의 잔혹사가 초중등학교에서만큼 심하게 벌어지는 곳도 없다. 초중등학생들은 자신들의 자연스러운 욕망을 통제하고 훈육하려는 학교의 교육방침과 교육당국의 조처들에 대해서 일반적으로 사보타주로 일관한다. 즉 아이들은 예속을 욕망하지 않는 것이다. 아이들은 욕망의 주체로서 존엄성을 보장받고자 한다. 이러한 욕망에 대한 심리적·정서적 살균작업은 가족 내에서 일차적으로 이루어진다. 아이에게 가족은 자신을 돌보아주는 공동체이기보다는 지속적으로 욕망을 억제하고 통제하는 사회장치로 다가온다. 가족·학교·학원 등 다양한 사회장치들은 아이들의 욕망을 체계적으로 억압하고 배제하는 것을 그 목표로 하고 있다. 아이들의 일탈이나 비행은 욕망의 원래 모습이라기보다는 욕망이 통제당할 때 나타나는 2차적 욕망의 모습이다.

　사회적 소수자 중에서도 아이들의 욕망만큼 중요한 의미를 갖는 것도 없다. 중국의 이탁오 선생은 동심설(童心說)을 통해 아이의 욕망을 원래부터 자연스러운 인간의 본성이라는 사고를 학문적 주제로 발전시킨 바 있다. 또 이탁오의 동심설을 한국적으로 소화한 허균은 홍길동이라는 아이해방의 주체를 등장시키는데, 이 홍길동이라는 가상인물은 아버지를 아버지라고 부를 수도 없는 아이, 무의식이 고아인 아이로 표현되고 있다. 노동자나 직장인들은 자신을 노동의 주체로 생각할 것이다. 그러면 아이는 어떠한가? 아이들은 착취 불가능하고 투쟁 불가능한 주체이다. 아이들은 노동을 할 수 없지만 공부에 얽매어 욕망을 최대한 통제당해야 하는 주체이다. 아이들은 노동자와 달리 노동의 주체가 아니라 욕망의 주체이다. 욕망함으로써 자신의 존재이유를 확인하고 욕망함으로써 꿈과 상상의 범위를 넓히며 욕망함으로써 창조와 생산의 지평으로 나아갈 수 있는 존재이다. 아이들은 어른들로부터 배워야 할 주체가 아니라 욕망을 통해서 완결되어 있는 주체다. 그러나 욕망의 체계적인 억압은 아이들을 극도로 절박한 상황으로 몰아넣어 나약하고 수동적인 사회적 약자로 만들어버린다.

그러나 아이들은 원래부터 골목에서 용감한 아이, 우주의 평화를 위해서 무엇인가를 해야 한다고 결심한 아이, 자신과 친구들이 우리 사회를 변화시킬 수 있다고 생각하는 아이, 이런 아이들이라고 할 수 있다. 바로 이 아이들에서부터 무리가 만들어졌으며 자신들의 욕망의 역능에 기초해서 욕망투쟁의 최전선으로 향했다. 무리에 속한 아이들은 어른들을 속칭 '꼰대'라고 규정하며 절대 그들을 믿어서는 안 된다는 신념을 다지곤 했다. 또 아이들은 학교가 교육이라는 명분을 내세워 자신들을 여러 가지 방식으로 억압하려 든다는 것을 잘 알고 있었다. 저항하는 아이들이 시스템의 아주 작은 균열처럼 등장했다. 비제도적 단위인 분자에서 시작된 저항은 아이들 사회를 독립적으로 구성하기에 이르렀다. 아이들의 저항은 욕망투쟁의 단면을 보여준다. 아이들은 삶을 자유롭게 살아가고자 하는 욕망을 표출하며 이런 욕망을 통제하는 모든 것들에 의문을 던진다. 이 같은 문제제기는

2000년 이후부터 더 확장되었고 이명박정부가 들어와서는 욕망투쟁의 최전선이라고 불릴 만큼 강렬한 힘을 보여주었다. 아이들에게 학교는 전쟁터나 다름없었다. 수시로 불심검문이 이루어지고 언제나 자유시간은 보장되는 법이 없고 어른들이 아이를 때리는 아주 비상식적인 행위도 용납되는 공간이었다. 학교는 아이들의 꿈을 깨뜨리는 공간이었다. 교육은 무지의 미몽으로부터 벗어나 지성을 약속하는 것이 아니라 무조건 주입식 암기로 좋은 대학만 가면 된다는 식으로 꿈과 희망을 깨뜨리는 곳이었다.

네트워크와 휴대폰으로 무장하다

아이들의 네트워크가 한국사회에 영향을 끼친 것은 광우병 촛불집회이다. 아이들이 인터넷에 진출하여 '초딩'이라는 이름으로 활동하면서 인터넷은 아이들에게 새로운 매체로서 작동하기 시작했다. 보통의 경우 아이들의 인터넷 활동은 연예인 팬클럽 사이트에 접속하거나 인터넷 기사 댓글 달기 같은 기본적인 행동에서부터 출발한다. 다소 유치해 보이는 이런 행동방식이 아이들에게는 사회참여의 중요한 영역으로 자리 잡고 있다. 특히 아이들의 사회참여에 대한 관심은 자신의 생활공간이 극도로 제한되어 있다고 느끼는 만큼이나 절실하다. 아이들의 네트워크는 조직화되어 있는 단체나 노동조합, 정당하고는 완전히 다른 형태이다. 가까이 있는 아이들끼리 무리를 지으면서 그 나름대로의 규칙과 룰을 가지고 움직인다. 이런 아이들이 중심이 되어 운영되던 몇몇의 연예인 팬 카페와 커뮤니티들이 광우병 촛불집회에 참여하면서 모습을 드러냈다. 연예인들의 팬들로서 조직되었던 아이들의 진출이 더욱 두드러졌다. 특히 독자적인 운영진과 조직을 갖고 있다는 점은 아이네트워크에서 중요한 위치를 차지한다. 비록 팬으로서 연예인에 대한 관심에서 출발한 조직이기는 하지만 아이들은 그 네트워크에서 자신들이 처한 상황과 학교에서 받는 모멸감을 공유하고 학교 밖으로 나설 수 있는 탈주로를 개척해 냈다. 이른바 빠순이·빠돌이 문화라며 어른들은 곱지 않은 눈길을 보냈지만 이러한 동호회 활동이 청소년들의 삶에 새로운 활력을 불어넣었다. 아이들이 연예인들을 일방적으로 흠모하고 그들을 새로운 영웅으로 내세웠다고 치부해 버리는 것은 이들 활동의 단면만 보는 것이다. 실은 그 내부로 들어가 보면 아이들 사이에서 인터넷문화는 독특한 민주주의를 실현하는 장이기도 하며 또 아이들을 하나의 그물망조직으로 만들어 미리 사회를 체험할 수 있는 기회이기도 하다. 아이들의 조직은 바로 가까이 있는 친구들과의 교류에서부터 시작된다. 공부에 대한 정보가 아니라 삶을 즐길 수 있는 정보는 아이들에게 매우 중요한 의미를 갖는다. 아이들은 공부의 굴레로부터 벗어날 수 있는 영역을 연예인이나 가수들에게서 찾았고, 그러한 영역으로 진출하여 지긋지긋한 공부로부터 탈출하는 것이 이들의 꿈이기도 했다.

아이들이 네트워크 수단으로 휴대폰 문자서비스를 이용하는 것은 매우 중요한 전환점임을 의미한다. 휴대폰 문자를 통한 그물망조직은 정보를 매우 신속하게 실시간 전달하는 매체가 되고 있다. 광우병 촛불시위 때 동맹휴업을 촉구하는 문자메시지는 수십만 명에 달하는 아이들에게 전달되었다. 아이들이 전달하는 이 문자메시지는 그물망조직의 위력을 유감없이 발휘했는데, 특히 서울시내에서 이 문자를 받지 않은 아이들이 없다고 해도 과언이 아닐 정도로 조직망이 촘촘하다는 것이 밝혀졌다. 아이들의 네트워크는 출렁거렸고 자기들끼리도 휴대폰 문자를 통해서 놀랄 만큼 신속하고 기동성 있게 어떻게 행동을 취할 것인지 토론으로 들어갔다. 경찰은 호들갑을 떨면서 이 문자의 배후를 밝혀야 한다고 나서서 대대적으로 추적한 끝에 최초 발신지를 찾아냈다. 더욱 놀라운 것은 맨 처음 문자를 발신한 사람은 재수생으로 불과 10여 통의 문자를 친구들에게 발송했다는 사실이다. 아이들의 휴대폰 문자 이용은 물론 자기네끼리의 소통과 재미를 위한 것이었지만 이들을 강고하게 엮어내는 그물 같은 조직이기도 했다. 특히 학교에서 공공연하게 휴대폰 소지를 금지하고 압수하는 일이 심심찮게 벌어지고 있는 상황에서는 매우 비밀스러운 소통양식이 아닐 수 없다. 아이들이 이 네트워크를 통해서 거리로 나섰을 때 엄청난 억압이 기다리고 있었지만 아이들은 담대히 그 억압에 맞섰다. 아이들은 휴대폰 네트워크를 통해서 서로간의 경계를 허물고 학교 담을 가로질러 현장의 소식을 접하고, 거리에서 어떻게 행동해야 할지 찾아내고 동료들을 어떻게 조직해야 하는지 배웠다. 아이들에게 휴대폰은 매우 중요한 매체이다. 사회제도 앞에서 벌거벗은 채 실존하는 아이들이 가질 수 있는 거의 유일한 소유물이며 외부로부터 새로운 정보를 획득할 수 있는 귀중한 수단이기 때문이다. 그리고 아이들은 그것을 어떤 방식으로 사용해야 하는지 알고 있었다. 아이들의 그물망조직은 곧 지상에 모습을 드러내 보였다. 그것은 경탄이며 환희였다.

분자적인 무리짓기

『조선일보』는 청소년인권단체 '아수나로'를 집중적으로 다루면서 아이들이 운동권의 조종을 받고 있다는 식으로 보도했다. 그러나 운동권 초등학생의 등장은 21세기 한국사회에서 역사적 대반전의 신호탄이었다. 이들이 등장하게 된 데는 여러 가지 이유가 있겠지만, 그중에서도 아이들의 발언권 강화가 큰 역할을 한 것은 분명한 듯하다. 아이들은 폭력으로 점철된 학교와 학원에서 인간의 존엄을 위해서 행동하는 주체로서 다시 모습을 바꾼다. 초등학생이나 중학생들이 새로운 변혁의 주체로 등장하게 되는 과정을 추적해 들어가 보면 그 시작은 매우 분자적인 욕망의 흐름에서 출발한다는 점을 알 수 있다. 즉 어떤 이해관계나 과학적 의식 혹은 불의한 세상에 도전하기 위한 의지로써 조직된다기보다, 재미있게 놀고 즐기고 교류하는 등의 정서적 활동에 몰입하고 싶은 욕망이 그 출발점이라는 것이 특징이다. 물론 이런 욕망은 친구를 사귀고 재미있게 놀고 아무것도 안하면서 즐기기 위한 자본주의 체제에 대한 일종의 사보타주를 의미한다. 아이들의 조직이 운동권 조직처럼 학습되고 일정한 조직체계를 갖추어 일사분란하게 행동을 하는 것이 아니라서 그들의 활동방식에 의문을 갖는 경우도 있다. 하지만 아이들의 조직은 자연스런 욕망으로 결속된 분자적 단위에서부터 출발한다. 아이들에게는 활동가 역할을 하는 친구들이 있고 그중에는 스타도 몇 명 있지만 지도자나 지도부가 따로 있는 것은 아니다. 노조나 정당 혹은 학생회와 다른 방식으로 조직되다 보니 그것이 현실에서 어떤 행위양식을 보여줄 것인지를 예측할 수 없으며 제도적 부분을 매개하지 않는 것이 특징이다.

중학생과 고등학생들이 무려 한 달여 동안 거리로 나와 광우병 집회에 참여했을 때 기성 제도권 단위들이나 노동조합, 대학생 들은 그 파급효과를 예측할 수 없었다. 그것은 거리로 나온 소수자이자 욕망주체의 첫 등장이었다. "아이들이 거리로 나섰다"는 것은 상징적인 의미를 가지는 데 그치지 않고 거리에 나온 모든 사람들을 '아이 되기'라는 변용의 감수성으로 이끌었다. 사람들은 갑옷처럼 자신의 외부를 경직되게 만들던 제도적인 옷을 벗어버리고 아이들처럼 솔직하고 진실한 욕망을 드러내 보이기 시작했다. 학교라는 무시무시한 억압장치로부터 탈주해 나온 아이들, 삶의 욕망의 진실함을 알고 있는 아이들, 그물망조직과 같은 공동체에서 출발하여 행동에 나선 아이들, 이 아이들이 역사의 새로운 주역으로 나섰다. 광우병 촛불집회는 이 아이들로부터 시작되어 전대미문의 상황으로 인도되었다. 기성 조직들은 욕망의 언어, 욕망의 숨결, 욕망의 호흡에 익숙지 않았다. 그저 이해관계나 정치적 사안에 따라 움직일 줄만 알았지 욕망의 주체들이 선두에 나선 이 집회양식이 의미하는 바를 깨닫기에는 너무 둔감하였다. 그러나 거리로 나선 아이들과 촛불이 결합하면서 사람들은 아이 되기라는 변용을 경험하였고 그 어느 때보다 대담하게 행동할 수 있는 실존좌표를 획득하였다.

아이들의 코뮌, 촛불집회

아이들이 중심이 되어 판을 짰던 광우병 촛불집회는 1848년 파리코뮌과 같은 차원에 놓을 수 있는 '아이들의 코뮌'이었다. 그중에서도 청소년들은 앞으로 다가올 거대한 폭풍과 같은 사건을 이끈 주체성이었다. 촛불집회에서 전위적 주체가 아이들임으로 해서 나타난 현상들은 매우 독특하다. 사람들은 이념이나 이해관계에 의해 움직인 것이 아니라 삶의 욕망에 따라 움직였고 기성 운동권들의 전위의식과 지도-피지도 관계는 급격한 퇴조를 보였다. 욕망투쟁과 계급투쟁은 병행하면서도 서로 차이가 있다. 욕망투쟁은 매우 미시적인 삶의 영역에서 출발하여 자본주의적 제도들에 대해서 다양한 흐름으로 저항하지만, 계급투쟁은 다양한 흐름이 하나의 덩어리진 계급으로 수렴한다. 욕망투쟁은 사회의 소수자들이 자신의 삶의 영역에서 벌이는 투쟁이며 매우 근접거리에 있는 삶의 형태와 접속된 문제들을 다룬다. 이처럼 거리시위 과정에서 노동조합이나 정당 혹은 좌파조직이 개입해 들어갔을 때조차도 그들은 전혀 헤게모니를 장악할 수 없었다. 대중들은 아이들이 주도하고 있는 판에서 자유롭게 나서서 발언하고 조직하고 행동에 나섰다. 이러한 변용의 과정이 얼마나 자신의 갑옷 같은 정체성으로부터 혁명적 단절을 의미하는지를 사회적 주체들 각각은 피부로 느낄 수 있었다. 촛불시위의 판이 커지면서 아이들은 하나의 블록으로 존재했지만 그것은 기초적인 판을 제공하는 중요한 블록이었다. 여기서 블록은 정서작용과 지각작용을 결정하는 시간적·집단적 구역을 뜻한다. 아이들의 블록은 콤플렉스에 사로잡혀 있거나 퇴행과 고착에 의해서 작동하는 유아기를 의미하는 것이 아니라, 자율적인 주체로서의 아이들을 등장시켜 현재의 정서와 지각 작용에 강렬한 영향을 끼쳤다. 그 밖에도 아줌마블록·예비군블록·대학생블록·좌파블록·아고라블록 등의 다양한 블록들이 있었지만, 청소년들의 블록처럼 시작점이면서도 끝까지 일관성을 유지할 수 있게 하는 블록은 없었다.

촛불시위 과정에서 아이들이 한 역할은 매우 중요한 혁명적 결절을 의미할 뿐만 아니라 아이해방운동에서 중요한 전환점을 이룬다. 이후 학교에

도입된 일제고사는 이명박정부의 아이들에 대한 통제정책을 잘 보여주는 중요한 지표이다. 여기서도 청소년단체들은 전교조 등과 연대해서 저항하는 운동을 벌이기도 했다. 그렇지만 한번 해방의 순간을 맞이했던 아이해방운동의 현격한 존재론적 단절은 그 누구도 되돌리거나 제어할 수 없는 수준의 것이 되었다. 아이들 사이에서는 사회운동에 대한 비판적 사고와 분자적으로 무리를 형성할 수 있는 연대망 구축방안들이 공공연하게 논의되기에 이른다. 단적인 예로 교육감 선거에서 나타난 청소년들의 활동은 준정치적인 수준의 것이었다. 이 과정에서 초등학생 고학년과 중학생들의 사회운동에 대한 비판의식의 성장은 일찍이 단 한번도 볼 수 없었던 비약적인 변화를 의미한다. 이 아이들은 대안적인 학교공동체를 위해 자신들의 네트워크를 발전시킬 수 있는 방안을 연구하고 그저 사회시스템에 순응하기를 바라는 선생님과 다른 목소리들을 찾고자 했으며, 자치활동이나 방과후수업에서 자율적인 활동을 보장받을 수 있는 방안 등을 모색하였다. 이러한 주체들의 혁명적 변화는 시대역행적 상황에서도 새로운 활로를 찾는 노력을 게을리 하지 않았다. 예를 들어 청소년들의 사회문제 의식이 크게 성장하고 각종 서명운동의 참여율이 매우 높다는 점은 정치참여가 원천적으로 봉쇄되어 있는 아이들의 절박한 노력을 의미한다고 할 수 있다.

유년기 블록과 아이해방운동

이제 아이들은 가족무의식 같은 것에 포섭되어 있지 않고 사회 · 정치적인 무의식을 갖게 되었고 욕망의 사회적 주체로서 발언권을 요구하고 있다. 자본주의 시스템은 그 어느 때보다 아이들을 가족 내에 배치시킴으로써 욕망을 살균하고 중화시키려 한다. 그러나 아이들은 고립된 주체들이 아니었으며 자신들의 연대조직을 꾸려서 발언하고 투쟁하는 주체성을 갖게 되었다. 유년기에 형성되었던 기억의 블록은 궤도를 바꾼다. 학교라는 구빈원에서 광인처럼 욕망을 통제당하고 수감자처럼 활동이 제약되고 노예처럼 취급당하던 아이들로 기억되는 블록이 아니라, 이제는 집단이 되어 주체적인 행동에 나서는 블록으로 다시 재구성된다. 이제 블록은 콤플렉스에 사로잡혀 있는 연약한 주체라는 의미에서 벗어나 자율적으로 행동하는 주체를 등장시킨다. 블록은 시간의 구획이면서 동시에 집단이라는 이중적인 의미를 갖고 있다. 욕망억압의 최전선에서 욕망투쟁의 최전선으로 바뀌는 극적인 반전이 있다. 기억에 따라 결집된 집단의 블록들이 뒤섞일 때 카오스가 발생하며 프랙털 차원이 개방된다. 예를 들어 예비군블록은 아이블록과 뒤섞여 혼돈을 만들며 새로운 폭풍과 같은 변이를 준비한다. 또 아줌마블록이 가지고 있던 아이에 대한 생각은 아이블록과 만나면서 변이를 일으킨다. 또 좌파블록은 아이블록과 만나서 지도-피지도 관계에 대한 생각을 궤도수정하면서 변이를 일으킨다. '아이'라는 개념에서 사람들이 느끼던 감수성이 바뀌었다. 그만큼 아이들이 당당하고 대담하게 행동했기 때문에 한국사회의 무의식의 배치가 바뀔 수 있었을 것이다. 이를 아이해방운동이라고 규정할 수 있겠는데, 여기에는 학교를 떠난 아이들의 자조그룹, 또래집단의 네트워크 운동, 비행청소년으로 규정되었던 아이집단들의 공동체운동, 대안교육에서 조직된 학생자율운동 등이 망라된다. 이러한 아이해방운동은 아직 시작이라고 할 수 있으며 촛불시위에서 나타난 청소년운동의 야성적이고 자율적인 흐름은 사회 저변에 흐르는 도도한 지류처럼 느껴진다.

두발규제, 체벌, 종교의 자유 침해 등 학교에서 공공연하게 벌어지고 있는 사안들에 대해 투쟁하고 저항하는 아이집단들이 있다. 청소년 인권운동은 이명박정부에 들어와 새로운 형태로 재구성되고 있다. 아이해방운동은 보이지 않는 억압에 맞서 보이지 않는 네트워크 속에서 자율성을 추구하면서 꾸준히 성장하고 있다. 이것이 아이블록이 갖고 있는 새로운 모습이다. 미래는 사람들이 어릴 적 느꼈던 강렬한 감각들 속에 있다. 미래는 우리 안에 내재한 아이의 감각블록 속에 있다.

02 이주민: 신자유주의의 틈을 내달리는 유목민

유목주의 nomadologie

들뢰즈와 가타리의 개념으로, 제국에 맞서서 전쟁을 수행하는 유목민적 사유방식을 의미한다. 유목민은 평온지대에 소용돌이를 일으키고, 매끈한 공간처럼 이동하면서 모든 것을 자신들의 이동경로로 만들어버린다. 그렇기 때문에 구획을 나누고 정주하려는 제국의 입장과 맞서게 된다. 유목민적 사유는 국가주의적 사유방식이 아니라 국가에 맞서서 외부적 사유를 전개하는 방식을 의미한다. 유목주의에서는 부르주아적 안전주의나 제국의 안정된 지배양식을 넘어서 탈영토화하는 이동의 흐름을 그에 전쟁을 일으키는 과정으로 보고 있다. 여기서 이동의 흐름은 단순히 공간만 바꾸는 것이 아니라 색다른 주체들을 만들어내는 속도와 운동의 역능을 가진다. 제국은 늘 유목민과 충돌을 일으키면서 도주하고 이동하려는 유목의 흐름에 제동을 건다. 유목주의는 이주노동자와 다문화가정, 탈북자 등에게도 나타나지만 국경을 넘어서 도주하는 자본의 물결에서도 볼 수 있다. 그러므로 유목주의가 국가주의를 넘어서는 방식은 이중적일 수 있으며 선·악으로 평가될 수 없다. 또한 유목주의의 자유로운 이동은 사회 내부로 들어와서 자유롭게 사회를 횡단하고 있느냐의 문제로 바뀐다. 외적으로 유목의 자유에만 시선을 둘 것이 아니라 내적으로 횡단의 자유가 어떻게 배치되고 있는가도 자유의 중요한 척도라고 할 수 있다. 따라서 노마드의 자유와 횡단성의 자유를 동시적으로 평가할 때 내·외부에서 움직이는 흐름과 자유로움의 정도가 제대로 평가될 수 있다.

> "1970년대에는 미국 비트세대가 부분적으로 먼저 지칭했던 또 다른 '노마드적 횡단화' 유형이 나타났다. 즉 어떤 기존의 통합형식도 스스로 받아들이지 않고 오직 특수하고 내부 동질적인 공동체들 속에 통합되려고만 시도한 노마드적 운동이 나타났다."
>
> ─가타리, 『가타리가 실천하는 욕망과 혁명』

국경을 넘어선 노마드, 국경 내부의 횡단성

그것은 실질적인 노마드였다. 두뇌의 노마드나 미학적·예술적·심미적 노마드가 아니라 국경을 넘어서 도주의 선을 종기 뚫듯이 뚫어내고 도관을 파내며 기존에는 존재하지 않던 힘을 유출시킨 사건이었다. 노마드는 출발지도 종착지도 없는 중간에만 머무는 사이존재들이며 정주민의 영토에 들이닥쳐 사회지형과 삶의 지평을 변화시킨다. 노마드는 구체적인 목적지와 행선지를 결정하지 않고 떠나가 이동의 흐름과 경로를 만든다. 이러한 이동이 기존 영토의 법과 제도라는 코드의 유효성을 상실시킨다. 흔히 노마드라고 하면 자신의 거주지나 영토를 벗어나 외부로 향하는 탈영토화만 생각하는 경향이 있다. 그러나 통합된 세계자본주의는 외부를 소멸시켰으며 그에 따라 노마드는 사회 내부의 횡단성의 척도가 되었다. 횡단성은 집단 내·외부에서 얼마의 거리를 가지고 결속하고 있으며 사회 내의 수직성·

수평성 좌표에서 어디쯤에 빗금을 긋고 있느냐로 판단할 수 있는 문제다.

이주민들은 순식간에 한국사회에 들어와 민족주의와 국가주의 그리고 주권질서를 뒤흔들어놓았다. 노마드는 자유로움이라는 것과 달리 한국사회 내부로 들어온 이주민들의 노마드는 억압당하고 쫓겨다니는 모습으로 드러난다. 외부의 노마드를 내부의 횡단성으로 평가할 때 한국은 이주민들의 횡단성을 엄격히 통제하고 수직적으로 위계하는 사회이다. 이들이 힘겹게 국경을 넘어서 도달한 영역은 한국사회의 게토, 벌거벗은 소수자의 신체로 살아가도록 허용된 작은 땅뙈기이다. 노마드에 내재된 강력한 힘의 유출은 반동적 미시파시즘과 국가주의에 의해 저지되었고 그 이동하려는 욕망의 강렬한 힘은 더 이상 진행되지 못하게 봉쇄되었다. 이주민들은 가장 힘든 3D업종에서 인간적 모멸감과 임금체불 · 폭행 · 인신구속 등의 상황에 처하게 된다.

이주민집단은 사회 내부에서 체제와 제도를 뒤바꾸기 위한 여러 가지 행동에 착수한다. 고용허가제는 이주민들과 이들을 지원하는 다양한 사회집단들의 노력의 산물이면서도 한계를 가진 제도이다. 이주민들의 노마드를 잠재우기 위해서 3회 이상 고용을 불허하고 이주민들의 횡단성이 형성되지 않도록 8년 이상의 거주를 허용하지 않고 있다. 한마디로 고용허가제는 이주노동자운동의 성과물이면서도 족쇄처럼 이주노동자의 이동의 자유와 기본적인 권리를 억압하고 있다. 사장이 임금을 체불하고 장시간 노동을 시키면서도 정당한 대가를 주지 않을 때도 이주민들은 불법체류자 신분의 벌거벗은 상태에서 체제의 무시무시한 억압에 노출될 수밖에 없다. 인간사냥꾼이나 다름없는 출입국 공안의 무자비한 단속과 의료 · 고용 ·

복지 · 인권 · 교육 등 모든 기본권이 부재한 사각지대에서 이주노동자들은 손바닥만한 땅뙈기와 같은 공간들을 점령하여 천천히 넓혀갔다. 몇몇 도시에 이주노동자 지구가 형성되어 그 안에서 새로운 자치적인 네트워크가 성장하기 시작했다. 국가는 경찰 · 공안 · 단속반이라는 형태로만 모습을 드러냈고, 의료 · 인권 · 복지 · 문화 등은 대부분 이주민들의 자치역량으로 해결해 나갔다.

이주노동자들의 외부의 노마드가 내부의 횡단성으로 뒤바뀔 때 숙명처럼 유목민의 자유로움은 사라지고 소수자의 벌거벗은 신체로서의 불법사람, 제도나 체제의 외부로 튕겨져 나간 불법사람이 되어야 했다. 한국사회에서 이주민집단이 어떤 횡단성의 내부집단으로 위치 지어지는지 평가해볼 때, 수직적 위계에 대항해서 동물의 무리처럼 밀집대형을 이루고 내부적 자유를 추구하는 소수자집단임을 알 수 있다. 여기서 이주민집단의 횡단성의 척도는 내재적 자유이다.

통합된 세계자본주의하에서 욕망의 횡단성

이주민들의 욕망은 통합된 세계자본주의를 가로질러 체제의 외부로 향하고 있다. 그러나 그 외부는 사회 내부의 횡단면으로 들어오면서 그들의 소수자적 실존, 벌거벗은 신체를 발견하는 지점에서 완결된다. 이주민을 단순히 자신의 영토를 떠나 이동하는 존재로만 보면 그들의 욕망에 담겨 있는 횡단성의 근본적인 힘을 발견할 수 없게 된다. 우선 이주민들의 욕망은 제도와 체제를 넘어서 자신의 벌거벗은 실존에 도달할 때까지 도주하는 노마드의 역능을 갖고 있다. 그런데 이것이 사회 내부로 들어오면 단순히 맹목적인 힘이 아니라, 장벽을 우회하고 다양한 사회영역을 연루시키고 집단 내부에서 활로를 찾으며 땅속으로 뻗어나가는 덩이식물의 접속회로처럼 연결되는 횡단성의 능력을 갖추게 된다. 노마드가 이동을 통해서 자본주의 외부로 향할 것이라는 생각은 몽상에 가깝다. 통합된 세계자본주의에서 외부는 없으며 내부에서 어떤 위상을 가지고 어떤 방향으로 움직이는가의 문제만 있을 뿐이다. 노마드는 집단의 횡단성이 갖고 있는 변이와 이행의 역능과 그것이 드러나는 결합방식에 불과하다. 그렇기 때문에 집단의 욕망이 사회 내부에서 어떤 장을 형성하고 다른 집단과의 이격거리가 어떻게 조성되어 있고 제도적 수준에 어떻게 접근하면서도 벗어나 있는가를 사고해야 하는바, 이것이 욕망의 횡단성에 입각해서 집단을 평가하는 방법이다. 우리는 흔히 자본주의의 재깍재깍 흐르는 시간은 노동자들의 파업을 통한 노동거부에 의해 정지된다고 생각한다. 그러나 이주노동자는 자본주의 시간 내부에 존재하면서도 그것을 떠받치는 제도의 외부에 있는 사람들이다. 그들이 굳이 파업을 하지 않더라도 자본주의 체제의 밖은 이미 내부에서 존재한다. 바로 이 지점에서 좌파의 노동거부 신화와 소수자운동으로서의 이주민운동은 차이가 난다. 즉 좌파는 일시적으로 자본주의 코드로부터 벗어날 수 있는 집단으로 노동자를 설정하지만 소수자들은 늘 자본주의 코드로부터 벗어나 있는 것이다.

이주민의 노마드는 혁명적일까? 물론 그들이 소수성을 가지고 이 사회에서 존재하는 한 욕망의 횡단성 측면에서 혁명적이다. 이주민들이 집단화되고 사회 각 집단과 연결되어서 목소리를 내기 시작할 때 그들의 횡단성은 시작된다. 사회적 배치는 이주노동자의 색다른 연결방식에 따라 연대망을 변화시키며 밀착하여 움직이는 대형 혹은 느슨하게 떨어져서 따라가는 대형을 형성할 수 있다. 이러한 욕망의 횡단성이 갖고 있는 흐름이 사회의 배치를 바꾸고 사회지형을 바꾼다.

소수자집단의 이 같은 횡단능력은 사회적 관계망을 바꿀 수 있는 욕망의 힘을 의미한다. 물론 이주노동자가 직면하는 소수자로서의 현실은 참혹하다. 한편에는 무법천지의 자본이 있고 다른 한편에는 불법사람이 있다. 둘 다 법제도의 영역을 벗어나 있다. 극한적으로 제도를 벗어나 있는 불법체류 이주노동자들의 권리는 실종되어 있으며 또 그러한 상황을 이용하는 기업들이 있다. 한국사회에서 불법체류 이주노동자들의 현실에는 가장 밑바닥에서 자행되는 반인권적인 상황이 존재한다. 불법체류 이주노동자의 현실은 체제의 엄청난 압박과 늘 쫓긴다는 불안감의 연속을 의미한다. 이주노동자 지구에서 자조·자치 네트워크들이 수행하는 다양한 실천은 사회 내부를 변화시키는 귀중한 것들이다. 목숨을 건 도약처럼 많은 이주노동자 활동가들이 한국사회의 변화를 위해 실천하고 투쟁하고 있다. 사회 내부에서도 이주민들이 자유롭게 가로지르고 사회 각 영역에서 두각을 나타내기까지는 지난한 실천의 시간이 요구될 것이다. 그만큼 한국사회는 그 내부를 들여다볼 수 있는 횡단성이라는 자유의 척도에서 볼 때 미시파시즘적인 차별과 배제와 이를 정당화하는 애국주의와 국가주의 그리고 민족주의로 심각하게 오염된 사회라는 반증이기도 하다.

아래로부터의 세계화
신자유주의의 세계화가 한창이던 시점에 한편에는 자본이 국경을 넘어서

도주하는 물결이 있었고 또 한편에는 이주민이 국경을 넘어서 도주하는 물결이 있었다. 세계화의 두 가지 흐름은 서로 오버랩되었다. 국경이라는 의미는 국가주의를 지키는 최후의 마지노선 역할을 하지 못했다. 이 두 가지 흐름 속에서 국가는 특별하게 작동하지도 못했고 탈영토화의 흐름에 대해서 거대한 둑과 같이 단지 욕망을 제어하는 반(反)생산의 기능을 했을 뿐이다. 국가는 거대정치 영역에서부터 미세한 영역에 이르기까지 노마드의 흐름을 차단하고 선별하였다. 이 과정에서 국가는 경찰·단속반·공안 등으로 그 모습을 드러냈다. 이처럼 보이지 않는 미시파시즘의 작동방식은 이주민들을 더 주변으로 몰아세웠고 그 어떤 법과 제도로 보장을 받을 수 없는 신분으로 전락시켰다.

이주민들의 소수성 발현은 비밀스럽고 은밀한 네트워크 등장에서부터 이주민노동조합의 설립까지 망라된다. 물론 국가는 잔혹한 권력을 작동시켜 포획능력을 발휘하고 단속의 눈길을 거두지 않았으며 인간사냥꾼들의 매우 가학적인 권력의 작동방식을 통해서 이주민들의 욕망이 제어되었다. 한편으로는 국제미아의 신세가 되어 인간사냥꾼에게 쫓기면서 필사적으로 도주로를 응시하는 이주민들의 절박한 현실이 있고, 다른 한편으로는 취업하여 일정 정도 신분이 보장되더라도 차별과 폭력 속에서 인간 이하의 대우를 받으며 굴종해야 하는 열악한 현실이 있었다. '죽거나 나쁘거나'와 같이 두 경우 다 최선이 될 수 없다. 이주민들에게 한국사회는 하나의 전장이다. 쫓고 쫓기는 전쟁터, 도주자와 포획자의 전쟁터와 같은 곳이다.

일반적으로 한국인들은 이주노동자와 자신은 아무런 상관이 없다고 생각한다. 그러나 조금만 더 생각해 보면 바로 한국인들이 독일에서 탄광

노동자나 간호사로, 미국에서 가게점원이나 세탁소점원으로 일한 과거와 현재가 존재함에도 이를 망각하고 한국에 들어온 이주민들을 차별하고 폭력을 행사하는 데 앞장서거나 방조한다. 기억의 블록은 왜 짧은 것일까? 왜 과거 자신의 노마드는 아름답고 타자의 노마드는 추잡한 것으로 느껴질까?

미시파시즘은 주로 얼굴의 특징으로 사람들을 식별한다. 그 얼굴에 따라 태도는 즉각적이다. 안면성은 권력을 작동시키며 잉여적 주체성을 만들어낸다. 예컨대 선별작용은 "백인인가? 유색인인가?"라는 질문에서 시작하여 만약 유색인이라면 "아시아계인가? 동남아시아계인가?"라는 질문으로 나아간다. 만약 유색인이고 동남아시아계라면 단단히 각오해야 할 것이다. 정작 한국인도 유색인이면서 백인 우월주의가 작동하는 데는 한국인 자신의 피해망상적인 태도도 한몫한다. 소수자에 대한 선별작용이 이주민에게도 동일하게 작동한다. 여성인지 남성인지도 매우 중요한 표징이며, 장애인인지 비장애인인지 혹은 기독교인지 이슬람교도인지 등과 같은 차별의 코드들이 동시적으로 작동한다. 안면성에 의한 소수자 차별은 즉각적이며 반향이 짧다. 그러나 자기 나라 말을 할 줄 아는가 여부에 따른 차별은 지속적이며 반향이 길다. 한국말을 구사하는 이주민과 그렇지 못한 이주민을 대하는 태도는 전혀 다른데, 후자의 경우 광인이나 어린아이 심지어 동물을 대하는 태도의 수준에 이른다. 언표행위 주체의 외부에 있는 존재들에 대한 태도로 금방 나아가는 것이다.

신자유주의 세계화는 자본의 세계화와 동시에 노동의 세계화를 가져왔지만 노동영역을 식민화하려는 의도를 감추지 않는다. 이 과정에서 이주민들은 내부 식민지의 구성원이 되었으며 소수자집단의 일원이 되었다. 내부 식민지는 제국과 노마드라는 두 개의 주체가 교차하는 이색의 장소이다. 이주노동자 지구는 온갖 인종이 들끓는 도가니가 되어가고, 억압과 빈곤과 가난의 상징이 되고 있다.

다문화사회와 이주민 차별

다문화사회라는 담론은 이주노동자나 다문화가정의 등장에 대한 국가장치의 대응이다. 한국사회는 결코 단일민족 국가가 아니며 농촌에는 세 집 건너 한 집씩 다문화가정이 있을 정도로 다문화사회로 진입하고 있다. 이러한 사회변화에도 단일민족 국가라는 고정관념과 편견은 끈질기게 이어지고 있지만, 그럼에도 이런 변화양상은 사람들 사이에 회자되고 다문화사회 담론을 이끌어내었다. 그런데 다문화사회 담론이 갖고 있는 결정적인 맹점은 하나의 언어패권, 즉 언표의 권력구성체 밑으로 이주민들의 다양한 언어적 가능성을 통합한다는 점이다. 물론 민족·국가의 입장에서는 이주민들이 자국 언어를 사용하는 것은 지극히 당연한 것일 수 있다. 이주민들이 스스로 네트워크를 형성하여 자국 언어가 아닌 다른 소수언어를 사용하는 것은 국가의 입장에서 볼 때 매우 공격적인 행위이다. 그러므로 이주노동자 지구에서 새로운 언어의 형성 가능성은 소수집단의 자율성이 어느 수준에 와 있는가를 가늠하는 리트머스라고 할 수 있다.

다문화사회 담론은 한국어 교육을 통해서 이중 언어, 다중 언어의 가능성을 사전에 봉쇄한다. 인간이 언표행위의 주체이며 자국민은 자국 언어의 사용자라고 규정하는 사고는 언어를 사용할 수 있는 주체 이외의 어린아이·동물·광인·이주민 들에 대한 차별을 의미한다. 소수언어는 소수자집단이 독자적인 장소와 자율성을 갖기 시작할 때 사회 내부에 등장하는 색다른 현상이다. 이런 상황을 미연에 방지하기 위해 국가는 발 벗고 나선다. 서유럽에서 나타나는 현상들을 잘 살펴보면 이주민들의 주변언어나 소수자언어, 크레올언어의 사용이 결국에는 내부 식민지화된 게토의 주변부적 주체들을 만들어내고 주류사회에 도전하게 만든다는 것을 알 수 있다. 다문화사회 담론은 소수자국민들이 저항의 주체가 될 수 없도록 언어사용이나 사회시스템을 설계하는 데 그 목적이 있는 것이다.

　다문화사회의 담론이 놓치고 있는 가장 중요한 영역이 주변부집단, 소수자집단으로 구성된 내부 식민지의 영역이다. 현재 제국주의나 식민지는 통합된 세계자본주의 주권질서의 내부로 들어와 있다. 독자적인 노동지역을 비롯하여 거주지와 상권을 형성한 이주노동자와 같은 소수자들은 지난날 일제시대에 2등국민으로 차별을 받던 한국인과 유사한 위상을 갖고 있다. 하나의 국가로서 통합된 세계자본주의는 주변부를 내부에 포섭하고 마치 식민지와 같은 수준의 관리질서를 관철시키려 한다. 이 시스템은 주변부지역과 기득권지역 간에 형이상학적일 정도의 단절을 가져다준다. 또 이것은 사회 양극화현상과 맞물리면서 수많은 소수자집단이 뒤섞이는 내부 식민지 지구를 구성한다.

　이주민들은 코리언드림을 가지고 한국의 성공신화에 유혹을 느껴서 온 사람일 수도 있고 자국에서의 억압과 고립과 전망상실을 피해서 온 사람일 수도 있다. 문제는 동기와 원인이 어떤 것이었든 이주민을 대하는 우리 사회의 태도는 바뀌지 않는다는 데 있다. 이주민들은 철저한 배제와 차별의 장벽이 얼마나 높고 강고하고 코리언드림은 한낱 망상에 지나지 않았음을 몸으로 확인하거나 고향 없는 고아의 무의식을 가진 존재들과 함께 게토지구에서 살아가게 된다. 이런 고향 없는 무의식을 가진 주체들이 결속하여 새로운 언어지형을 구축할 때 이주민지구에서 특이한 주체성이 생산될 것이다. 이주민의 언어의 다의성이 사회에서 수용되기 시작해야 다문화사회는 성립된다. 기존 언어를 대신하는 낯선 언어들이 생산되어 기존 언어와 뒤섞일 때 비로소 다문화사회는 시작된다. 이렇게 되면 이주노동자 지구의 언어도 사투리나 방언과 마찬가지로 자율성을 얻게 될 것이다. 그러나 이주민들에게 한국어를 교육시켜 표준언어, 주류언어에의 통합을 목적으로 하는 것이 다문화사회 담론의 중심을 이룬다면 그것은 소수자집단을 포섭하려는 국가의 문화적 식민화 정책일 뿐이다.

절대적 탈영토화와 사이존재

이주민이 된다는 것은 퇴적층에 쌓인 지층들로 비유해 볼 때 지층을 달리하는 무의식을 갖게 되는 것이라고 할 수 있다. 지층을 달리한다는 것은, 한 사회지형에 존재했던 광인이 다른 사회로 이주했을 때 더 이상 광인으로 간주되지 않는 그런 상황을 의미한다. 이주민의 노마드는 기존 사회의 지층 속에 있던 사람들을 다른 지층으로 이동시키면서 벗어나게 하는 힘을 가지고 있다. 예를 들어 한 사회에서 수감자였던 사람도 다른 사회로 이주하면 그저 이주민일 뿐이다. 그리고 수감전력 같은 것이 문제되지도 않는다. 노마드는 지층을 가로질러 존재하게 만드는 역능을 의미한다. 이를테면 학교 · 군대 · 감옥 · 보호시설 등과 같은 사회지층은 이주민의 노마드에 큰 작용을 하지 못한다. 이주민들이 군대에 들어가는 경우는 찾아보기 힘들며, 이런 의미에서 이주민은 평화주의라는 지층을 설립한다. 또한 이주민들이 학교에서 제대로 된 교육을 받는 것도 찾아보기 힘들며, 이런 의미에서 이주민은 민중적 지성이라는 지층을 설립한다. 이주노동자 지구에 설립된 대안교육기관·자치센터·연대조직·단파라디오방송국 등은 기존에 사회지층에 존재하지 않던 새로운 제도라고 할 수 있다. 사회의 지층들은 정체가 분명한 사람들을 양산한다. 군인·노동자·학생 등과 같이 말이다. 이주민은 모호하고 혼돈스럽고 정체가 불분명한 주체성을 의미하며 사회지층을 가로질러 존재한다. 그렇기 때문에 국가는 포획과 선별을 통해서 지층 안으로 이주민들을 밀어넣어 위계화하기를 원한다.

이주민의 노마드는 이 사회의 외부에서만 작동하는 것이 아니다. 이들이 집단을 형성하고 모든 것을 가로지르려는 욕망을 가지는 순간 사회 내부의 문제가 된다. 횡단의 욕망은 마치 수상식물처럼 부유하는 존재들로 하여금 자신이 머물고 있는 영토와 거류지를 상대적인 영역으로 만들어버리게 한다. 이렇게 이주민은 늘 떠날 준비가 되어 있는 사이존재가 된다. 이 색다른 욕망에서 이주민집단의 특징이 잘 드러난다. 즉 점과 점을 연결하는 선이 아닌 선과 선 사이의 점과 같이, 이동이 영토와 영토 사이에 있는 것이 아니라 영토가 이동과 이동 사이에 있다. 절대적 도주의 한 과정으로서 현재 머물고 있는 지점이 존재할 뿐 정주를 목표로 하는 도주가 아니다. 그런 의미에서 이주민의 존재는 탈영토화 이후에 재영토화가 뒤따르는 상대적 탈영토화에 머무는 것이 아니라 끊임없는 도주의 연속을 의미하는 절대적 탈영토화로 나아간다고 할 수 있다. 절대적 탈영토화는 모든 영토를 도주로의 거점으로 만들어버린다. 단절되지 않는 끊임없는 도주선의 나아감 속에서 점은 그 선들 사이를 연결하는 매듭에 불과한 것이 된다. 매듭이 있어도 선은 계속 나아간다. 그래서 이주민들에게 더 이상 영토 자체도 무의미한 것이 된다. 그들은 가족도 국가도 신도 없는 무의식의 고아상태로 욕망의 흐름에 몸을 내맡긴 존재가 된다.

이주민, 노마드적 횡단화의 가능성

한국사회에서 갖은 차별과 학대 속에서도 생산적인 힘을 보여주고 사회구성원으로 성장해 온 이주민들은 자치와 자조의 공동체를 구성하여 자신들의 역량을 갖추어나가고 있다. 한국사회의 소수자운동에서 이주민들—이주노동자, 다문화가정—의 독특한 위상은 몇 마디로 정의될 수 없다. 그 안에는 풍부한 잠재력과 창의적인 새로운 변이의 능력들이 갖추어져 있다. 사회센터 개념으로 구축되고 있는 이주노동자 지구의 자치운동은 매우 건강한 활력을 보이며 미시파시즘에 맞서서 새로운 공동체 자치의 대안을 제시하고 있다. 사회구성원들의 연대와 노력은 어느 때보다 뜨거우며 자국민과 이주민의 차별이 사라질 때까지 연대의 흐름은 계속될 것이다. 이주민들은 자유를 찾아 떠나온 사람들이다. 그러나 한국사회는 이들에게 충분한 자유를 제공하지 못하고 있다. 이와 같은 상황에서 이주민운동은 '노마드적 횡단화'라는 새로운 가능성을 보여준다. 사회 내부에서 집단과 커뮤니티를 구성해서 새로운 자유의 공간을 만들려는 시도가 그것이다. 이주민운동은 차별과 배제라는 미시파시즘에 맞서서 끊임없이 투쟁해 왔고 이주민집단과 이주민구역을 만들어서 자율성과 독립성을 획득하기 위해 노력해

왔다. 그 결과 노마드적 횡단화의 효과가 금방 나타났다. 이주민처럼 사회에서 특이한 목소리를 내는 주체의 등장은 주류사회의 민족주의·애국주의·국가주의를 교란시키는 역할을 하면서 한국사회가 궤도를 수정하도록 만들고 있다. 자유를 획득하기 위한 이주민들의 노력은 사회구성원들의 다양한 연대와 함께 새로운 흐름이 되고 있다. 국경을 넘어 이주하고 사회적 장벽을 넘어 횡단하는 이주민들의 자유에 대한 갈망은 이제 시작인 것이다.

03 성노동: 젠더정치에 맞선 섹슈얼리티 정치

욕망투쟁 luttes de désir

가타리는 자본주의가 노동자계급의 노동력을 착취하고 생산관계를 자신에게 유리하게 조종하면서 동시에 피착취자의 욕망경제에 스며들어 가는 것에 주목한다. 계급투쟁과 달리 욕망투쟁은 전선이 단일하지 않고, 자본주의에 오염되어 있다고 간주되는 모든 욕망경제 수준에서 이루어진다. 그러나 욕망투쟁은 계급투쟁과 다른 궤도에서 출발하며 그 위상이 다르다. 욕망경제에서 욕망노동과 욕망가치를 가지는 모든 영역이 욕망투쟁의 대상이 될 수 있다. 투쟁이 하나의 목표를 갖거나 빵·평화·자유 등의 슬로건 아래 당을 구성하여 운동을 대표하는 방식과 달리, 욕망투쟁은 욕망하도록 만드는 사회적 기계장치들이 움직일 수 있기를 원하며 자신의 욕망을 부정 또는 억압하는 미시파시즘에 맞서는 행동으로 구성된다. 욕망투쟁은 하나의 대표자 아래 전개되는 것은 아니지만 권력의 전복을 목표로 한 집합적인 배치로 구성되어 있다. 권력은 가족·국가·혁명세력 속에서 재생산될 수 있기 때문에 중앙집중적이고 관료적인 혁명기계조차 욕망투쟁에서는 투쟁의 대상이 될 수 있다. 주변적 공동체들이 수행하는 욕망투쟁들은 현실사회의 가족·성·인간관계와 다른 방식으로 관계를 맺고 있다. 주변성과 소수성을 지닌 욕망투쟁은 노동자운동과의 연대를 호소하지만 노동자운동이 얼마나 부르주아 권력에 감염되어 있는지 느끼는 경우가 많다. 그러나 욕망투쟁과 계급투쟁의 연대만이 부르주아 권력질서로부터 벗어날 수 있는 길이며 이 과정에서 대안적이고 혁명적인 관계가 가능하다. 욕망투쟁 주체들의 모습은 거리로 나선 어린아이 · 광인 · 성소수자 · 창녀 · 수감자 · 이주민 등 색다른 욕망을 가진 집단일 수 있다. 이들은 주류사회가 자신의 욕망을 송두리째 부정하거나 억압하는 미시파시즘에 의해서 조종되고 있다는 사실에 맞서서 행동에 돌입한다.

> "혁명투쟁은 일정한 세력관계의 수준에만 한정할 수는 없다.
> 혁명투쟁은 자본주의에 오염된 욕망경제의 모든 수준(개인, 부부, 가족, 학교, 활동가집단,
> 광기, 감옥, 동성애 등의 수준)에서 전개되어야 한다."
>
> —가타리, 『분자혁명』

욕망투쟁, 거리로 나선 성노동자

성노동자집단이 거리로 나와 시위를 벌이자 지배질서의 담론과 현실 욕망의 균열은 심각해졌다. 성노동자의 욕망을 현실 속에서 존재하는 것으로 보지 않고 선악의 이분법을 가지고 도덕적으로 판단할 때, 제도와 체제는 욕망에 대해 사법적 시선과 억압적 시선을 드러낸다. 집창촌의 성노동자와 음성적으로 성노동에 종사하는 사람들까지 합치면 무려 수십만 명이 건강권 · 주거권 · 인권 · 행복추구권이 부재한 열악한 환경 속에서 살고 있다. 성매매특별법은 성노동을 매개로 생존과 생활을 하고 있는 사람들, 특히 자발적 성노동자들을 더 열악한 환경으로 내모는 결과를 초래했다. 그러자 성노동자들은 욕망투쟁을 시작했다. 성노동자들이 집단적으로 거리로 나

서서 자신의 목소리를 내기 시작했고, 이런 성노동자들의 자율운동은 피해 당하고 착취받는 여성이라는 이미지를 넘어서 한국사회 내에서 색다른 자신의 영토를 개척하였다.

성매매특별법은 성매매를 일종의 성폭력과 같은 수위에 놓고 폐절되어야 할 것으로 바라본다. 그러나 성노동은 성노동자들이 생존과 생활을 위해서 선택할 수밖에 없는 하나의 노동이었다. 물론 일반적인 노동과 다른 성격의 욕망노동이다. 기성 노동자단체들, 예를 들어 한국노총과 민주노총은 성노동자운동에 적극적으로 연대하지 않았다. 성노동이 기존의 노동의 범주와는 다른 욕망노동의 범주에서 활동했기 때문에 그들은 성매매특별법을 둘러싸고 일어나는 성노동자운동을 어떻게 볼 것인지 응답할 수 없었다. 성노동자조직들은 성노동의 노동자성을 쟁취함으로써 노동자운동으로 인정받기를 원했지만 기성 노조의 주저와 수동성, 판단정지 등으로 이들과의 연대는 이루어지지 못했다.

성노동자가 길거리에 나서서 시위한다는 것은 기존 사회통념으로는 이해할 수 없는 요소가 많았다. 성노동자라고 하면 대부분 선불금에 의한 인신구속과 포주의 강압에 의해 성매매를 하며 살아가는 피해 입은 여성으로 생각했다. 그런데 성노동자들은 자신들이 자율적인 존재라는 것을 알리기 시작했으며 억압과 착취의 강제적 성노동이 아닌 자발적 성노동도 가능하다고 말하였다. 강압에 의한 것인가? 자율적인 것인가? 이 두 가지 경우는 모두 현존하기 때문에 하나는 맞고 다른 하나는 틀렸다고 할 수 없다. 즉 두 가지 측면에서의 문제제기가 다 가능하기 때문에 굉장히 혼란스럽게 느껴질 수밖에 없다. 성노동자운동의 자율성이라는 입장에서는 성매매는 장기매매나 인신매매와 같은 성격의 것이 아니라 자유로운 계약관계에 의한 노동으로 사고된다. 성노동자·포주·돈·경찰 등 복잡한 이해관계가 등장하고 이 이해관계들은 성노동을 둘러싸고 서로 얽힌다. 성노동자의 욕망을 무시하고 등장한 성매매특별법의 자활프로그램과 보조금 지급, 전향요구, 무차별 단속은 성노동자를 실질적인 행동에 나서게 만들었다. 주류언론에서는 성노동자들이 내건 구호와 슬로건 그리고 그들의 거리행진을 포주(성산업인)들의 강압과 동원에 의한 것이라고 예단했지만, 이 또한 심증일 뿐 확인되지 않은 사실이었다. 성노동자들은 자신의 욕망이 무시되고 생존권이 벼랑 끝으로 몰리는 절박한 상황에 놓여 있었다. 이들은 자신의 삶을 살아가고자 하는 욕망이 인정받기를 원했고 그러한 욕망의 역량에 따라 욕망투쟁에 돌입했다. 이들은 대중들 앞에서 떳떳하게 자신의 권리와 요구를 외치기 시작했다. 이제까지 한번도 없던 일이었다. 거리로 나선 성노동자들은 비록 모자를 쓰고 복면을 한 얼굴 없는 사람들이었지만, 자신의 욕망을 억압하는 것에 대한 투쟁에서는 힘과 자율성이 있었다.

세 가지 지층의 분할

이러한 상황을 이해하기 위해서는 여성운동의 투쟁중심 이동을 반드시 짚고 넘어가야 할 것이다. 초기 1세대 페미니즘은 성폭력에 대한 사회적 경각심을 일깨우면서 성을 매개로 한 폭력에 대항하는 피해자 중심의 사고방식을 전개한다. 이렇게 성폭력 근절에 대한 지속적인 캠페인은 사회진보에 일정한 기여를 했지만 여성을 잠재적 피해자로, 남성을 잠재적 가해자로 보는 경색된 시각을 형성시켰다. 이 여성주의의 내용에서는 욕망의 영역에 대한 고려가 담기지 않고 있다는 점이 특징이다. 즉 남녀 욕망의 합성과 자율성에 대해서는 거의 사고되지 않고 사법적 코드 내에서 남녀의 합법적 권리와 지위에 치중한 측면이 강하다. 그렇기 때문에 가족의 층위와 다른 욕망과 사랑, 성빈곤의 문제들을 고려하지 않았다. 이러한 1세대 페미니즘에 대한 최초의 반격은 여성운동의 지층분할과 관련되어 있다.

성소수자 페미니즘은 2세대 페미니즘으로 볼 수 있는데, 이들은 여성의 권리라는 합법성 영역의 외부에 존재하는 게이 · 트랜스젠더 · 레즈비언 등과 같은 새로운 욕망의 권리에 대해 발언하기 시작한다. 또한 욕망의 영역에서도 지나친 권리주의와 피해자 중심주의 등 도덕적 엄숙주의를 넘어서서 성소수자의 자율성 영역에서 사고하는 경향을 보이면서 욕망에 대해서 비교적 자유롭게 발언할 수 있는 세대를 형성한다. 1세대 페미니즘과 2세대 페미니즘 분할의 가장 극적인 횡단면은 여성운동 내부에서 레즈비언운동의 출현이다. 레즈비언운동은 성폭력 담론과 색깔이 다른 여성 내부에서의 소수자의 자율성에 집중했으며 여성의 성적 결정권을 강조하면서 그저 피해자가 아니라 자율성을 가진 특이한 욕망의 주체성을 등장시킨다.

2세대 페미니즘과 1세대 페미니즘의 지층분할은 격렬한 형태로 드러나지는 않았다. 그러나 3세대 페미니즘이라고 할 수 있는 성노동자 페미니즘의 지층이 분할되는 순간, 지층은 심각한 균열을 보이게 된다. 일단 1세대 페미니즘의 시각이 성노동을 성폭력과 동일한 차원에서 파악하면서 균열은 확대된다. 3세대 페미니즘은 성노동의 자율성을 더 적극적으로 주장하면서 가난한 여성들의 성노동이 도덕적으로 비난받는 데 대해 의문을 제기한다. 이 3세대 페미니즘 운동의 등장은 세계적인 추세였는데, 한국사회에서는 성매매특별법이라는 사법적 층위를 1세대 페미니즘이 주도하여 만들어내었을 때 격렬한 형태로 등장했다. 3세대 페미니즘 즉 성노동자 페미니즘은 가치화될 수 있는 욕망의 영역인 섹슈얼리티를 중심으로 사고하면서 사회적 성으로서의 젠더 논의와 다른 차원을 열게 된다. 성매매는 성폭력이라는 시선을 유지하고 있던 1세대 페미니즘은 젠더의 정치까지는 사고했지만, 섹슈얼리티의 정치가 지니고 있는 욕망노동과 욕망가치에 대해서는 사고할 수 없었다. 성에 대한 접근에서도 1세대 페미니즘이 매우 합법적인 범위 내에서 성을 사고했다면, 3세대 페미니즘은 비합법적 범위에서 성을 사고한 측면이 강하다고 할 수 있다. 즉 성노동자는 은밀하고 비밀스러운 욕망노동을 수행하며 체제·제도·사법 영역 외부에 있었던 것이다. 이명박정부 들어서 문제는 더 복잡해진다. 주류여성계로 공격받던 1세대 페미니즘도, 성소수자의 권리지층을 열었던 2세대 페미니즘도, 성노동의 자율성을 주장하던 3세대 페미니즘도 비주류가 되는 상황에 놓인 것이다. 이런 상황에서 여성운동의 세 가지 지층이 갖고 있는 독특한 심급과 그의의 및 한계들은 지하에 묻혀버리는 경향이 있다. 물론 세 가지 지층으로 분할된 여성주의가 완전히 다른 방향에서 다시 논의되고 재배치될 수 있는 가능성은 현시점에 존재한다.

욕망가치, 욕망노동

성노동자들이 노동자성을 인정받고자 했을 때, 노동조합들은 구체적 유용노동을 수행하는 협의의 노동자 상만을 갖고 있었다. 그들은 성노동자들이 노동가치 영역이 아니라 욕망가치 영역에서 욕망노동을 한다는 사실을 인정할 수 없었다. 이렇게 구체적 유용노동의 입장만 고수한다면 상품을 직접적으로 생산하지 않는 서비스노동·감정노동·지식노동 역시 노동의 범주에서 제외된다. 마르크스의 언급에 따르면 상품에는 사용가치와 교환가치가 녹아들어 있다. 그러나 마르크스의 사고는 욕망가치라는 제3부문의 가치에 대해서는 철저히 침묵한다. 마르크스주의는 전통적인 노동자운동에서는 당연한 교리가 되고 있지만, 소수자나 성노동자 같은 영역의 욕망가치를 긍정하지 않는다는 측면에서 보수적이다. 성노동자들은 가장 밑바닥 신체인 기관 없는 신체의 영역으로 들어서서 섹슈얼리티를 통한 가치화 가능성을 스스로 발견하는 과정을 겪는다. 이러한 밑바닥 신체가 가치를 갖게 되는 지점이 바로 욕망가치이다. 낮은 곳에서 살아가는 민중의 딸들이 성노동을 선택하게 되는 것은 노동을 선택하는 경로와 다르며 가치질서도 다르다. 기관 없는 신체의 상태에서 욕망의 가치화로 나아가는 과정은 생산수단 없는 신체에서 노동의 가치화 과정으로 나아가는 과정과 매우 다르다. 기관 없는 신체는 더 절박한 벌거벗은 상태이고 소수성과 주변성에 접속되어 있다. 성노동자의 욕망가치 영역을 긍정하지 못할 때 노동의 범주는 매우 협소해진다.

탈근대 자본주의에서는 갖가지 욕망노동이 모습을 드러낸다. 구체적인 유용노동의 범주를 벗어난 정서노동·꿈노동·정상화노동·재생산노동·감정노동 등이 사회적 가치를 생산하고 있다. 재화를 생산하는 구체적 유용노동만을 잉여가치 생산의 원천으로 보는 것은 이러한 사회적 가치 영역을 배제하고 누락시킨다. 욕망노동은 사회 자체를 생산하는 모든 활동을 의미한다. 그렇기 때문에 심리상담·영화·게임·광고·서비스·전화상

담·장애인보조 등이 욕망노동에 속한다. 나아가 TV를 보는 것도 다음날 일터에 나갈 수 있는 자신을 생산해 내기 때문에 욕망노동이다. 욕망가치, 교환가치, 사용가치는 따로 떨어진 것이 아니라 결합된 상태로 드러난다. 욕망가치는 구체적 생산물 혹은 향락과 쾌락을 목표로 하는 것이 아니라, 시장가치와 결합되어 강렬한 정서적 가치를 추구한다. 성노동의 욕망가치는 가족제도의 외부, 체제의 외부에 존재하는 금지된 성욕망과의 접속, 소수성 및 주변성과의 접속을 통해서 욕망을 욕망하는 것을 목적으로 한다. 욕망은 금지당할수록 주변성과 소수성을 띠게 되며, 이는 정상적인 주류의 삶 외부라고 할 수 있기 때문에 매우 다른 접속의 계기가 된다. 성노동이 금기시되지 않는다면 그 욕망은 전혀 특별한 것이 아닌 정서나 소통의 일부로 간주되겠지만, 반대로 금기시되고 가장 주변부적인 것으로 규정되었을 때 더 확장된다. 여기서 풍선효과와 성노동의 합법화라는 부분이 담고 있는 의미를 되새겨볼 필요가 있다.

성노동자들이 욕망노동을 한다고 가정할 때, 성산업인과 성노동자 간의 임금협약이라든가 계급투쟁이 존재해야 한다고 생각하기 쉽다. 그러나 포주(성산업인)와 창녀(성노동자) 사이의 거래는 자본주의적 관계에서 임노동과는 완전히 다르다. 여기에는 욕망과 교환되는 돈이 개제(介在)되어 있으며 또 경찰과 성구매자라는 인물이 교차되면서 등장한다. 다시 말해 욕망노동의 관계이자 전술적 동맹이나 전략적 제휴와 같은 계약관계라고 할 수 있다. 물론 착취와 억압 등 강제적 성노동에 기초한 일부 포주들의 행동이 성노동자를 지옥 같은 굴레로 옭아매어 놓기도 하는데, 이 경우에는 욕망노동이라기보다 고대적 노예제도와 닮은 노예와 주인의 관계라고 할 수 있다. 그러나 성노동자와 성산업인의 관계는 강제적인 영역을 제외하고는 대부분 욕망노동 형태를 띠는 자발적인 영역에서 존재한다. 성노동이라는 욕망노동은 성노동자를 집결시켜 놓은 집창촌에서 오히려 더 권리가 보장될 수 있다는 역설을 갖고 있다. 집결지에서 성노동자들이 집합적 주체가 되어 성구매자나 경찰과 대면할 때 사회적 억압으로부터 더 자유로울 수 있다는 특징을 지니는 것이다. 집창촌과 달리 음성화된 성노동, 즉 개인들간의 관계나 점조직 형태로 운영되는 성노동은 매우 열악하고 위험할 뿐 아니라 기본적인 권리조차 보장되기 힘들다.

비범죄화에 관한 논의들

성노동의 전망을 둘러싸고 합법화를 통한 공창제 인정과 비범죄화를 통한 사창의 인정이 주로 논의되고 있다. 공창제도의 특징은 성노동자가 준공무원과 같은 신분을 유지하며 비교적 안정적인 환경에서 일하는 독일사회에서 잘 나타난다. 그러나 한국사회에서 주로 논의되어 온 것은 비범죄화를 통해서 성노동자들에게 자율성을 부여하고 법이나 경찰로부터 자유로워지게 한다는 것이다. 특히 성매매특별법 제정은 성매매 비범죄화 요구의 목소리가 더 커지는 배경이 되었다. 성매매특별법에 따른 성구매자의 사법적 처벌은 성노동자의 성매매 비범죄화 요구를 무시하고 이들을 고립시키는 것이었다.

비범죄화에 관한 논의는 성노동을 금지하는 법에 맞서 '사회적 연대'를 호소하는 것이라 할 수 있는데, 그것은 사회적 관용이나 사회적 연대의 수준이 법과 제도를 넘어서 성노동자의 자율성을 보장할 수 있느냐 여부가 비범죄화의 유효성을 가름하기 때문이다. 한편 성노동자들은 이 문제를 단지 사법당국에게 호소하는 차원에 머물지 않았다. 먼저 이들은 사회적 연대망을 조직하려고 노력하였으며, 나아가 경찰의 단속에 격렬히 저항하면서 당국에 맞서 자치능력을 강화해 나갔다. 이런 일련의 과정은 성매매 비범죄화를 스스로가 만들어나가기 위한 행동이었다고 볼 수 있다. 사회적 연대의 수준에서 비범죄화에 대한 논의는 지금도 진행중에 있다. 성노동자들이 자율성을 가지고 사회적 주체로서 인정받아야 한다는 인식은, 욕망투쟁 차원의 완강하고 격렬한 성노동자운동이 사회를 변형시켜 나가는 데서부터 출발해야 할 것이다. 그리고 성노동자운동은 '성매매 비범죄화'라는 슬로건을 통해서 사회구성원의 공통된 생각을 만들고 자신들 행동의 존립 기반을 만들었던 것이다.

현재의 성노동자운동은 사회지형의 변동과 이에 따른 투쟁전선의 이행으로 새로운 전기를 맞이하고 있다. 비범죄화를 중심으로 한 가능한 수준에서의 사회적 연대는 일차적 과제였다고 보인다. 이제 성노동자운동은 새로운 돌파구를 찾아야 할 시점에 와 있다. 특히 성노동자들의 욕망투쟁은 다른 지형에 속해 있고, 사회적 권리를 획득하기 위한 새로운 노력들이 필요하다. 자본주의의 욕망경제는 성노동을 더욱더 확장시키고 있지만 성노동자의 권리는 쉽게 무시되어 버리는 것이 현실이다. 탈근대자본주의에서 성노동자들이 정당한 자기 권리를 찾고 욕망노동으로서 자신의 노동의 정당성을 찾는 것은, 이들의 욕망투쟁과 주체성이 어떤 형태로 목소리를 내는가에 달려 있다. 성매매특별법에 의한 사회지형의 변동으로 성노동이 금지영역에서 다른 영역으로 옮겨가는 이른바 성노동의 국제화와 풍선효과가 나타나고 있다. 더구나 성매매특별법을 주도했던 여성운동 역시 주변화되고 있는 현상황에서, 이런 사법 차원의 문제를 어떻게 극복할 것인가의 문제도 남아 있다. 그럼에도 성노동자들의 현존하는 욕망을 긍정하고 이들이 권리를 찾을 수 있도록 협력하는 여성운동세력이 등장하고 있는 것은 새로운 사회지형에서 매우 독특한 사건이라고 할 수 있다. 이명박정부 들어, 주류여성계라 불리던 국가주의적 기획을 가진 1세대 페미니즘의 영향력이 현저히 낮아지는 등 사실상 여성운동진영 전반에 대해 배제정책이 실시되고 있다. 그리고 성노동자운동도 새로운 투쟁전선과 전망을 모색해야 할 때이다. 성노동자운동이 담고 있는 계급투쟁과 지형이 다른 욕망투쟁은 새로운 활로를 찾아야 할 시점에 와 있는 것이다.

성결정권 자율성에 관한 논의

'성의 자기결정권' 문제는 성소수자들의 문제의식이다. 그렇다면 성노동도 자기결정권 범위에 포함될 수 있고 성소수자와 성노동자가 연대할 수 있을까? 성소수자들과 마찬가지로 성노동자들도 신체 변용과정을 겪게 되며 마찬가지로 소수성과 주변성을 갖는다. 그런 의미에서 성노동자 역시 성소수자의 일부이다. 성소수자운동은 아무래도 1세대 페미니즘과 같은 욕망의 영역을 받아들이지 못하는 편향된 의식으로부터 자유롭다는 점에서 성노동자운동과의 연대 가능성이 높다. 따라서 앞으로 성노동자운동이 성소수자운동의 일부로서 하나의 목소리를 낼 가능성은 존재한다. 여기서 가장 중요한 것은 성의 자기결정권 문제인데, 그것이 자발적이냐 강제적이냐이다. 일반적으로 자발적 성노동을 성의 자기결정권 영역의 밖에 두고 사고하는 경향이 있다. 그러나 자발적인 성노동의 경우에는 섹슈얼리티가 욕망노동으로 변이되면서 자기결정의 형태를 띠게 된다. 인신구속 등과 같은 열악한 처지에 놓여 있는 음성적 성노동자의 경우에는 예외라고 할 수 있겠지만, 집결지에서 집단을 형성하여 자발적 성노동을 하고 있는 성노동자들은 성적 자기결정권이 사실상 자신의 생존과 생활 문제를 해결할 수 있는 가장 중요한 영역이었다. 그러므로 성의 자기결정권 측면에서 성노동자들 역시 여타의 성소수자와 동일한 위상을 갖는다는 것을 알 수 있다.

이른바 정상적인 성관계만을 승인 또는 용인하는 경우에는 성노동자 영역은 폐절되어야 할 것으로 여겨지게 된다. 그리고 마르크스가 임노동의 폐절을 말하였듯이 성노동도 폐절되어야 한다는 원칙이 도출되기에 이른다. 그렇지만 이러한 원칙을 현실에 적용하면 난관에 봉착하게 된다. 어떤 것을 정상으로 설정해 버리면 그외 다른 영역은 치료가 필요한 피해자 혹은 사회적 약자로서 돌봄을 받아야 할 대상으로 간주된다. 그러나 성노동자운동의 주체들은 단지 욕망의 야성성을 가졌을 뿐, 치료나 돌봄의 신화를 통해서 해방되어야 할 노예들이 아니다. 성노동자운동의 시각에서 볼 때, 성노동은 욕망노동으로서 하나의 노동으로 간주되어야 하는 영역이다. 사법당국이 현존하는 욕망을 부정하고 금기시할지라도 그 욕망은 사라지지 않고 오히려 더 음성적이고 열악한 주변성의 형태를 띠게 마련이다. 성욕망은 선악의 잣대를 들이대어 평가하기보다 이미 존재하는 것으로 사고되어야 한다. 즉 사회 속에서 이미 존재하고 이 존재가 어떤 형태를 띠고 있는가가 중요하다. 욕망을 선-악 참-거짓으로 나누어서 파악할 수는 없다. 만약 그렇게 되면 도덕적 엄숙주의와 불변의 원칙이 등장하게 된다. 이미 존재하는 성노동자들의 욕망을 긍정하고 그 욕망이 갖고 있는 주변성과 소수성을 받아들이는 것이 필요하다. 자신의 욕망만이 정상적이라고 생각하며 기준집단이 되려고 하는 것은 필연적으로 소수자의 욕망을 배제하거나 차별하게 된다. 소수자집단의 욕망의 야성성에 주목하지 않고 이른바 정상집단의 잣대를 들이대어 치료나 전향을 요구하는 것은 욕망 자체를 인정하지 않겠다는 것에 다름 아니다.

성노동자운동의 욕망투쟁

성노동자운동은 욕망투쟁의 최전선에 서 있다. 욕망노동을 하며 욕망가치에 입각하여 사회적 가치를 생산함에도 불구하고, 성노동 영역을 폐절하거나 부정해야 할 대상으로 보는 것은 그들의 존재를 송두리째 부정하는 것이라고 할 수 있다. 성노동자들의 욕망투쟁은 자신의 욕망이 사회적으로 인정받고 가치로서 존중받기를 원한다. 소수자들의 욕망투쟁은 가장 절박한 생존과 생활이라는 욕망의 최전선을 드러낸다. 광인들이 거리에 나서고 아이들이 거리로 뛰어나오는 것과 마찬가지로, 성소수자들의 거리시위는 소수자운동을 일거에 전면에 등장시킨다. 성노동자들은 성노동의 비범죄화를 통해 사회적 관용과 연대를 환기시키는 데 성공했지만 아직까지 성노동의 권리를 요구하는 보다 직접적인 목소리는 사회적 파급력을 보이지 못하고 있다. 성노동의 문제를 은폐하고 금지하려 들지만 소수성을 갖고 있는 욕망은 늘 사회 주변에서 도가니처럼 들끓는다. 성노동자운동의 욕망투쟁은 매우 짧았으나 강렬했고 그 결과 성 담론에서 새로운 위상을 차지하게 되었다. 성노동자의 욕망투쟁은 성-욕망 자체를 근본적으로 다른 시각에서 문제제기한다. 성노동도 사회적 성을 소수성과 접속시켜 내는 욕망노동의 일종이다. 이러한 욕망이 실존함에도 불구하고 도덕적으로 폐절되어야 한다고 사고해 버리면, 성노동자의 삶의 존엄과 욕망을 무시하고 배제하는 결과를 가져오게 된다.

성노동자들이 집결하여 거리를 점거했던 일련의 사건은 소수자들의 욕망투쟁에서 드러나는 자신들의 욕망가치와 존엄에 대한 주장과 결코 다르지 않다. 성노동자들은 마치 폭풍처럼 한국사회에 문제를 던졌다. 현재의 성노동자운동은 완전히 다른 지형에 놓여 있다. 욕망이 지닌 다양한 에너지가 하나의 전선으로 틀 지워진 이명박정부의 한국사회에서 욕망투쟁의 생명력은 지상으로 드러나 보이지 않는다. 성노동자운동의 욕망투쟁은 개량과 봉합, 침묵을 강요하는 사회분위기 속에서 침잠하고 있다. 물론 지층 아래에서는 아우성과 절규가 들끓는 욕망의 도가니가 지속되고 있지만 말이다. 현재의 성노동자운동은 사회지층 아래서 요동치는 소수자운동의 한 지류라고 할 수 있다.

5부

반
전

01 광우병사태: 분자혁명이 전대미문의 눈덩이효과를 만들어내다

도표 diagramme

수학의 대수나 그래프, 음악의 기보법, 로봇의 통사법 등 언어와 다른 방식의 기호체계가 있다. 가타리는 세상을 언어와 다른 방식으로 표현할 수 있는 기호질서를 '도표'라고 지칭한다. 도표는 비언어 기호체계로서 손짓이나 콧노래, 손뼉처럼 언어와는 다른 방식의 기호작동이다. 음향·색채·몸짓·표정·웅성거림 등 다양한 비언표적 기호작용, 즉 도표가 존재한다. 언어는 하나의 고정된 의미로 전달되는 방식인 반면 도표는 다의미·다지시·다극·다실체적 형태를 띤다. 가타리는 민중적 관계망과 생명의 상호작용, 욕망의 흐름은 단순히 언어로써 표현될 수 없다는 점에 착목한다. 민중적 관계망은 사회주의라는 하나의 언명으로 모두 설명할 수 없으며, 설령 한다 해도 그 언명은 민중적 관계망의 풍부한 잠재력을 나타낼 수 없다. 도표는 언표보다 앞서며 언표를 창안할 수 있도록 내부에서 작동하는 흐름, 상호작용, 관계망을 의미한다. 도표는 하나로 설명될 수 있는 것이 아니라, A나 B 혹은 C로도 설명될 수 있으며 n개의 차원으로 설명될 수 있는 기호작동이다. 예를 들어 민중이 품고 있는 미래에 대한 꿈은 n개의 차원을 가지는바, 공산주의라는 하나의 꿈으로 환원 불가능하다. 특히 다수가 만들어내는 사건은 하나의 언명으로 규정내릴 수 없는 도표 차원의 사건이라고 할 수 있다. 그것의 의미가 하나로 수렴되지 않고 수천 가지의 의미와 맥락을 가지며 수천 가지의 방향을 겨냥하고 수천 가지의 특이점과 경계를 갖고 있기 때문이다.

"분열분석은 상대적으로 자율적이고 번역 불가능한 기호적 실체의 형성을 도움으로써,

욕망의 의미와 무의미를 있는 그대로 수용함으로써,

주체화 양식을 의미작용 및 지배적인 사회규칙에 적응하지 않게 함으로써,

기호적 다중심주의를 촉진한다."

—가타리, 『분자혁명』

분열생성의 흐름, 연결, 접속

광우병사태가 터지기 직전만 하더라도 이 작은 균열이 거대한 분열로 이어지고 분열의 생성이 흐름을 만들고 헤아릴 수 없이 많은 접속양상을 보이고 거대한 집단이 일으키는 소용돌이가 생길 것이라, 어느 누구도 생각지 못했다. 분열의 순간은 우리가 기존에 당연하다고 생각한 공리계에서 파악할 수 없는 새로운 영역을 개척해 낸다. 그리고 분열을 통해 에너지 · 형태 · 운동역학이 생성되는 순간, 강렬한 접속을 창조하고 익숙해 있던 일상들을 파괴하면서 거대한 흐름을 만들어낸다. 창조적 분열의 순간은 예기치 않게 찾아왔다. 아이들이 거리로 나왔고 아줌마들이 유모차를 동원하였고 노숙자들이 행렬에서 구호를 외쳤다. 예비군들이 전방을 사수하였고 노동자들이 행렬에 스며들었다. 이러한 새로운 주체성의 등장은 자본주의적 욕망의 궤도를 따라 재깍재깍 흘러가는 일상을 살던 사람들에게 충격적인 사건으로 다가왔다.

처음 자본의 병리적 욕망이 경제파시즘으로 국민성공의 드라마를 만들 때만 하더라도 어떤 막간극도 존재하지 않는 지루한 보수화시대가 시작되었다고 절망하는 진보진영이 있었고, 광대처럼 들뜬 정치가들의 행각과 새로운 기획이 투사되어 파헤치고 또 파헤치는 개발과 성장 제일주의로 생명의 밑동까지 벌겋게 드러날 것이라고 비탄을 금치 못하는 모종의 웅성거림이 있었다. 신자유주의가 중력의 작용처럼 질서 잡힌 편안한 코스모스를 보장한다는 생각에 젖어 있을 무렵 경제파시즘의 블랙홀은 제국과의 협상 성공과 동시에 위대한 죽음의 선명한 이미지를 만들어내는 데 성공했다.

균열의 시간은 그 틈새로 불안이 스며들어 안정감을 사라지게 하고 행동으로의 전이를 만들어낸다. 그 모든 자살적 협상은 여느 협상이나 권력게임과 다름없이 간단하게 이루어졌지만, 생명에너지의 불안한 파동과 진동의 힘은 사람들의 내부 파동을 요동치게 한다. 그리고 곧 분열이 일어난다. 그것은 지배질서의 우주를 파열시키며 기하급수적으로 파급되어 나가는 새로운 웅성거림으로 시작한다. 소란·소문·반증의 사례·전달·증폭·변용 등 미시적 삶의 영역에서 기존의 욕망을 움직이게 하던 기호체계의 안정감을 무너뜨리는 새로운 분열이 생성된다. 그리고 사회적 엔트로피가 치솟으면서 질서에서 무질서로 나아가는 힘이 급속도록 커지고 열역학 2법칙의 카오스의 힘이 증강된다. 이 무질서의 에너지는 새로운 차원의 행동양식을 만들어낸다.

아이들의 분자혁명

청소년들로부터 시작한 작은 촛불들이 권력의 기괴한 절단면을 고발하면서 생명의 화음, 분열생성에의 접속으로 향했다. 이들의 분자적 결단은 노조 · 정당 · 시민사회가 취해 온 행동양식과 다른 양상을 보였다. 여기서 아이들이 거리로 나섰다는 것은 매우 특별한 의미를 가진다. 사회해방에 아이해방군이 등장할 것이라는 홍길동전의 생각은 이탁오의 동심설(童心說)과 욕망론에 기초로 두고 있다. 그에 따르면 아이라는 존재는 매우 특별한 분자적 욕망의 주체성을 의미하며 아이에 대한 통제는 사실 무의식과 욕망에 대한 통제양식과 깊은 관련이 있다. 허균이 이탁오의 생각을 받아들여 그려낸 홍길동은 "아버지를 아버지라 부를 수도 없는" 독특한 탈근대적 설정의 아이, 직접적인 행동으로 해방의 길에 나서는 혁명적인 아이였다. 사실 근대가 아이를 인간의 범주에서 배제하고 계몽할 대상으로 본 그 이면에는 대중의 무의식에 대한 초자아적 수용좌표가 숨어 있다.

사회가 양극화되어 분열될수록 사회가 유기체라는 판타지는 거짓으로 드러나며, 특히 초자아인 아버지라는 존재와의 결속의 고리는 끊어지게 된다. 좌파의 '부친살해'나 우파의 '아버지를 능가하는 아버지'라는 근대적 설정은 오이디푸스의 근대적 이중결박의 변증법을 작동시키는 것이었다. 그러나 좌우의 근대적 공리계를 넘어선 무의식의 고아가 된 아이들에게 욕망(=광기)의 분열은 새로운 국면을 맞이한다. 즉 모든 광기가 창의적이고 생산적으로 변모하는 분열의 순간에 분열의 역능은 새로운 벡터장을 구성해 내는 생산적 영토가 된다. 그 속에서 아이들은 오색의 지절을 펼쳐내는 공작새의 리토르넬로(=화음)처럼 분열의 음색을 창조하며, 모든 사회영역을 가로지르면서 사회구성원들의 이질적 조각들을 조합하고 접속하여 무리짓기에 나선다.

일찍이 공자도 광기의 혁명적 힘을 '광사'(狂士)라는 구절로 언급하였는데 미친 선비가 진취적이고 창조적이라는 언명이다. 공자의 광사는 광기라는 것이 새로운 창발의 순간에 등장한다는, 이른바 예지적인 개념이다. 이 광기는 섬광과 같이 새로운 주체성들을 생성시켰다. 기존에 지도부를 자임하거나 목표로 했던 혁명조직들은 겉으로는 주체적으로 보였지만 내부에 소외양식을 작동시켰기 때문에 촛불집회에서 주도권을 잡지 못했다. 또한 제도적 수준에서 조직되어 있던 미시적인 권력들, 예를 들어 연단권력 · 사회권력 · 마이크권력 · 깃발권력 역시 작동할 수 없었다. 그저 평범해 보이기만 하던 사람들은 아이들이 만들어놓은 색다르고 이질적인 장 속에서 돌연변이를 일으키며 거리에 나서고 있었다.

그들은 모두 분열자, 초자아와 절연한 무의식이 고아인 사람들이었다. 즉 사람들은 거리에서 '아이 되기'라는 변용의 과정을 거치면서 새로운 주체성을 만들어냈다. 사회의 이질적인 조각들이 새로운 구도 속에서 다시 맞추어졌고 어찌 보면 다소 혼돈스러웠지만 아이들이 그려놓은 구도에 따라 재편성되었다. 비록 이질적인 것들이 조각조각 맞추어졌다 하더라도 일관된 구도를 만들어내었으며, 그 구도 속에서 집단의 무의식은 어디에 접속하느냐에 따라 내재적인 성질을 바꾸는 유연하고 연대적인 무리짓기를 수행한다. 초자아의 수용좌표에서 유기적으로 생활하던 기존 사회구성원들은 오이디푸스 삼각형의 종말과 해체라는 순간을 이 아이 되기의 방식인 근대의 계몽주의에 역행하는 변용 속에서 대면한다. 그것은 아이들의 욕망이라는 생명에너지와 접속하는 강렬한 집단적 체험이었다.

비기표적 기호계의 작용

촛불은 혼돈, 즉 카오스의 힘이 증폭되면서도 그 내부에는 일관된 질서가 갖추어져 있었다. 촛불의 카오스모제(chaosmose, chaos+cosmos+ osmose)에 의해 서로 다른 주체들이 접속하면서 일으키는 이질생성의 변이가 새로운 주체성의 형성으로 이어져 카오스의 힘을 증폭시킨 것이다. 이러한 돌연변이는 아이들이 그려놓은 일관성의 구도 위에서 촛불의 그림을 그려나갔다. 여기서 촛불은 외부와의 접촉면이 늘어날수록 그만큼 역능도 증대되었다. 사회적 무의식의 지도는 다시 그려져야 했는데 그 이유는 욕망의 연쇄반응이 끊임없이 새로운 변이의 블록을 출현시켰기 때문이다. 예비군블록 · 퍼포먼스블록 · 대자보블록 · 플래카드블록 등 다양한 변신의 블록들이 등장하였으며 그것들은 이질생성을 통해서 등장하거나 뒤섞이면서 힘을 발휘했다. 이 거대한 변용의 양상은 다채로운 블록들이 생산하는 행위양식의 잠재력이 예측 가능한 수준을 뛰어넘는 것을 의미하였다. 하나의 언표로 표현할 수 없는 다양한 복수의 기호작용들이 내재되어 있었던 것이다.

이때부터 "촛불은 무엇이다"라고 규정하는 언표(기표)의 수준을 뛰어넘어 다의미적이고 다지시적이며 다극적인 기호가 되는데 이를 일컬어 비기표적 기호작용 혹은 '도표'라고 할 수 있다. 많은 사람들이 다양한 차원에서 미래를 상상하고 있을 때 그것은 n개 차원을 가진 도표라고 할 수 있다. 그러나 누군가가 '사회주의'라는 하나의 모델을 가진 언표로 이것을 통합해 버리면 이제 도표의 다차원적인 지평은 하나의 언표로써 설명되어 버린다. 또한 민중적 관계망 속에는 다채로운 미래적 잠재력이 숨어 있는

데 그것을 하나의 언표로써, 즉 사회주의라고 지칭하는 순간 그 관계망의
다채로운 역능은 누락되게 마련이다. 그러므로 이러한 '언표' 행위는 내부
의 다양한 창조적 잠재력을 통합하고 총체화해 버려 하나의 표상이나 하나
의 모델, 하나의 의미에 고정된 권력의 잉여로 만들어버리는 것이다.

촛불은 하나의 의미작용으로 포섭될 수 없는 수천의 가능성을 담고 있
는 벡터장으로 이루어져 있었다. 그 안에는 수천 가지 기계장치들이 작동
하고 있었다. 그 기계장치들은 연결되고 조립되고 장착되어 새로운 주체성
을 생성할 수 있는 자기생산적인 기계의 차원을 의미하는 것이다. 한 기계
가 다른 기계를 만나면 조립·생성·연결의 새로운 차원이 열렸다. 예를
들어 대학생들이 작동시키던 기계들이 유모차부대가 작동시키는 기계들
과 만나면 새로운 차원이 열렸고, 노동자들이 작동시키는 기계와 노숙자들
이 작동시키는 기계가 만나면 또 다른 차원이 열렸다. 이들의 기계는 학
교·감옥·군대·병원·시설 등과 같은 자본주의적 기계장치가 아니라
꿈기계·웃음기계·춤기계·전쟁기계·혁명기계와 같은 도표를 작동시
키는 기계였다.

도표를 작동시키는 기계장치는 자본주의의 기계장치에 맞서는 대항적
집단의 자기생산적인 체계를 의미하는 동시에 대항적 네트워크를 의미한
다. 자본과 권력만이 기계를 작동시키는 것은 아니다. 민중도 자기생산적
인 기계를 통해서 기표를 생산하고 새로운 관계를 만들어내며 기존의 공리
에 없던 새로운 수준의 무의식과 삶을 창조해 낼 수 있다. 이것은 언어적
수준에서는 포착되지 않는 생명에너지의 흐름과 생명의 울림과 떨림의 화
음을 담아내는 다양한 기계장치들이라 할 수 있다. 새로운 수준의 도표화

작용은 이미지 · 상징 · 코드를 자본주의적인 미디어 같은 기계장치에 맡기는 것이 아니라 자신의 자기생산적인 기계장치를 통해서 드러내 보인다. 음악 · 문자 · 영상 · 회화 · 우주적 기호들의 생산은 거리의 행동만큼 중요한 것이 되었다. 새로운 차원의 기호작동은 학교라는 공간에서 배우는 규범화된 언어활동과 달리 자유로운 예술창조행위를 통해서 기호를 생산하는 것을 의미한다.

대항네트워크의 기계적 자율성

첨단기술사회 한국에서 인터넷 생중계로 전파되는 현장의 화면은 미디어가 배제시킨 얼굴 없는 사람들의 영상과 이미지와 목소리를 보여줌으로써 단순히 언표에 머물지 않고 새로운 차원의 기호를 사용하는 대항 네트워크의 등장을 알렸다. 사회 저변의 하위문화 이미지들은 기존의 기호체계를 파열시키면서 사람들에게 이 사회 속에서 무슨 일인가(혁명!) 일어나고 있다는 생각을 갖게 만들었다. 기성 미디어들의 미시적 · 거시적 권력은 이러한 흐름을 놓치고 있었을 뿐 아니라 오히려 사건을 왜곡하고 호도하고 배제하는 데 급급했다. 그래서 사람들은 대안미디어에서 새로운 영상이미지를 취득하였고 이 비언표적 기호작용은 네트워크적 주체성의 변이를 촉진하였다. 사람들은 인터넷 생중계에 몰입하면서 변용(=되기)의 차원에만 있는 것이 아니라 각자의 거주지를 절대적으로 탈영토화하여 새로운 차원과 접속했다. 대항 네트워크 안에서 집단적 두뇌는 자기생산적인 체제를 갖추기 시작하여 마치 하나의 생명체처럼 자기분열하면서 프랙탈 운동으로 나아갔다. 그것이 청와대로 향하는 맹목적인 모습을 보였지만 그 내부로 들어가 보면 수직·수평 구조 가운데 무한사선의 횡단성에 존재했다.

온라인의 대중들은 인터넷에서 새롭게 접근한 영상이미지를 그저 구경꾼으로서 바라본 것이 아니라 새로운 차원을 열어젖히는 절대적 탈영토화의 순간으로 맞이했다. 저녁부터 새벽까지 새로운 운동이미지를 접속한 네티즌들은 사실 근대에서 탈근대로 시간을 주파하는 새로운 시간이미지와 접속한 것이었다. 역사적 무의식의 시간은 기존에 존재하지 않던 색다른 무의식으로 구성되는 섬광과도 같은 순간이었다. 새로운 사건이 등장하였다는 것은 이를 지켜본 누구나 예감하고 직감하고 목도했다. 그리고 인터넷 공간은 색다른 사건을 통해서 전자적 네트워크를 출렁이게 했으며 집단적 욕망, 삶의 욕망, 광기에 직면해서 네트워크의 카오스적인 상황은 증폭되었다. 더욱이 광우병에 관련된 일련의 괴담이 진실에 매우 가깝다는 것을 대부분 알고 있던 네티즌들이었기에, 새로운 언어와 기호를 생산하는 것은 욕망의 생성과정과 다르지 않았고 그들의 꿈은 분자적 분열망상과 차이가 나지 않았다.

모든 논리를 성장과 경제로 빨아들이는 경제파시즘의 블랙홀과 달리, 민중의 화이트홀이 만드는 욕망의 소용돌이는 매우 신선한 생명에너지를 유감없이 발산하는 것이었다. 이 새로운 카오스 속에서 사이버공간의 '무의식의 화용론'을 이끄는, 언표가 아닌 기호작용 즉 도표는 사건의 증후를 따라 형성된 욕망의 흐름과 일련의 사건전개에 따른 집단무의식의 심층을 볼 수 있게 하는 역할을 했다. 수많은 사람들이 특이한 목소리를 내기 시작했고 도표를 자기생산하는 기계장치로 네트워크를 바꾸어냈다. 그것이 어떤 네트워크였냐는 중요치 않다. 촛불에 참여한 네트워크는 기존의 운동영역이 아닌 부분들도 많았다. 그 네트워크가 어떤 사건과 접속하여 돌연변이를 일으키느냐가 더 중요했다고 할 수 있다. 전자적 그물이 생명의 그물로 바뀔 때의 출렁임과 파동에서 사람들은 매우 역동적인 행위양식을 발견했고 놀라움과 경외의 힘에 충만하여 거리의 촛불로 타올랐다. 아고라집단처럼 온라인에서 오프라인으로 역류하는 강력한 흐름이 발생했는데, 그것은 온라인에서의 절대적 탈영토화의 힘이 유출된 결과였다. 다차원적인 분열생성의 힘은 기존 기호체계의 안락함을 허물며 생성된 사건 속에서 새로운 분열의 계기를 발견한다. 분열 망상에 의해 다수의 목소리와 다수의 꿈의 역량은 거대한 물결과 파도를 이끌었으며, 촛불의 힘은 측정할 수도 없거니와 예측할 수도 없는 것이었다.

분자혁명의 연쇄반응과 눈덩이효과

새로운 주체성의 등장을 이해하지 못했던 좌파 소그룹들은 촛불시위에 참여한 민중들로부터 반발을 샀는데, 그 이유는 기존의 제도적 관성에서 벗어나지 못하고 대중을 이끌고 가르치려 한 점, 폭력을 공공연하게 선동하려는 점, 말한 만큼 행동하지 않은 점, 출퇴근 시간처럼 결정적 순간이 다가오면 빠져나간 점 때문이었다. 이런 행동들은 '다함께'로 대변되는 기성 운동권들의 모습이기도 했다. 급진적이라고 여겨졌던 부분들도 변이와 잡종화를 거쳐 이질 생성된 주체성의 입장에서는 퇴행적이라는 것이 판명되었다. 독점적 지성을 매개로 한 근대적 전위가 퇴조하고 욕망의 창의적 역능에 기초한 아방가르드가 그 자리를 대신했다. 사실 전위라는 것 자체는 이미 입증된 진리를 검증하는 것이 아니라 앞으로 생성될 실험행위에 착수하는 것이라는 의미가 매우 확실하게 촛불시위대에 자리 잡았다.

모든 사람들이 발언권을 요구하였으며 그 속에서 드러난 다름은 같음을 도모하기 위한 입장대립이라기보다 다름 그 자체로 집단을 풍부하게 하는 창의적 힘으로 받아들여졌다. 발언에 참여한 사람들에게서 수많은 새로운 방안과 새로운 길들이 제시되었으며, 그것을 듣고 있는 사람들의 두뇌를 자극하여 두뇌 속에 새로운 소용돌이를 만들었다. 겉으로 보기에는 매우 느리게 결정되고 산만해 보이는 직접민주주의 형태는 어느 곳에서나 색다른 이질성이 생성되는 순간 새로운 토론의 장을 만들어냈다. 이러한 리좀 식 증식과 변이 과정은 중앙제어장치에 의해 통제되는 것이 아니라 두뇌신경망처럼 그 연결망 자체가 신경계로 작용하면서 움직이는 거대한 메타네트워크라 할 수 있었다.

어떤 색깔로 변이된 그룹들은 다른 색깔로 변이된 그룹들과 토론에 들어갔다. 향후 행동방양식과 관련된 중요한 사안들이 토론의 중심을 이루었다. 많은 이질적 집단들로 조각조각 맞추어진 이 거대한 무리는 분자적 수준의 욕망을 기반으로 하고 있는바, 좌파들이 설정한 제도적 행동과는 궤를 달리했다. 이 시기에는 효순이 · 미선이 촛불집회와 반전집회와 달리 연단권력 · 마이크권력 · 깃발권력이 작동하지 않았던 점도 매우 중요하다. 촛불시위대는 이런 것들을 제도적으로 포섭하려는 행위와 마찬가지로 느꼈기 때문이다. 분자적 수준의 혁명적 광기(=욕망) 차원에서 조직된 촛불집회의 무리들에게 이러한 제도화 과정은 운동을 화석화할 뿐만 아니라 생명력을 질식시키고 무료하고 재미없는 구경거리로 전락시킨다는 생각이 공통적으로 자리 잡고 있었다. 누군가 말하고 이끌어가는 것이 아니라 자신이 느낀 만큼 말하고 말한 만큼 행동하는 솔직한 태도가 필요하다는 생각이 기존 운동의 배치를 뒤흔들었다. 이러한 배치는 새로운 차원을 열었으며 그것은 삶·욕망·사회·역사적 무의식을 기반으로 한 사회운동의 등장이었다.

불현듯 내재적인 혁명이 찾아오고 역사적·사회적 무의식과 배치를 바꾸어낸다. 노동자와 대학생으로 대변되던 강력한 몰적 집단은 상당 부분 큰 덩어리인 몰적 배치 안에서 수동성의 한계를 드러내었고 잡다한 민중들의 분자적 역능 차원에서는 핵심이 아니라 한 부분으로 배치되었다. 그것이 분자적 욕망에 기초한 소수자집단들의 결합과 연대가 만들어낸 반란이었다는 점이 중요하다. 이는 제국의 네트워크가 분자적으로 침투해서 부드럽게 소수자들을 관리·통제하면서도 주변부 소수자들의 분자적 행동에 얼마나 취약한지를 보여주는 것이기도 하다. 제국적인 상징체계에서는 전혀 의미를 갖지 못하던 주변부 소수자들이 새로운 욕망의 차원을 드러내고 자기 생산적으로 도표를 생산하면서 기존의 기호질서의 파열을 일으킨다는 것은 분자혁명의 생성과 이에 따른 눈덩이효과의 시발이었다. 이 주변부 분자들의 욕망은 사실 반체제적 혁명세력이 의식적인 차원에서 언급하는 것과 다르게 무의식적 차원에서 이미 제도와 체제, 기호질서를 넘어선 차원을 보여준다.

촛불로 나타난 욕망의 분열과 전염·증폭 과정은 실업자, 벌거벗은 자, 차별받는 자, 얼굴 없는 자, 발언권이 없는 자 들을 결집시켰다. 이 분자적 수준에서 이질 생성된 주체성은 "대한민국은 민주공화국이며 모든 권력은 국민으로부터 나온다"는 헌법 1조의 구절을 노래하고는 있지만 실제로는 국민주권이나 인민주권 질서를 넘어선 새로운 권리형태를 내재하고 있었다. 권리가 없는 아이들로 대표되는 주체성의 혁명은 이미 주권질서로는 해결될 수 없고 주권질서로도 포섭될 수 없는 분자적 수준의 소수자 삶의 욕망이 존재하고 있음을 의미한다. 이 속에서 민중은 국가를 통해서 통합을 꿈꾸는 방식으로 하나의 언어로 수렴되는 주권을 사고하는 것이 아니라, 죽음과 무능의 권력에 맞서서 생명과 욕망의 민주주의라는 다차원적인 방향으로 확산되는 도표를 일관된 구도로 사고하였던 것이다.

초자아의 수용좌표에 맞선 전대미문의 실존좌표

신자유주의 시스템이 거의 완결되었다고 생각한 기성의 운동세력들이 대부분 혁명의 가능성을 상실한 상황에서 촛불의 정치는 시작되었다. 촛불의 정치는 직접성·자발성·역동성 그리고 대안적 행동양식으로 규정되고 평가되고 있지만, 그 정치의 장을 마련한 근본적인 요인에는 내부의 움직임이 있었는데 다름아니라 주변부 소수자집단이 다양한 목소리로 기성질서를 침식하고 지배장치에 균열을 일으키고 있었다는 점이다. 탈근대사회에서 정치적 벡터장을 구성해 낼 수 있는 역동적인 역능을 가진 집단은 불행하게도 노동자계급, 즉 무산자라는 설정의 '생산수단 없는 신체'가 아니라 체제의 제도화된 기관으로부터 차별받고 배제당하고 있던 소수자라는 '기관 없는 신체'라는 점이 중요하다.

이 소수자의 미시적인 욕망의 정치는 제도적 수준의 기관들이 만들어내는 대의제 정치와는 다른 질서를 갖고 있기 때문에 특이하다. 문제는 소수자집단은 늘 이질적인 특이성을 스스로 생산해 내고 전달하면서 증식한다는 점이다. 그러므로 기존질서가 하나의 집단을 기준으로 해서 합리성의 차원을 만들 때 특이한 기준을 생산하는 소수자들의 미시적 욕망을 포섭해 낼 수 없다. 또한 대의제적 정치수단 역시 소수자의 욕망을 예측하고 가늠할 수 없다. 피선거권자도 아니고 착취 불가능하며 투쟁 불가능하다고 간주된 아이들의 영역이 미시적 행동의 출발점이 된 것도 탈근대의 새로운 차원을 연 것이라고 할 수 있다. 아이들은 대의제 민주주의 외부에 있으면서도 늘 직접행동의 가능성을 가진 색다른 소수자적 주체성을 의미한다. 아이들의 직접행동에는 기성세대가 가르치는 교육제도에 담겨 있는 차별적 요소에 대한 통찰이 있으며, 항상 자신의 삶에 대한 욕망이 긍정적으로 받아들여지지 않는다는 절박함이 있다. 이것이 직접행동의 원동력이 된다.

'거리로 나선 아이들'이라는 설정은 '거리로 나선 광인들'이라는 설정만큼이나 절박한 생명의 숨결과 역동적 활력을 갖고 있다. 아이들은 대의제가 변증법적으로 매개할 수 없는 기관 없는 신체이며, 학교라는 폐쇄적인 환경의 명령지배체제 배후에는 마치 병영처럼 효과적으로 자신들을 관리하려는 국가장치가 있음을 잘 알고 있는 주체들이었다. 소수자와 아이집단의 욕망 분열적 양상은 매우 역동적인 정치의 장을 마련하였고, 이 정치의 벡터장에서 민중들은 아이 되기를 비롯한 소수자 되기라는 새로운 국면의 변용을 통과하면서 이질적 주체성으로 재탄생하였다. 그것은 군대·감옥·병원·학교에서 관리되던 주체들과는 다른 모습이었다. 벌거벗은 채로 살아가고 있는 소수자들이 구성해 내는 욕망과 직접행동의 정치는 내부에서 혁명적 광기를 증폭시키면서 이제까지 존재하지 않던 차원의 사건들을 만들어냈다.

국민성공시대의 표어와 강부자 · 고소영으로 일컬어지는 졸부들의 정치진출에서 시작하여 이명박정부의 사고 패러다임으로 자리 잡은 다수자 국민은 사실상 주변부에 있는 실업자, 비정규직 노동자, 노숙자, 아이들, 장년층 퇴직자, 여성, 광인, 특이자 등을 소수자국민으로 배제하는 것이었다. 이는 국민으로 지칭되는 사람들이 대부분 소수자를 배제한 주체를 의미한다는 것이다. 이로써 국민주권의 시대는 종말을 맞았다. 여기서 거리정치가 만들어낸 구성권력과 소통이 두절된 국가권력, 두 권력이 힘의 대결을 벌인다. 우파 신자유주의의 시장가치 노선은 소수자국민이 주도하는 생명가치의 반격으로 집행시간을 유예한 채 음모적인 방향으로 스며들어갔고 반체제 · 반제도적 상황에 내몰린 소수자국민은 헌법 1조 구성주의적 주권질서 선언의 반복후렴구를 통해서 사실상 국민주권을 다시 반복하는 것이 아니라 욕망의 다채로운 차원에서 전개되는 내재적인 민주주의 차원을 드러내 보였다. 촛불은 다시 오지 않을 것이다. 그러나 영원히 지속되는 혁명으로 민중의 내부 속에서 작동할 것이다. 왜냐하면 촛불은 미래진행형이며 민중적 무의식이 드러낸 도표라고 할 수 있기 때문이다.

촛불의 진화, 집합지성

촛불집회에서 출현한 '집합지성'은 소수자들 대항네트워크의 도표 기호생산이 기표 독재체제를 주파할 만큼 임계점에 이르렀음을 보여주었다. 우파들의 초자아에 대한 염원은 더할 수 없이 초라해졌다. 기표 생산능력을 점유하고 도표라는 비기표적 기호체계를 작동시키고 있던 대항네트워크는 지배적인 구조로부터 기계적인 자율성을 가지고 있었다. 민중들은 집합지성을 직접 생산하고 외부 지식인들의 해석이나 매개로부터 자유로운 내재적인 지평을 구성하였다. 지배질서만 자기생산적인 기계를 작동시킬 수 있는 것이 아니라 대항네트워크들도 자기생산적인 기계를 작동시킬 수 있었기에 투쟁기계 · 전사기계 · 전쟁기계 또한 작동했다. 주변부 소수자들의 욕망에 기초한 분자혁명이 이러한 민중적 기계류를 탄생시킬 수 있는 역능을 만들었다. 분자혁명은 지금까지 기억에 없던 차원의 사고방식과 행동방식, 삶의 방식을 만들어내었다.

분자혁명이 소수의 사람들 사이에서나 국지적인 부분에서 이루어지는 것은 큰 문제가 되지 않는다. 사회의 리좀적 연결망인 네트워크는 여기에 감응하며 새로운 집합지성으로 변용시켜 내기 때문이다. 즉 정보지식 생태계에 의해서 긴밀하게 연결되어 있는 사회적 무의식의 신경망들은 피드백 과정을 통해 아주 미세한 변화가 만들어내는 차원이라 할지라도 그 벡터장의 영향력을 폭발적인 수준으로 증대시키며 눈덩이효과를 수반하게 된다. 이 사회적 엔트로피의 증대과정에는 분자적 수준의 욕망(=광기)이 진동자처럼 집단지성의 내부에서 진동과 파동을 생성하는 영토이다. 집단지성의 내재적인 지평에는 미시적 욕망이 만들어내는 분자혁명의 차원들이 있었으며 분자혁명에 접속한 사람들의 사회적 · 역사적 무의식이 있다. 집단 무의식이 복잡계 형태를 띠기 때문에 지도부위가 없다면 일관성이 없을 것이라는 생각은 잘못된 것이다. 그 속에는 하나의 진동자가 다른 진동자에게 다양한 울림을 전달하면서 진동의 폭을 넓히고 떨림의 차원을 변화시키며 하나의 화음을 구성하는 신디사이저의 기계음 합성과 같은 일관된 하모니가 있다.

촛불은 이러한 다채로운 울림판의 연대망과 같은 것이라고 해야 할 것이다. 여러 개의 울림을 지닌 촛불들이 고르게 일관성을 가지면서도 특이한 떨림에서는 집단 전부의 울림판이 반응하는 울림과 떨림의 상호직조가 이루어진다. 하나의 촛불은 염원·희망·꿈과 같은 마음을 담고 있지만 상호 직조된 수천수만의 촛불은 임계점을 넘어 집단의 무의식·꿈·욕망의 차원을 드러낸다. 이제 한 사람이 꾸는 불온한 꿈마저도 그 특이성이 이질적인 차원을 만들어내는 순간 대항네트워크 안에서 수많은 사람의 꿈으로 전염된다. 그러므로 민중적 관계망 속에서는 꿈과 같은 무의식의 기계조차도 절대적 탈영토화의 수단이 될 수 있으며, 색다른 것을 상상하는 주체성의 분자적 돌연변이도 집합지성을 재창안할 수 있는 원동력이 된다.

촛불집회는 전지구적 차원의 사건이다

촛불의 리토르넬로(=후렴구)는 리듬과 화음으로 우주적 리토르넬로와 접속하는 생명의 합창이다. 촛불집회는 단순히 일국적 주권질서에 머물지 않으며 지구라는 행성 차원의 사건으로 나타나고 있다. 제국질서의 취약함은 반생명적인 시스템으로 문명을 유지시켜 나가는 화폐와 시장 네트워크라는 사실에서 분명해졌다. 제국과의 재협상을 요구하는 아래로부터의 민중운동은 벌거벗은 제국의 실체를 전지구적 차원에서 폭로해 냈다. 그것은 제국의 입장에서 볼 때는 협상의 미세한 균열이 낳은 부작용 정도로 판단될지 모르겠으나, 실제로는 제국의 세계지배체제와 신자유주의 종말의 시간을 앞당기는 강렬한 인상을 남겼다. 욕망의 미세한 차원에서 소수자들의 행동이 사실상 전지구적인 사건으로 나아갈 수 있다는 점에서 제국의 취약한 면이 드러난다. 제국의 네트워크가 자체적으로 배제한 소수자집단이 분자혁명을 감행할 수 있다는 사실은 주목할 만하다. 분자혁명의 순간은 어떤 변화보다 강렬한 욕망의 차원에서 돌연변이를 일으키는 것을 의미한다. 욕망은 생명에너지이면서 동시에 생명의 화음을 아코디언처럼 접힘과 펼침을 반복하면서 응축·방출하는 생명력이다. 집합적 행동의 이면에는 생명의 질서를 파괴하는 탈근대자본주의에 대항하는 생명에너지로서의 삶의 욕망이 있었다. 광우병에 대한 진실에 접근하고 거미줄처럼 짜여 있는 네트워크를 통해 어떤 아이가 보내는 휴대폰 문자와 리플 속에는 욕망의 숨결이 역동하고 있었다. 이 욕망의 변이양상들이 촛불로 타올랐으며 돌이킬 수 없는 역사의 흐름을 만들어내었다.

촛불집회로 신자유주의 기획에 따라 진행되고 있던 지구적 프로그램에 흠집과 균열이 생겼으며 소수자·동물·자원·에너지·지구행성 전반에 대한 통제양식으로 드러난 통합된 세계자본주의 예속양식을 성찰하고 극복하려는 목소리가 터져나왔다. 촛불은 다양한 복수가 지닌 욕망의 내재성 차원을 개방함으로써 신자유주의에 저항하는 도표가 되었다. 촛불집회는 비단 한국사회에 국한된 문제가 아니라 지구행성에 사는 모든 사람의 문제였다. 지배계급은 촛불을 강제적으로 제거하고자 했지만 그 순간에도 촛불은 진화해 나갔으며 집단지성의 대항네트워크 내부에서 살아 숨쉬고 있다.

촛불집회가 지닌 역동성의 배경에는 분명히 소수자들의 분자혁명이 숨어 있다. 그것은 지구 전체로까지 생명의 화음을 펼쳐나갈 수 있는 욕망(=광기)의 혁명적 차원을 의미한다. 촛불집회에서는 때 묻은 플래카드를 들고 웃고 있는 노숙자가 보이고, 사법기관에 주눅 들지 않고 당당한 아이들이 보이고, 희망과 꿈을 놓치지 않으려는 학생들이 보이고, 아이들을 유모차에 태우고 거리로 나선 가정주부들이 보였다. 소수자들의 분자혁명은 생명의 화음을 이루며 거대한 촛불의 물결이 되었다. 지금도 촛불은 영구혁명으로 여전히 진행중인 사건이다.

촛불은 도표다

촛불이 아이들에 의해서 타오르기 시작했을 때 그것은 아이들의 분자혁명이 마련한 구도에 사회구성원들이 접속하면서 변용되는 과정이었다. 그리고 제각각 이질적인 것들이 마주쳐서 새로운 것을 생성시켰다. 각각의 블록들이 뒤섞이고 새로운 블록을 형성하면서 특이성을 구축하였다. 중요한 것은 민중적 관계망이 하나의 언명으로 결집한 것이 아니라 수많은 의미를 동시에 갖고 있는 촛불로 결집했다는 것이다. 이러한 촛불의 도표 성격은 촛불성격 논쟁에서도 동일하게 나타난다. 촛불은 다의미 · 다지시 · 다극 · 다실체적인 측면을 갖고 있다. 이 도표의 성격은 대항네트워크 속에서 수천 갈래로 뻗어나가며 수천 가지 의미를 지니고 수천 가지의 독특한 주체성과 수천 가지의 경계와 특이점을 형성하는 것으로 나타났다. 대항네트워크는 민중적 관계망의 일부에 불과하며 민중적 관계망은 네트워크가 갖고 있던 언표적 수준을 넘어서 있다. 대항네트워크가 자기생산적 기계장치를 갖기 시작했다는 것은 민중적 관계망과 같은 속성을 공유하게 되었다는 것이며 언표를 넘어서 영상 · 이미지 · 소리 등의 비기표적 기호작용으로 나아갔다는 것이다. 민중적 관계망은 언명인 '사회주의'나 '공산주의' 같은 하나의 언명으로 환원될 수 없고 '국민주권'으로도 한정될 수 없는 다채로운 기호작동을 그 내부에 담고 있으며, 그것을 하나의 의미로 규정하는 순간 다채로운 잠재력은 화석화된다. 민중의 관계 · 흐름 · 상호작용의 수준을 보여줄 수 있는 기호작동은 도표에 있으며 촛불은 도표로서 수천 가지 흐름의 지류와 궤도의 갈래를 갖고 있다. 어떤 의미 · 표상 · 해석도 촛불의 도표화작용을 모두 설명할 수 없다. 민중은 도표의 일부를 내재적인 역능으로 갖게 되면서 내부에서 작동하고 있는 영구혁명에 돌입한 상황이다. 촛불은 계속될 것이다.

02 용산참사: 죽음의 권력에 맞선 욕망의 미시정치

강경한 탄압–부드러운 억압 répression forte-répression douce

1970년대에 독일당국은 68혁명에 대한 반동으로 극좌파 변호사와 구금자들을 육체적 · 정신적으로 파괴하는 탄압을 했는데, 이들을 추적하고 고발하고 살아가는 것을 불가능하게 만들어 체제에 저항하는 세력의 씨앗을 뿌리 뽑겠다는 식의 강경한 탄압양상을 보였다. 반면에 대중들에 대해서는 부드러운 억압으로써 통제하려고 했는데 대중매체를 이용해 정신적으로 마비시키는 것, 가족 내부에 심리기법들을 동원하는 것, 학교를 통제하는 기법의 개발, 상업스포츠 등에 대한 일정한 관념을 주입하여 그에 순응하도록 하는 조치들이 그것이었다. 부드러운 억압의 기술은 자본주의 체제를 최대한 달콤하게 포장하여 그 외부를 볼 수 없도록 만들어서 권력이 설정해 놓은 구획 내에서 움직이도록 감시하는 것을 의미한다. 만약 이러한 자본주의 질서를 받아들일 수 없고 도전해야겠다고 생각하는 순간, 매우 강경한 탄압이 가해지고 쫓겨다니고 형무소에서 인격을 파괴당하고 미치거나 죽음에 이르게끔 만들겠다는 철의 법칙이 숨어 있다. 특히 주변인이나 소수자들에게는 이런 상황이 첨예하게 드러나기 때문에 자신의 정신을 마비시키고 체제 외부를 사고하지 않도록 자기검열을 해야 한다는 강제조항이 따르게 된다. 이처럼 강경한 탄압과 부드러운 억압을 동시적으로 수행하는 권력은 사실상 미시파시즘적인 사회통제 양상을 보여주는 것이다. 자본주의가 만들어놓은 틀을 받아들이느냐 벗어버리느냐 선택의 기로에서 사람들은 가족생활, 사회생활, 소비생활 등에서 안전한 삶을 선택하도록 무의식적으로 강요받는 것이다.

"스키너 유형의 조건반사 방법에 준거하는 강경한 탄압이나 광고의 암시수단이나
정신분석 등에 의해 이루어지는 부드러운 억압은 상보적인 관계에 있습니다."
–가타리, 『가타리가 실천하는 욕망과 혁명』

항의하는 무의식

2009년 1월 20일 용산구 한강로 2가에 위치한 남일당 건물에 철거민들이 세운 망루가 불에 타올랐다. "거기 사람이 있는데, 이럴 수가!" 사람들은 울부짖고 절규했다. 도시서민들과 가난한 이들을 희생양으로 만드는 신자유주의적 토건사업의 속도전 와중에 생긴 일이었다. 재개발에 항의하는 철거민들은 직접행동에 나설 수밖에 없는 절박함이 있었으며 이들의 생존권 문제는 생사를 건 투쟁의 장으로 내몰렸던 것이다. 300명의 특공대와 철거용역반, 전투경찰이 동원된 진압작전은 애초부터 살인적 진압을 전제하고 있었다. 국민의 안전과 생명 같은 것은 조건도 이유도 되지 않았다. 철거에 맞서 항의하는 사람들의 안전과 철거민들의 생존권 자체에 처음부터 관심이 없던 당국은 철거민들의 절박한 투쟁에 대해 마치 도심의 테러리스트 진압을 방불케 하는 작전으로 강경하게 탄압했다.

신자유주의 속도전에 제동을 거는 것은 허용되지 않았으며 도시재개발사업이 가져다줄 막대한 이익에 차질이 빚어지게 하는 행위는 자본주의 체

제에 위협을 가하는 것과 똑같은 수준에서 다루어졌다. 철거민들은 가축몰이 당하듯이 망루로 쫓기어 고립되었고 저항하는 무의식을 짓밟으려는 공권력에 의해 죽임을 당했다. 사회적 관용이나 소통의 정치는 실종되어 버리고 적과 아의 무자비한 투쟁만 남았다. 그 어디에서도 인권과 생명권, 안전과 행복을 누릴 국민의 권리는 찾을 수 없었다. 그것은 전쟁이었다. 가난한 사람들의 저항은 강철군화로 짓밟아 뿌리 뽑아야 한다는 철의 논리만이 존재하는 하나의 전쟁이었다. 끊임없이 파헤치고 그 위에 다시 세워대는 신자유주의 재개발 논리 앞에서, 정작 중요한 국민의 생명은 아무것도 아니라는 기괴한 절단면이 드러났다.

용산참사 사건 직후 사람들은 깊은 침묵의 밤, 잠을 잘 수 없는 불면의 밤을 견뎌야 했다. 국민성공 신화가 만들어놓은 판, 부동산불패 신화가 만들어놓은 자본주의적 욕망의 판 앞에서 들뜨고 춤추던 사람들에게 그 욕망의 끝이 무엇인지를 눈으로 확인시켜 주는 사건이었으니까 말이다. "나만은 예외일 수 있다"는 기회주의적 논리로 성공을 향해 자본주의적 욕망의 탑을 쌓고 있던 사람들 앞에, 그 성공이 가난한 사람들을 짓밟고 올라선 기괴한 건축물이었다는 사실이 적나라하게 드러났다. 용산참사는 수많은 사람들의 절규를 토해 내며 여과 없이 대중들에게 그 모습을 드러냈다. 부동산에 들떠 있던 사람들, 성공신화를 좇아 오로지 앞만 보고 달려가던 사람들은 순간 멈추었다. 그 멈춤은 성찰의 시간을 맞이하게 했다. 자본주의적 욕망에 따라 움직이던 사람들 모두가 다 용산참사의 공모자였다. "그들의 죽음에 나에게도 일정한 책임이 있다"는 고백과 기도, 성찰의 시간이 찾아들었다. 항의하는 무의식은 성찰하는 의식과 결합되어 죽음에 책임을 묻기 위해서 무엇이라도 해야 한다는 행동의 계기가 되었다.

재개발의 빛과 그림자 그리고 철거민

용산참사는 결코 돌발적인 사태가 아니다. 폭력적인 도시재개발사업이 불러온 사건이었으며 잠재되어 있던 사건이 폭발한 것일 따름이었다. 우리가 익히 알고 있듯이 시간이 가면 갈수록 도시의 중심은 슬럼화되고 외곽에 베드타운이 형성된다. 그러나 뉴타운개발은 이러한 통념을 깨고 세입자나 영세자영업자의 상점들이 들어차 있는 슬럼화된 도심을 재개발하여 고급주택과 아파트촌으로 만들겠다는 기획이다. 따라서 이 정책이 수행되면서 영세 세입자와 자영업자들에 대한 보상 문제가 수반될 수밖에 없다. 특히 자영업자들은 막대한 권리금을 지불하고 장사를 하고 있는 터라 이러한 현실을 고려하지 않는 차원에서 보상이 이루어진다면 생존권 문제에 직면할 수밖에 없다. 그리고 영세세입자들은 점점 자신이 살 수 있는 공간, 임대아파트나 전세가 가능한 주택이 줄어듦에 따라 도시공간에서 쫓겨날 수밖에 없는 상황에 처하게 된다. 이러한 도시재생(재개발)사업은 가난한 도시 서민과 빈민들을 내쫓는 기획으로밖에 볼 수 없으며, 기존주택을 고급주택으로 변화시켜 막대한 부를 만들어낼 수 있다는 도착과 망상으로 이루어진 계획이라고 할 수 있다.

뉴타운개발사업이나 각종 재개발사업으로 막대한 부를 거머쥘 수 있다는 망상은 지역조합원들에게 널리 퍼져 있는 공통된 생각이며, 그렇기 때문에 폭력이든 뭐든 무슨 수를 써서라도 세입자와 자영업자들을 몰아내야 한다는 생각을 갖게 만든다. 그 속에서 폭력적인 재개발문제가 등장한다.

세입자들이 권리를 보장받으려고 하면, 돌아오는 것은 용역깡패의 폭력과 공권력의 폭력뿐이다. 특히 도심에서 상가를 운영하는 사람들은 권리금이라는 이름으로 막대한 돈이 들어가 있는 형편인데, 당국이 권리금을 보상해 줄 수 없다고 일축하는 것은 결국 철거민들에게 거리에 나앉으라는 말이라고밖에 할 수 없다. 이런 절박한 처지에 몰릴 대로 몰려서 철거민대책위를 구성하고 투쟁을 시작하면 공권력과 용역깡패의 살인적인 폭력이 철거민들을 생과 사를 넘나드는 상황으로 내몬다. 이러한 과정들은 비단 용산만이 아니라 뉴타운개발이나 도시재생사업이 진행되고 있는 곳곳에서 벌어지곤 한다. 철거민대책위는 망루를 세우고 화염병을 던지면서 저항하여 용역의 폭력으로부터 일정한 자율권을 획득하려고 했다. 당연히 용산뿐 아니라 모든 철거투쟁 현장에서 볼 수 있는 광경이었지만, 경찰은 이제까지 철거투쟁들에 대한 대응방식과 달리 경찰특공대를 무리하게 투입하여 용산철거민들을 죽음으로 내몰았다.

도심 내의 전쟁? 테러리스트?

그것은 국민을 대하는 국가의 태도와는 다른 것이었다. 피도 눈물도 없는 전쟁이었다고 밖에는 표현할 수 없는 무자비한 진압이었다. 통합된 세계자본주의는 한편으로 자본주의 체제 내에서 동요하는 개인이나 집단들에게 부드러운 억압을 가한다. 예를 들어 가족심리극화, TV를 통한 무의식의 통제, 정신보건센터의 설립, 비행청소년에 대한 상담서비스 등을 들 수 있다. 이러한 부드러운 억압은 기존 억압과는 달리 자본주의적 공리계를 받아들이도록 종용하고 무의식적으로 훈육과 통제의 방식에 따르도록 한다는 것을 특징으로 한다. 그러면서도 통합된 세계자본주의는 다른 한편으로 체제에 저항하는 세력들에 대해서는 어느 때보다 강경하게 탄압한다. 물론 용산참사에서도 보았듯이 강경한 탄압 국면에서는 대화와 협상의 여지도 주지 않고 살인적인 진압이 동원된다는 것을 알 수 있다. 만약 사람들 중 일부가 자본주의 시스템 자체를 문제 삼고 그에 균열을 가하려고 하는 순간 자본주의는 부드러운 모습에서 강경하고 냉혹하고 잔인무도한 탄압의 모습으로 돌변하게 된다. 그러한 강경한 탄압의 수단으로 준비해 온 것이 바로 테러와의 전쟁 이후에 만들어진 대테러 특공부대나 진압부대이다. 물론 이들의 총구는 자본주의 시스템에 균열을 가하려고 하는 국민 내부로 향해 있다.

테러와의 전쟁은 단지 이슬람근본주의자나 탈레반만을 대상으로 삼는 것이 아니다. 자본주의의 영속성을 보장해 내기 위해서 자본주의 시스템 자체에 균열을 일으키려는 일체의 세력을 타도하는 것을 목적으로 하고 있으며, 강경한 탄압을 통해서 사회 저변에 역동적으로 형성된 저항하는 무의식을 타깃으로 해서 민중이 폭력으로밖에 자신의 의사를 표현할 수밖에 없는 신자유주의 공리계 외부로 탈주나 저항하는 것을 사전에 차단하겠다는 세계제국의 임무를 의미하는 것이다. 민중들의 삶과 무의식에 다가오는 부드러운 억압에 익숙해져 있는 사람들은 "설마 같은 국민인데 그렇게까지는 하지 않겠지"라는 생각을 갖게 되지만, 강경한 탄압의 수준은 우리의 예상을 훨씬 뛰어넘는 잔혹함을 지닌다. 강경한 탄압에는 미시파시즘의 분리차별 논리가 관철되고 있다. ' … 또는 … 또는' 이라는 이접(disjuction)은 "적이냐 아니냐 말하라! 그것도 빨리 말하라!"는 식의 테러와 반테러 논리를 구사한다. '~도 ~도 용인될 수 있다'는 관용의 논리는 실종되고 배제와 분리차별의 극단적인 절단면이 등장한다. 이와 같은 미시파시즘의 이접은 분리차별의 국면만이 아니라 배제와 증오의 권력 논리로도 사용될 수 있다. 강경한 탄압의 형이상학적인 절단과 파열은 국가와 국민의 변증법적 논리로도 적용될 수 없는 강력한 공권력과 물리력의 동원 형태로 나타난다. 가능한 모든 수단이 동원되는 탄압은 저항하는 무의식의 흐름이 등장할 때마다 가혹하고 잔인한 권력과 국가폭력의 등장으로 현현하는 것이다.

파시즘의 공모자들

토건파시즘의 등장은 단순히 정치가 한 사람의 전략적인 행위 수준에서 드러난 것이라고 볼 수 없다는 것이 문제이다. 사실 토건파시즘은 막대한 개발이익을 위해서라면 인권과 생존권을 짓밟아도 된다는 식의 신자유주의적 속도전 사회가 만들어낸 것이며 많은 사람들이 이 성공신화에 욕망을 투사하였다. 이명박정부는 대중들의 부동산열풍과 같은 자본주의적 욕망의 아바타에 불과한 측면이 있다. 자본주의적 욕망은 부에 대한 맹목성을 드러내면서 그와 동시에 그 과정에 나타나는 차별 속에서 잉여와 권력을 추출한다. 많은 사람들이 가족 속으로 들어가서 가족주의적 논리가 만들어내는 부동산열풍의 공모자가 되는 가운데, 자신의 성공신화 외부로 소수자와 차별받는 자들을 배제한다. 부동산불패 신화라는 자본주의적 욕망이 배제한 집단이 바로 철거민이었으며 이 철거민들에 대한 숨도 쉴 수 없을 정도의 탄압은 부동산에 대한 욕망투사가 막대해질수록 그만큼 강해졌다. 이른바 재테크 수단으로 당연시하는 부동산에 열광하던 사람들은 개발주의와 성장주의 내부에서 짓밟히는 철거민들에 대해서 침묵하였다. 철거민들의 저항을 들여다볼 생각조차 하지 않고 그것이 마치 자신의 욕망에 대한 반역이나 성공대열에 끼지 못한 사람들의 투정인 양 믿고 싶었던 사람들에게 용산참사는 자신이 미시파시즘의 공모자였음을 확인시켜 주는 사건이었다.

가시적인 증오와 폭력의 거시파시즘 문제가 등장하는 그 뒤에는 항상 배제와 차별의 미시파시즘이 있다. 파시즘은 다시 돌아오지 않을 것이라고 비교적 나태하고 안이하게 생각하기 십상이지만 사실 파시즘은 도처에서 발생하고 진행되고 있다. 한국에서의 미시파시즘은 보다 부드러운 억압으로 형성된 사회적 환경에 적응하고 있는데, 자기계발이나 재테크 등을 통해서 성공하는 것에 대해서는 전혀 문제시하지 않는 사회풍토 속에서 자본주의적 욕망에 내재된 배제와 차별을 매우 부드럽고 자연스럽게 내면화할 수 있는 경로를 갖게 된다. 성공신화에는 소수자적 주체성들과의 단호한 단절만이 성공을 보장한다는 확신이 깔려 있으며, 감성·인식·태도 등에서 미시파시즘적 욕망의 믿음체계를 구성한다. 부동산불패 신화에 이끌려 성공 이외에는 그 어떤 것도 삶의 원칙이 될 수 없다고 여겼던 사람들이 바로 용산참사를 일으킨 미시파시즘적 사회환경의 책임자이자 공모자라는 것은, 당사자들이 수긍하는지 못하는지를 떠나서 분명한 사실이다. 용산참사의 의미는 미시파시즘을 넘어선 대중의 되기(=생성) 순간을 맞이했다는 데 있다. 자본주의적 욕망의 외부에는 소수자의 욕망이 있었으며 그 욕망과 접속하여 변용되면서 사람들로 하여금 새로운 차원의 소수자세계를 느낄 수 있게 한 성찰의 순간이었던 것이다.

용산위령미사와 순례행렬

생명의 숨결과 살아 있는 소수자들의 욕망은 용산참사 사건을 용산촛불의 의미로 진화시켰다. 남일당 건물은 죽음을 추도하며 살아남은 사람들이 느껴야 할 죽음의 의미에 대한 상징물이 되었다. 용산은 죽음의 권력에 맞선 삶의 욕망에 대한 하나의 상징이 되었을 뿐만 아니라, 촛불이라는 생명의 행렬과 만나 새로운 돌연변이를 일으켰다. 매일 진행되던 미사에 수많은 사람들이 동참하여 생명의 촛불을 불태웠다. 사람들의 도움과 순례의 행렬이 시작되면서 용산은 살아 있는 생명으로 가득한 곳이 되었다. 작은 촛불은 꺼지지 않았으며 사람들 사이에서는 미묘한 변용의 과정이 일어났다. 철거민이라는 소수자에 대한 대중의 소수자 되기는 소박하고 차분하고 진지한 신부님들의 미사 속에도 있었으며, 남일당 건물을 점거한 레아방송국과 문화예술인들의 생명의 화음 속에도 있었다. 무분별하고 폭력적인 도시재개발과 신자유주의의 속도전에 대한 대중적인 항의의 무의식이 형성되었고 그 중심에는 남일당을 둘러싸고 형성된 용산촛불이 있었다. 대중들의 저항은 생명의 리토르넬르(=화음)로부터 시작된다. 용산은 일찍이 들어본 적 없는 새로운 화음을 내는 공간이었으며 촛불의 울림과 떨림을 유감없이 보여주는 곳이었다.

사람들의 작은 촛불은 그 어떤 저항 슬로건보다 더 무의식에 호소하는 요소가 많았다. 앞만 보고 달려가던 도시사람들에게 그것은 새로운 사건과의 접속이었으며 속도사회를 멈추게 하는 유한한 실존(=욕망, 광기, 죽음)의 삶을 받아들이게 하는 시간이었다. 자본주의의 영원한 성장·개발·진보의 망상은 유한자로서의 자신의 존재를 받아들이는 순간 무력해진다. 자신의 한계와 경계는 작은 촛불이지만 함께 타오르면서 살아 있는 내재적인 지평을 갖게 되고 서로가 서로에게 의지하는 촛불의 역능이 된다. 남일당을 방문한 순례행렬뿐만 아니라 남일당에서 저항하던 사람들은 새로운 생성의 힘을 보여주었다. 많은 노래들이 만들어져 항의의 표시가 되었고 많은 영상·자료·이야기 들이 생산되었다. 그리고 그곳에서는 서로의 음식들이 오고가고 서로의 작은 마음들이 나누어졌다. 그것은 색다른 코뮌이었다. 이 작은 코뮌은 죽음·삶·슬픔·분노·항의·노래·희망 등이 어우러져 민중이 갖고 있는 생명의 힘을 보여주는 곳이었다. 미사의 경건함만큼이나 사람들에게는 생명에 대한 경외와 믿음이 있었다. 그곳에는 실존의 명제들이 있었다.

자본주의는 똑딱거리는 자신의 일상시간을 구축하고 그 속에다가 성공을 향한 욕망, 영원성으로 향하는 진보의 욕망, 자신의 궤도를 구축해 놓은 정상성의 욕망만을 승인한다. 자본주의의 똑딱거리는 시간 속 욕망 이외에는 모두 다 광기로 식별해 내어버리는 가운데, 용산은 그것을 절단하는 사건이었으며 파열시킨 사건이었다. 그들의 혁명적 광기는 정상이라고 불리는 자본주의의 영속성에 대한 저항으로 간주되어 살인적이고 무자비하게 진압되고 말았다. 그러나 그러한 새로운 주체성의 등장은 욕망의 지형에서 새로운 변화를 일으켰으며 자본주의적 욕망 외부에 새로운 욕망이 생성될 수 있는 잠재성을 드러내 보였다. 용산촛불은 새로운 주체성이 만들어놓은 내재성의 구도 속에서 타올랐으며 그것은 자본주의적 욕망에 대한 성찰과 반성의 시간을 주조해 냈다. 죽음·욕망·광기라는 실존적 좌표는 자본주의가 만들어낼 수 없는 생명에너지로서의 욕망으로 방향을 선회하게 만드는 역할을 한다. "나는 무엇 때문에 달려왔던가?"라는 도시대중들의 광범위한 되기(=생성)의 시간은 소수자로서의 철거민뿐 아니라 자신의 삶에 대한 성찰적 의미로 다가왔으며 도시대중의 변용의 시간이기도 했다. 생명평화를 향한 용산촛불의 의미는 욕망의 미시정치에 새로운 의미로 다가온다. 욕망이 자본주의적 맹목성으로부터 벗어나 자신의 실존적 한계를 받아들이는 순간 홀연히 생명에너지의 리토르넬르(=화음)로 변용되어 저항의 역능이자 창조의 역능으로 돌변할 수 있다는 가능성 말이다. 욕망의 지도 변화는 이제까지 기억에 없던 새로운 주체성, 색다른 코뮌을 가능케 하는 내재적 지평의 변동을 가져다준다. 용산미사의 순간마다 순례의 행렬은 끊이지 않았고 촛불은 꺼지지 않았다. 그리고 비록 피상적인 수준에서 합의가 도출된 용산사건이라고 하지만 그 욕망의 미시정치(=색다른 코뮌)의 잠재성은 촛불로 남아 계속 타오를 것이다.

상상도 못한 강경한 탄압

자본주의의 일상은 부드럽고 달콤하게 스며들지만 그 속에서 만들어진 기괴한 욕망들은 주변인과 소수자들의 욕망들을 억압하고 자신과 다른 욕망을 광기로 취급한다. 국가가 국민이라고 사고하는 사람들은 부동산 열풍에 휩쓸린 중산층이었지 재개발에 밀려 생존권을 지킬 수 없는 철거민들이 아니었다. 뉴타운 건설과 재개발에 몰입한 광풍 속에서 사람들에 대한 무의식적 통제는 광범위하게 이루어졌고 끊임없는 개발이 막대한 부를 안겨줄 것이라는 상징과 이미지를 대중의 뇌리에 각인시켰다. 자본주의 질서와 틀에서 배제된 사람들이 저항하려고 거리에 나서는 순간, 이제까지 볼 수 없었던 강경한 진압이 자행되었다. 사람들이 죽을 수밖에 없을 만큼, 일찍이 경험해 보지 않은 강경 일변의 탄압에 대중들은 몸서리쳐야 했다. 테러진압을 위해서 만들어졌다는 경찰특공대가 국민을 대상으로 진압작전에 나서고 어떤 시기보다 더 철저하게 무장한 권력의 모습을 보였다. 이것이 국민성공시대의 성공 이미지가 보여준 부드러운 억압의 배후에 있는, 강경탄압을 서슴지 않는 권력의 실체였다. 자본주의 질서를 거역하는 사람은 모두 테러리스트로 간주하는 미시파시즘의 실체가 적나라하게 드러난 사건이었다. 사람들은 생과 사를 결정하는 죽음권력을 직접 겪으면서 이제까지 앞만 보고 달려오게 한 성공주의가 만들어놓은 기괴한 살인권력이 달콤하게 무의식에 파고들었던 부드러운 억압까지 성찰하기 시작했다. 강경한 탄압에서 권력의 벌거벗은 모습이 드러나고 이제까지 삶을 지배해 온 틀과 질서가 갖고 있는 허구성도 폭로된다. 체제와 다른 질서를 가지고 살아가고자 하는 사람들에게 가해지는 엄청난 규모의 억압과 강권은 이 질서가 겉으로는 매우 부드럽고 유연해 보이지만 그 경계 외부에 살인적인 공권력을 행사함으로써 유지되는 권력질서라는 것을 보여주는 것이다. 용산은 우리의 무의식에서 존재한다. 부드럽고 달콤하게 치장된 자본주의적 욕망에서도 계속된다.

03 이라크파병 반대: 이중구속, 초자아의 수용좌표를 허물다

초자아의 수용좌표 données d'accueil du surmoi

초자아는 신·국가·아버지와 같이 초월적 지위를 갖고 있으면서 내재적인 삶을 예속시키는 권력적 존재이다. 초자아의 수용좌표는 초월적인 존재들을 받아들임으로써 그 안에서 안전함과 안정감을 누리고자 하는 예속집단의 삶의 바운더리를 의미한다. 예속집단의 경우 욕망의 흐름은 이러한 초월적인 존재에 의해 통제되며 공동체가 자율적으로 조절할 수 없게 된다. 문제는 욕망에 대한 수동적 태도 정도로 초자아의 수용좌표가 형성되는 것이 아니라 예속을 욕망하는 것으로 나아간다는 점이다. 예속집단의 주된 특징은 초월적인 큰 존재들에 의해서 욕망이 거세되었다는 환상을 갖게 되어 병리적으로 욕망을 굴절시킨다는 점이며 터부·암시·동일시 등을 통해서 집단을 구성한다. 반면 주체집단은 자신의 무의미·유한성·죽음 등을 응시하고 있는 집단이다. 권력 때문에 권력을 욕망하고 자본 때문에 자본을 욕망하고 억압 때문에 억압을 욕망하는 이런 병리적 욕망의 근저에는 굴종 자체를 즐기는 마조히즘이 숨어 있다. 초자아의 수용좌표 기저에는 국가·신·아버지 같은 큰 존재들이 영원히 존재할 것이라는 망상이 숨어 있다. 그러나 유한한 존재로서 자신의 실존을 받아들이는 순간, 예속을 욕망하는 기괴한 현상은 사라지고 초자아가 영원하다는 것이 망상에 불과했음을 깨달아 스스로 자신의 운명을 개척하게 된다.

"집단이 자신의 운명 주체가 되고 자신의 유한성, 자신의 죽음을 받아들이게 되면 홀연 초자아를 수용하는 좌표가 수정되어 기존의 사회질서에 특유한 거세 콤플렉스의 문턱이 국지적으로 수정될 수 있다."

−가타리, 『정신분석과 횡단성』

제국의 전쟁, 촛불의 시간

미국 금융패권의 상징이던 쌍둥이빌딩을 무너뜨린 9·11사태를 기화로 미국 부시행정부는 테러와의 전쟁을 선언하고 아프가니스탄과 이라크를 잇따라 침공했다. 미국의 폭격기들이 열화우라늄탄을 쏟아부으며 이라크에 침공한 것은 사실 테러와의 전쟁이라는 명분보다 중동에서 석유패권을 장악하기 위한 선제공격의 의미가 강했다. 이 과정에서 미국은 막대한 첨단과학 무기를 동원하였고 이라크군은 소리 없이 다가오는 새로운 무기의 희생양이 되어야 했다. 특히 미국의 이라크 침공은 민중의 봉기와 저항에 직면하여 사실상 매우 혼미한 정국으로 빠져들었다. 이 전쟁에 한국군을 파병한다는 소식이 알려지자 한국 내부에서는 치열한 논쟁과 토론이 벌어지고 갈등이 첨예해졌다. 베트남 파병의 경험을 들며 미국과의 혈맹을 강조하고 막대한 이익이 돌아올 것이라는 국익론이 고개를 들었고, 그 반대편에서는 더러운 전쟁에 젊은이들을 보내는 것이 과연 올바른 것인가라는 입장이 강력하게 대두되었다. 전쟁이라는 예외상황에 재건사업이든 평화적 협력사업이든 군대를 파병한다는 것은 매우 특별한 상태를 의미하는 것으로, 전쟁상황에 국민들을 연루시킨다는 의미와 맥락을 갖고 있었다. 테러와의 전쟁이라는 새로운 전쟁의 성격에 대해 제대로 된 정보조차 갖고 있지 않았던 한국인들에게 파병을 결정하도록 강제하는 것은 국민의 안전보장과 영토보존이 고유의 역할인 국가와 또 다른 국가영역을 사고하게끔 만들었다.

미국이 벌인 테러와의 전쟁의 성격을 규명하는 여러 가지 연구에서, 미국의 대중동정책은 일관되게 자원패권을 기반으로 설계되어 왔으며 중동사회가 반미로 돌아서게 되는 계기에는 미국의 제국주의적 정책들이 있었다는 것이 밝혀졌다. 또한 이슬람문화권과 기독교문화권의 문화적 차이를 긍정하지 않는 문화적 무관용은 이슬람근본주의자들을 테러리스트로 만들 수밖에 없었다는 점도 중요하다. 미국식 삶의 방식을 강제하는 신자유주의는 이슬람문화와 매우 적대적인 양상으로 부딪힐 수밖에 없는 스테레오타입화된 삶의 방식을 의미하는 것이었다. 이러한 미국의 일방주의 노선은 부시행정부 들어서 더 노골화되었다. 부시행정부는 테러와의 전쟁으로 테러주의자들을 발본색원하겠다는 의지를 천명했는데, 그 테러리스트들이 절망의 수렁에 빠진 이라크 민중일 수도 있기에 무차별적인 다수에 대한 공격은 매우 위험한 것이었다.

특히 우방국들에게 테러와의 전쟁에 참여하도록 강제하는 테러와 반테러 의제설정은 매우 위험한 논리를 양산한바, 그것은 "테러인가? 반테러인가? 둘 사이에서 선택하라! 그것도 빨리 선택하라!"라는 식의 과도한 이분법을 품고 있었다. 미국 주도의 다국적군 결성은 사실 국제사회 특히 UN 평화유지군과는 궤를 달리하는 편성이었으며, 그렇기 때문에 다국적군에 참여하는 것은 대한민국 군인들을 단순한 정찰임무나 평화재건사업 차원을 넘어선 국제관계 속에서 제국의 전쟁에 참여시키는 것을 의미했다. 한국 민중운동세력은 이에 맞서 우리 젊은이들은 제국의 전쟁에 참여할 수 없음을 표명하면서 촛불을 들었다. 그리고 이러한 행동은 한반도의 위기상황에 대한 미국의 개입을 막기 위한 노력이었으며 한반도 평화의 여론흐름을 만들기 위함이라는 의미가 담겨 있었다.

미국이라는 초자아의 이중구속

미국이라는 국가는 분단과 전쟁을 겪은 한국사회에서 특별한 의미를 가지며 그 이름 자체가 성장과 개발을 약속하는 것으로 간주되곤 했다. 기성세대는 미국의 원조와 차관에 힘입어 한국경제는 성장할 수 있었고 그 성장은 굳건한 한미동맹이 있었기에 유지되었다고 생각하고 있었던 반면에, 386세대부터 시작된 "미국은 한국에서 어떤 의미를 갖는가?"라는 물음은 이후 세대에게 미국을 다시 생각할 수 있는 계기를 주었다. 386세대가 종속이론 등을 통해서 한국의 주권과 민족적 자주성과 독립성에 대해 깊이 사고하는 경향은 이후 세대에게 각인되면서 미국이 절대적인 우방일 수만은 없다는 생각을 많은 사람들이 하게 되었다. 그러나 아직도 기독교보수집단과 참전예비역군인 등으로 구성된 보수집단에게 미국은 초자아의 수용좌표를 구성하는 결정적인 역할을 하고 있다. 이들 집단에게 미국은 아버지·신·국가라는 초자아만큼이나 중요한 영역을 차지하고 있었고, 그런 만큼 미국에 대한 맹목적이고 일방적인 추종은 당연한 것이었다. 그들의 논리를 따라가면 호전적인 북한으로부터 한국을 보호하고 세계적인 평화체제를 구축할 수 있는 힘을 가진 미국은 절대적인 선이었다. 그들에게 북한의 핵개발과 도발은 자신들의 생각을 검증해 주고 공고하게 만드는 것이기도 했다.

이에 반해 평화운동세력이라고 할 수 있는 민중진영에서는 미국이 한반도 위기상황에서 돌발적인 전쟁국면으로 몰고 갈 수 있는 위험을 경고하고, 그에 맞서 미국의 요구를 일방적으로 들어줄 것이 아니라 주권적 독립성을 최대한 유지하는 노력이 요구된다고 주장한다. 이것은 친미와 반미라는 이분법이 투사되는 공간, 즉 초자아의 수용좌표와 이중구속에 대한 입장으로 드러난다. 이를테면 아버지라는 초자아에 대해 부친살해라는 방식으로 아버지를 부정하는 측과 아버지를 능가하는 아버지가 되려는 측의 좌·우파적 방식으로 나누어지는 것이다. 친미와 반미 논쟁은 이러한 두 가지 방향성이 갖고 있는 이중구속의 상황을 벗어나지 못한 것으로 해석될 수 있다.

그러나 평화운동진영은 친미·반미라는 이중구속에 머무는 것이 아니라, 한반도 평화를 위한 실질적인 평화체계 구축이라는 입장을 통해서 이중구속을 벗어나는 새로운 운동이 될 잠재력을 보였다. 386세대의 자주론자들에게서 볼 수 있었던 반미적인 성향보다는 초자아에 사로잡히는 것 자체를 거부하고 자율적인 민중운동 내부에서 평화의 계기를 찾겠다는 내재주의적 행동방식이 평화운동진영의 새로운 모습이었다. 어떤 의미에서는 초자아의 수용좌표 외부에 있는 주체집단의 등장은 무의식 자체가 고아와 같이 독립적인 탈근대적인 경향을 보인다. 이러한 집단 무의식의 결과로 이라크 파병시기의 논쟁은 '친미냐? 반미냐?' 라는 기존의 궤도를 벗어난 형태를 보이게 된다.

베트남, 이라크, 공고한 한미동맹

이라크전쟁의 파병에서 다른 한편으로 논쟁의 중심이 되었던 논리가 국익론이다. 베트남 참전이 가져다주었던 이익만큼이나 이라크전 파병도 기대효과를 실현시켜 줄 거라는 논리이다. 동시에 미국의 도움을 받았던 나라가 미국에 도움을 주는 것은 당연하다는 논리도 그중 하나이다. 국익론은 비용 대비 효과라는 대차대조를 수반하는데, 막대한 규모의 지원자금은 그것을 설득력 있게 입증할 수 없었다. 대신 미국에게 도움을 받은 만큼 미국이 원한다면 도움을 주어야 한다는 논리가 더 우세하게 작용했다고 할 수 있다. 그러나 제국의 전쟁에 명분도 없이 참여한다는 점에서 궁색한 이 논리가 설득력을 가지기에는 무리가 따랐다. 국가주의적인 발상들에는 늘 국가의 이익이 곧 공공의 이익이라는 등식이 성립된다. 그러나 국가의 역할을 축소하고 국가가 행복과 안전을 보장해 준다는 것조차 의구심을 가지게 만든 신자유주의적 국가상황에서 국가주의는 반동적 낭만주의라고 할 수 있다. 의료보험을 비롯한 공공서비스를 민영화하려는 시도는 미국모델을 맹목적으로 추수하는 것이지만, 이런 신자유주의적 발상을 반증해 주는 것이 바로 미국 민중들이 처한 열악한 상황이다. 국가주의와 시장자유화가 기묘하게 결합된 한국 보수주의는 국가를 낭만적인 향수를 가지고 바라보면서도 국가의 공공서비스 해체를 당연하게 여기는 이율배반에 빠져 있다. 이와 같은 이율배반에도 불구하고, 베트남전쟁 파병에 비추어볼 때 이라크 참전도 막대한 이익을 가져다줄 것이라는 식의 사고가 보수진영을 지배하고 있으며 그것은 매우 모순적이게도 국익의 이름으로 행해졌다.

물론 국익으로 여겨질 수 있는 부분도 있었다. 미국은 독재자 후세인을 타도함으로써 이라크에서 막대한 석유채굴권을 획득하고 친미 성향의 허수아비 정부를 내세워 그것을 보장할 수 있는 사회 인프라를 구축할 수 있었다. 석유패권에 대한 미국의 집착은 미국 내의 거대한 소비경제를 유지해 나가기 위해서는 막대한 양의 석유를 보유해야 하는 미국경제의 허와 실을 보여주는 것이기도 하다. 특히 화석연료 석유에 대한 의존도가 매우 높은 미국으로서는 석유가 고갈되든 화석연료의 사용으로 인한 온실가스가 배출되든 개의치 않고 현 세기 동안 흥청망청 쓰고 보자는 식의 종말론적인 흐름을 보장해 줄 수 있는 것이 바로 이라크전쟁이었다. 미국 내의 거대 석유산업과 석유관련 다국적기업들의 입장은 이라크전쟁을 일으킨 주요 원인 중 하나였으며, 여기에 한국사회의 일부 집단도 석유채굴권이나 자원 확보에서 유리한 고지를 차지한다는 국익론으로 호응했다. 그러나 대안의 논리는 없이 맹목적으로 치닫는 자본주의적 욕망의 흐름은 유한한 인간과 지구 그리고 유한자로서의 실존을 깨닫고 신·국가·아버지와 같은 초자아의 수용좌표가 영원하리라는 망상을 바꾸어놓을 수 있는 시간을 유예시켜 버린다.

김선일 증후군과 평화불감증

국민들을 깜짝 놀라게 한 사건은 그 다음에 터졌다. 바로 김선일의 피랍이었다. 국가는 국민의 안전을 보장할 의무가 있다는 생각은 한 순간에 무너져 내렸다. 그리고 한국이 참여하고 있는 전쟁이 바로 테러와의 전쟁이었다는 사실을 실감할 수 있었던 사건이기도 했다. 김선일의 죽음은 잔혹하고 비참하기 그지없는 모습으로 드러났으며 국익이라는 낭만적 동화를 잔혹드라마처럼 여겨지게 만들었다. 동영상을 통해 죽어가는 김선일의 모습은 많은 사람들에게 전달되었고 그 동영상을 본 사람들은 국민의 죽음을 수수방관하는 국가, 국민의 안전을 책임질 수 없는 국가를 오히려 인정하고 체념해 버리는 김선일 증후군에 시달리게 된다. 이러한 일은 김선일 사건으로 그친 것이 아니라 샘물교회 사건에서도 똑같이 반복된다. 테러와의 전쟁에 참여한 이유가 구차하기 때문에 이 같은 돌발적이고 예외적인 상황은 사람들에게 마치 천재지변처럼 느껴졌다. 국제질서에서 한국의 위치가 그 국민에게도 똑같이 적용된다는 사실은 제국의 전쟁에 참여하고 있는 국민들이 준전시 상황에 놓여 있음을 의미한다. 잠재적으로 전쟁은 늘 진행되고 있는 상황이었고 그렇기 때문에 전시에나 느껴질 법한 무의식적인 위축과 욕망의 궤도 변화가 존재하게 된다. 대중의 욕망이 경화되고 위축된 만큼이나 한반도 평화에 대한 열망은 폭넓고 깊이 있는 차원을 형성하였다. 사람들은 한반도에서의 평화적 교류와 경제협력 등에 공감하면서 다시는 전쟁이 일어나서는 안 된다는 생각을 깊이 새기게 되었다.

그러나 이와 동시에 이 일련의 사건은 초자아의 수용좌표 속에 있는 예속집단의 맹목성을 강화시켰으며 평화불감증을 전염시키고 사회적 불안이 팽배한 속에서도 전쟁을 통해서라도 이익을 얻으면 된다는 식의 논리가 퍼지는 효과도 낳았다. 이러한 무의식의 흐름은 김선일 증후군이 보수집단에 작용하면서 생겨난 것이라 할 수 있는데, 무시무시한 잔혹성 앞에서 평화의 중요성을 부정해 버리고 신경이 둔감해지는 일종의 전쟁공포증 같은 현상이라고 볼 수 있다. 또 이것은 전쟁은 항상 진행중이며 테러에 대한 공포는 어디서나 일어나고 있다는 데서 출발하여 테러와 반테러의 이분법 논리가 지닌 것과 똑같은 무차별적인 선악의 이분법으로 세상이 분할되어 있다는 생각을 확산시켰다. 그 속에서 평화운동과 보수운동은 매우 격렬한 양상으로 양분되었으며 그 무의식의 궤도는 전혀 다른 차원에서 자기운동의 맥락을 형성하게 된다.

이제 민중운동이 폭력을 동원한다면 즉각 테러로 간주되어 통제당할 수밖에 없는 상황이 되었다. 기존에 민중운동이 수단으로 삼았던 '대항폭력'들은 모두 테러 차원에서 다루어지게 되었는데, 그것은 바로 테러와의 전쟁에 연루된 상황이 이제 국제적인 차원에서 일국, 심지어는 일상의 차원에까지 이르고 있었기 때문이다. 우리의 삶 구석구석까지 미치는 이 논리는 민중적 저항에 대해서까지 파고드는 새로운 수준의 억압으로 다가올 수밖에 없다. '자본주의는 평화롭다'는 생각을 유지시켜 나간다는 것은 곧 그 내부에 억압과 차별을 작동하고 증오와 배제의 논리를 확장시키는 것을 의미하는 것일 수도 있다. 여기서 전제가 결론이 되는 오류가 생겨난다. 오히려 그 평화롭다는 전제는 자본주의에서 벗어난 대안으로부터 찾아내야 할 것이며 이 대안이 만들어야 할 결과인 것이다.

반전평화, 토론의 장에 나서다

이라크 파병 문제로 시민사회가 출렁거리면서 많은 사람들이 논쟁에 뛰어들었다. 이 논쟁을 통해서 새로운 토론의 지평이 열렸는데, 사회 전부문이 이 토론의 장에서 각각의 입장을 발언하고 행동하였다는 데 그 의미가 있다. 평화운동진영은 토론의 장을 촛불시위라는 현실의 장으로 옮겨놓는 데 성공하였고 사회 각 영역의 목소리가 촛불의 힘으로 나타났다. 시민사회의 매우 활발한 논의는 "우리에게 제국이란 무엇인가?" "제국주의인가? 제국인가?"라는 문제로 발전하였다. 여기서는 식민지가 제국의 외부에 별개로 존재하는 것이 아니라 제국 내부에 있으며 사회의 주변부와 소수자들에 대한 국가의 태도에서 그것을 찾아볼 수 있다는 것이 논쟁의 핵심을 이루었다. 또 부시행정부의 일방적인 외교정책과 전쟁은 여전히 제국주의적 패권주의가 작동하고 있음을 보여주는 것이며 통합된 세계자본주의 혹은 세계제국이라는 탈근대적 예속양식에 이르지 못한 근대적 제국주의 경향의 최후반란이라고 규정되었다. 이라크전쟁 시기 '제국논쟁'은 제국의 테러와의 전쟁이 일상 삶의 수준까지 포섭하기에 이르렀다고 지적하면서, 평화운동이나 민중운동이 이로부터 자율성을 갖기 위해서는 어떤 노력이 필요한가에 대한 성찰이었다.

이라크 파병으로 촉발된 촛불시위는 여느 촛불시위만큼이나 의미심장한 메시지를 전달하고 있었다. 제국의 논리가 아니라 생명의 욕망이 갖고 있는 생명평화 에너지가 촛불이 되어 빛났고, 사람들은 한반도 평화의 의미를 자발적이고도 자율적으로 발언하였다. 이 같은 대중의 인식 진보는 사회 각 영역에서의 배치를 변화시키는 중요한 계기가 되었으며 촛불은 평화를 염원하는 사람들을 서로 연결시켜 주는 매개체였다. 촛불이 지닌 상징적인 의미는 확장되었다. 촛불에는 반전평화와 민중적 자율성의 중요성이 담겨지게 되었고 이런 내용적 측면만큼이나 표현에서도 토론과 모색이라는 새로운 표현양식이 활발하게 나타난다. 물론 표면적으로는 파병을 둘러싸고 반대와 찬성으로 사회가 분열된 것으로 보였을지 모른다. 그러나 대중의 역동적인 무의식은 새로운 언어와 사회적 관계를 창안할 수 있는 거대한 지반이었다. 시민들 사이에서 오간 격렬한 논쟁은 새로운 수준의 평화의식을 쌓아올리게 되며, 한반도 평화의 필요성을 전체적으로 공감하는 중요한 장을 마련하게 되었다. 이 과정에서 파병은 매우 비밀스럽게 추진될 수밖에 없었고, 자이툰부대 파병에 이르러 시민단체들의 파병 반대와 항의가 대열을 이루었다. 이 평화운동 흐름은 평택 미군기지 이전 반대운동으로 다시 나타나게 된다.

초자아를 넘어선 은하수 성좌

이라크 파병 반대운동은 초자아의 수용좌표에 묶여 있던 무의식의 궤도변화를 초래했을 뿐만 아니라 욕망의 흐름에도 영향을 주었다. 반전평화운동은 생명이 안전하게 활동하며 살아가고 평화를 누릴 수 있으려면 초월적 권력에 굴종함으로써가 아니라, 오히려 초월적 권력의 억압과 착취 그리고 전쟁이 없는 세상이 되어야 한다는 것을 일관되게 보여주었다. 한국사회의 진보적인 지식인들과 평화운동세력은 "우리에게 미국이란 무엇인가?"라는 근본적인 질문을 던지면서 무의식 속에서 초자아로서 미국을 받아들이지 않겠다는 태도를 취했으며, 사실상 예속된 형태의 욕망을 넘어선 생명평화의 대안적 욕망이 가능함을 보여주었다. 특히 미국사회에서 살아가는 민중들의 현실과 미국의 전쟁에 희생양이 된 이라크 민중들의 현실을 알림으로써, 미국식 자본주의는 장밋빛 환상에 지나지 않을 뿐더러 자국 국민의 안전과 평화조차 보장할 수 없는 기괴한 자본주의임을 깨닫게 하였다. 국제정세의 급격한 경색 속에서도 반전평화운동은 한반도 평화체제 구축만이 절대적인 선이라는 생각을 갖게 만들었다는 점에서 미국을 절대 선으로 받아들이는 보수우익집단의 무의식 궤도와 다른 양상을 보여주었다.

보수집단은 초자아 미국만이 한국의 평화를 보증할 수 있는 영원한 존재라고 믿어 의심치 않는데, 이런 예속집단은 특유한 형태의 금기와 그 금기에 의해서 거세를 당했다는 환상을 가지고 있는 것이 특징이다. 미국이라는 존재에게는 좌파가 금기이며 한국전쟁은 그 금기에 의한 거세의 통과의례 같은 것이었다. 또 미국의 신자유주의적 정책을 한국사회에 그대로 적용하고 절대 선으로 떠받드는 태도를 취한다. 이 같은 초자아의 수용좌표 구성은 미국식 자본주의가 영원할 것이라는 망상을 품고 있지만, 유한한 지구와 유한한 인간사회라는 측면에서 볼 때 유지 불가능한 기괴한 체제라는 것은 갈수록 더 명확해지고 있다.

반전평화운동을 이데올로기적으로 반미와 친미의 대립구도로 보는 것은 초자아의 수용좌표를 이중구속을 하여 도리어 반미는 친북이라는 공식을 만들어내게 된다. 그러나 반전평화운동은 또 하나의 초자아를 받아들인 운동이 아니라 초자아의 바깥에서 생명과 평화에 대한 염원과 욕망의 흐름이 촛불로 나타난 것이었다. 제국의 막강한 군사력과 통제수단에 비해 작고 유한하며 자칫 약한 바람에도 꺼지기 십상인 촛불은 은하수 성좌를 형성했다. 그것은 또 다른 초자아의 호명이나 명령에 따라 일사분란하게 결집한 대중도 아니었고 초자아의 품안에서 안전한 삶이 가능하다고 생각하는 대중도 아니었다. 스스로 유한한 존재임을 알기 때문에 서로의 어깨에 기대서 움직이는 작은 촛불의 밀집대형이 욕망이 갖고 있는 성좌를 변경시켰던 것이다.

6부

대
안

01 태안사태: 세 가지 생태학이 만들어낸 집단적 리토르넬르

세 가지 생태학 les trois écologies

가타리가 생태학을 통합적 구도 속에서 파악하기 위해 창안한 개념이다. 세 가지 생태학은 자연환경의 보존·관리를 실천하는 환경관리주의와 생태위기의 극복을 위한 사회적 실천과 사회변혁 문제를 제기한 사회생태주의, 생태계를 중심에 놓고 삶의 변화를 사고하는 생태근본주의를 하나의 구도로 통합해 낸다. 이를 구성하는 세 가지 요소로는 자본주의가 오염시키고 있는 환경을 보존하는 행동으로서의 자연생태, 색다른 삶의 방식을 생성시키는 주체성 생산을 과제로 하는 마음생태, 사회적 관계의 변화와 사회변혁운동의 의미를 밝히는 사회생태가 있다. 가타리가 가장 중심에 놓고 사고하고 부분은 주체성 생산이다. 생태환경의 변화를 위해서 어떻게 하면 자본주의적 욕망이 만들어놓은 이른바 정상적이고 일상적이라는 삶의 방식과 다른 욕망의 노선이 가능할까를 제기한다. 여기서 주체성 생산은 세계를 재창조하여 관계를 재발명하는 것을 의미한다. 우리가 맺고 있는 가족·친구·학교·노동 등의 관계를 재발명하고 사회적 관계를 독특하게 맺는 것이 가능하다고 가타리는 말한다. 그래야만 자연파괴와 퇴행적 관계들을 당연하게 여기는 자본주의 사회를 극복할 수 있다는 것이다. 대중매체에 의해 대량으로 생산된 획일적인 마음을 가진 주체를 넘어서 집합적 행동에 나설 수 있는 색다른 마음의 주체집단이 등장할 수 있고 본다. 그런 의미에서 주체성 생산은 사회에서 당연시되는 인간관계, 사유방식, 삶의 방식을 극복하고 색다른 방식으로 관계를 맺고 사유하고 실천하는 보이지 않는 변화를 의미한다. 색다른 주체가 등장하는 순간, 그로 인해 사회적 관계망은 새로운 장을 형성하며 보이지 않는 영역에서의 주체성 생산이 생태위기와 같은 상황을 극복할 수 있다.

> "정신 · 사회체 · 환경에 대한 행동을 구분하는 것은 옳지 않다.
> 이 세 가지 영역의 악화를 직시하지 않는 것은 여론을 유치하게 만들고 민주주의를 파괴적인
> 무력화에 빠지게 하는 기획에 가깝다. …이제 우리가 제기하는 세 가지 생태학적 관점이
> 구성하는 세 가지 상호 교환할 수 있는 렌즈를 통해 세상을 이해하는 것이 좋을 것이다."
>
> ─가타리, 『세 가지 생태학』

태안 사태는 우리에게 무엇이었는가?

2007년 12월 7일 태안 앞바다에서 허베이 스피리트 호와 그것을 예인하던 삼성물산의 배가 부딪혀 1만 2547킬로리터의 원유가 바다에 유출된 사건이 발생하였다. 이러한 환경재앙은 1995년 서해 시프린스 호의 기름유출 사건에서도 이미 예고되었던 것이다. 태안을 중심으로 한 서해 앞바다는 기름띠로 검게 물들었고 바다양식을 하거나 고기잡이를 하던 지역주민들은 망연자실할 수밖에 없었다. 그런데 이 막대한 환경재앙이 보도되면서 미묘한 변화가 감지된다. 원래 환경재앙이 보도되면 많은 시민들은 그 엄청남에 압도되어 방조해 버리거나 스펙터클한 생태위기를 그저 무기력하게 바라보기만 할 뿐이라는 기존 통념이 있었다. 그러나 태안 기름유출 사

고에 대해 시민들은 삶의 위기로 다가온 생태문제에 대해 뭔가 행동에 나서야 한다는 형태로 반응했다. 하나의 거대한 위기는 새로운 주체성이 등장하는 서막인지도 모른다. 시민들의 작은 동호회에서부터 생활커뮤니티에 이르기까지 각종 네트워크들이 신속하게 자원봉사에 나서는 등 자신들의 행동방식을 결정하기 시작했다. 이로부터 지금까지와는 다른 양상을 나타나게 된다. 기름때를 닦을 천조각을 모으고 자원봉사자들은 무리를 지어 태안으로 향했다. 일찍이 볼 수 없었던, 말 그대로 인해전술이었다. 엄청난 자연재해에 대항해서 한국의 네트워크들이 수많은 사람들의 작은 힘을 모아 행동에 나선 드라마틱한 사건이었다. 해안에는 헤아릴 수 없이 많은 사람들이 바위와 돌을 일일이 닦고 삽으로 기름을 퍼냈다. 그것은 희망을 찾을 수 없었던 상황에서 스스로 희망을 만들기 시작한 기적이었다.

태안사태가 터지자 정부는 공무원·군장병·소방대원·지역주민으로 구성된 방제조직을 동원하였다. 다른 한편으로 분자적인 조직들로 구성된 자원봉사자 103만 명의 물결이 새로운 지평을 열면서 생성된다. 몰적인 조직과 분자적인 조직은 조직화 방식은 다르지만 환경재앙에 대처한다는 목표를 함께하는 이례적인 상황이 벌어진다. 특히 인터넷의 네트워크는 큰 위력을 발휘했는데 각 커뮤니티의 시삽이나 운영자들의 요청을 비롯하여 네트워크 구성원들의 아래로부터의 요구는 강한 힘을 가지고 오프라인으로 발산된다. 직장인들까지 주말을 이용해 태안으로 가서 생생한 실천에 동참하기에 이른다. 이는 생태위기 문제를 자신의 문제로 받아들이는 색다른 욕망의 출현을 의미하며, 이 색다른 욕망은 매우 강력한 주체집단을 형성한다.

한국사회에서 생태위기와 환경재앙에 대한 사람들의 태도가 크게 바뀌게 되는 분수령이 바로 태안 기름유출사건이라고 할 수 있다. 기존의 환경관리주의 시각은 사람들에게 색다른 주체의 욕망을 생성시키지 못하고 있었다. 그에 반해 태안의 자원봉사자 물결은 환경재앙이 당사자만의 문제가 아니라 우리 모두가 해결해야 할 문제이며 그 해결방안에서도 자발성과 자율성에 입각한 작은 힘들의 결집이 중요하다는 새로운 시각을 보여주었다. 그것은 한국사회의 생태적 미시사에 새로운 분수령이었다. 독특한 주체성의 형성 속에서 색다른 욕망이 드러나는 생성의 순간에 표출된 집단의 힘은 강렬했다. 그것은 자연재앙에 무기력한 인간형상이나 생태 오염과 파괴를 방조하는 인간형상 같은 기존의 주체성이 아니라, 자연의 문제를 자기 문제로 인식하고 생태위기를 바로 자신이 속한 생활반경이 파괴되는 문제로 바라보는 매우 독특한 주체들이었다. 103만 명에 달하는 자원봉사자들은 진정성을 가지고 현장에서 움직였기 때문에 조그만 오염물질조차 용납하지 않았다. 하루에 한 사람이 돌멩이와 바위를 뒤덮은 기름을 제거할 수 있는 양은 몇 리터에 불과했지만, 한 무리가 기름을 닦아내고 가면 이어 다른 무리가 와서 닦으면서 점점 태안 바닷가는 제 모습을 찾아갔다.

생태위기에 대한 공동체의 대응

환경재난과 환경위기에 직면하면 으레 우리는 민방위 · 예비군비상연락망 · 소방방제체제 · 경찰 · 군 등을 떠올린다. 그러나 일례로 동사무소의 재난대처 매뉴얼은 행정적 차원의 대응방식일 뿐 생활 · 생태 · 생명의 문제를 직접적으로 다루지 않는다. 가장 중요한, 지역주민들과 이 사회를 살아가는 사람들의 삶의 방식 문제에서 벗어나 있다. 생태위기는 삶의 위기이며 삶의 방식 문제를 반드시 다루어야 한다. 대규모 원유유출 사건을 논의하면서 기존의 화석문명에 기초한 삶의 방식을 문제 삼지 않는다면 해결의 실마리를 풀 수 없다. 비록 대안세력이 즉각적으로 등장하지는 않았지만, 태안 사태를 계기로 환경위기의 책임 문제, 환경재난에 대처한 사회적 네트워크와 공동체의 행동 프로그램, 환경재난의 책임범위를 사회적·전지구적 차원에서 보는 태도 등이 자생적으로 나타났다는 데 의미가 있다.

태안 사태가 발생하자 곧바로 미디어들은 천재지변이나 다름없는 불가항력이라며 스펙터클한(구경거리의) 시각을 유포하였다. 그러나 공동체가 자신들의 힘으로 새로운 해결책을 찾겠다고 나서면서 지금까지와는 전혀 다른 방식의 대응이 가능하다는 것이 확인되었다. 이는 대안세력의 생활정치라는 기본적인 가능성과 연결되어 있는 문제이기도 하다. 물론 환경재난에서 문제의 핵심을 비켜가려는 자본이 있고 권력이 있다. 기존의 공동체들은 환경위기 문제에서 늘 국가주의적 방식의 들러리 역할밖에 못했다. 그러나 태안의 경우에는 환경재앙 앞에서 주목할 만한 주체성의 변화를 드러내 보이면서 그 대처는 공동체의 몫이라는 것을 분명히 보여주었다. 물론 위기의 근본적인 원인에 대해 이 네트워크들이 직접적으로 대응한 것은 아니었지만 자발적 행동에는 근본적인 질문 또한 내포되어 있었다. 다양한 네트워크들이 환경위기에 능동적이었다는 것은 생태위기에 대한 패러다임의 변화를 말해 주고 있다.

환경관리주의 차원에 머물고 있던 대안세력들은 환경파괴 문제를 삶의 문제라는 내재적인 지평에서 다루고, 사회적 의제와 공동체 행위양식으로

270

확대시켜 나갈 능력을 갖추고 있지 않았다. 그러나 일련의 상황을 면밀히 살펴보면 이러한 한계점이 태안 사태를 전후해서 극복되는 양상으로 나타난다. 환경재앙에 직면해서 새로운 민중적 행동양식이 나타났다는 점은 생태적 삶에 지향점을 둔 내재적인 지평이 민중의 삶 속에 자리 잡기 시작했음을 드러낸다. 민중은 생태위기 · 환경재앙 상황의 모호한 인과관계를 추적하기 시작했으며 마침내 새로운 행동양식으로 이에 대응하지 않는다면 자신들의 삶의 위기로 직결된다는 것을 알게 되었다. 물론 석유문명이 더이상 지속되어서는 안 되며 화석연료를 기반으로 한 현재의 스테레오타입화된 삶의 양식이 또 다른 생태위기의 진정한 원인이 되리라는 문제의식으로까지는 아직 나아가지 못했다. 아마 태안 기름유출사건을 화석문명의 종말을 앞당길 새로운 계기로 본 사람은 거의 없었을 것이다. 그러나 이러한 위기의 근본적인 원인을 곰곰이 생각하고 스스로 생태적인 문제의식을 갖기 시작한 민중의 분자적인 변화양상은 주목할 만하다. 뿐만 아니라 새로운 주체성과 색다른 욕망의 등장을 보여준다는 점에서 희망적이다. 103만 명에 달하는 풀뿌리집단과 네트워크 구성원들이 움직였다는 점 역시 매우 고무적이다. 다름아니라 변화의 시작을 의미하는 것이다.

마음생태, 사회생태, 자연생태

태안 사태처럼 하나의 사건이 자신의 실존적 태도를 결정할 만큼 중요성을 갖게 된다면 우리의 마음생태도 변화할 것이다. 마음의 비가시적인 특징에도 불구하고 마음은 행동으로 나아가게 하는 데 가장 직접적인 영향을 끼치는 것이다. 특히 현대사회에서는 마음을 결정하는 데 미디어나 인터넷 등의 영향을 무시할 수 없는데, 환경재앙을 하나의 구경거리로 여기게 하거나 그 막대함에 압도되어 수동적이고 무력한 주체로 만드는 것이 바로 미디어의 효과라고 할 수 있다. 그러나 태안사건의 경우에는 마음생태의 미묘한 변화가 실존 좌표의 변화를 이끌었고 집단적으로 행위에 나서게 했다. 더욱이 마음생태를 결정하는 데 인터넷과 커뮤니티, 공동체 등이 큰 역할을 했다는 점은 획기적인 변화라고 할 수 있다. 기존에 갖고 있던 대량생산된 이미지와 자본주의적 기호들에 포섭된 마음생태가 아니라, 분자적이고 역동적인 사회 각 부문의 커뮤니티가 새로운 주체성 생산의 가장 중요한 원동력이 되었다는 것은 특별한 의미를 가진다. 여기서 사람들이 집단적으로 행동에 나설 마음을 가지게 된 소통의 통로와 색다른 욕망의 생성을 간과하지 말아야 한다. 모든 욕망은 자본주의적 욕망이라는 접근은 지나치게 계몽적이고 엄숙주의적이다. 자본주의적 욕망과 다른 욕망이 어떻게 출현하며 어떻게 마음생태를 움직여나가는가라는 문제로 접근할 때 대안은 가능하다.

인간이 만든 문제를 인간이 극복할 수 있다는 사회생태주의의 발상은 인간의 사회적 실천의 문제뿐만 아니라, 이것을 가능케 하는 사회적 배치의 문제를 제기하는 것이다. 사회 속에 내재된 공동체와 커뮤니티의 배치, 그것의 자율성에 기초할 때 새로운 사회변혁 문제에 접근할 수 있다. 마음생태와 마찬가지로 사회생태에서 중요한 것은 새로운 주체성의 등장이다. 물론 그들은 기존의 공동체들—가족, 학교, 병원, 군대—의 일원이다. 그러나 기존의 배치를 넘어선 새로운 접속은 새로운 주체성의 이질생성으로 나타난다. 이 과정에서 사회적 배치는 기존의 작동방식과 다른 방식으로 움직이며 기존의 관계맺기 차원과는 다른 식의 관계가 나타나기 시작한다. 사회생태에서 중요한 것은 색다른 관계를 창안하는 주체집단의 등장이며 기존 행동양식과 다른 방식의 행동을 보여주는 주체집단의 행동이다.

자연생태 문제에서 환경오염이 가져다주는 마음생태와 사회생태의 역학관계는 매우 중요하다. 자연의 오염은 인간을 둘러싸고 있는 기존의 환경을 완전히 파괴하고 돌이킬 수 없는 나락으로 떨어뜨리며 미래세대까지 문제를 확대시킨다. 자연생태의 지속가능성 문제는 현재의 욕망을 충족하면서도 미래의 욕망도 고려하겠다는 발상이다. 자연생태의 지속가능성이 보장되지 않는다면 사회생태와 마음생태도 보존될 수 없다.

이 세 가지 생태학의 결합은 생태근본주의(마음생태), 사회생태주의(사회생태), 환경관리주의(자연생태) 문제를 따로 다루는 것이 아니라, 하나의 접점을 가진 하나의 다이어그램으로 만들어내며 그 상호작용을 살펴보는 것이다. 태안에서 사람들의 행동은 보이지 않는 영역에서 주체성의 변화를 의미한다는 점에서 마음생태를 통해서도, 사회적 배치의 변화와 새로운 주체집단의 등장이라는 점에서 사회생태를 통해서도, 환경오염을 극복하고 지속 가능한 자연환경을 만들려고 했다는 점에서 자연생태를 통해서도 동시에 볼 수 있는 세 가지 생태학 차원을 담고 있다.

주체집단의 리토르넬르

태안에서 출현한 독특한 주체집단은 기성 사회집단에서 볼 수 없는 새로운 관계양상을 보인다. 즉 세 가지 생태학의 구도를 변화시키면서 새로운 삶의 양식과 행동양식, 사유양식의 출현을 의미하는 것이다. 집단은 하나의 색채와 화음을 지니고 있다. 집단 내에 독특한 리듬이 등장했을 때 사람들은 그저 미묘한 엇박자로만 생각하기 쉬운데, 그것이 리듬과 박자를 완벽히 구성하면서 지속적으로 생산하는 '자기생산적 집단'이라고 하면 문제는 달라진다.

태안에서의 주체집단에게도 하나의 화음이 있었다. 처음에는 절박함에 공명하여 자신의 모든 신체·인식·감수성을 투사시키고 전념하는 형태였다. 그러다가 점점 사람들이 많아지면서 집단의 화음은 집단의 다양한 접촉면들을 변화시키는 형태로 나타났다. 이 화음에서는 센터도 없고 명령하는 사람도, 그에 따라 수동적으로 움직이는 주체도 없었다. 다른 방식의 생각을 가지고 전혀 다른 삶을 살아가는 다채로운 사람들이 하나의 원시생명체처럼 오염물질을 제거하는 행동을 하면서도 서로의 작은 힘들을 연결시키기 위해서 소통하고 감응하였다. 이러한 화음은 기존의 사회적 배치에서는 볼 수 없는 양상이었기 때문에 각자 자신의 삶의 터전으로 돌아가서도 그 새로운 행위양식과 사유양식은 새로운 배치로 자리 잡았다. 공통의 화음이 만들어내는 모습은 미디어를 통해서, 각자의 목소리를 통해서 퍼져나갔으며 한국사회는 이 새로운 집단의 화음에 감응하기 시작했다. 자연의 문제를 자신의 문제로 생각하고 색다른 욕망들이 생산되었고 무궁무진한 에피소드를 가진 주체들이 연결되고 조립되어 일관성이 이루었다.

흔히 미디어에서는 동물무리의 색채나 화음 혹은 축구경기장 응원단의 색채나 화음이 새로운 주제로 등장하곤 한다. 그러나 생태와 관련된 사건에서 집단의 화음이 미디어와 전파를 탄 것은 태안사건이 처음이었다. 이 집단의 화음은 사회 각 부문에 공명을 일으켰고 연쇄반응처럼 사람들을 움직였다. 사람들 사이에서 혹은 각자 자신이 갖고 있던 생태나 자연에 대한 생각의 구도에 변화가 일어났는데, 다름아니라 집단적 실천이 가능하다는 것이었다. 성장주의·개발주의가 자연환경의 개발을 통해 부를 거머쥘 수 있다는 사고로 대중들의 삶을 오염시키고 있을 때, 그와 다른 욕망과 생각을 가진 집단이 순식간에 형성되어 직접적인 행동으로 생태위기에 대응했다. 한국사회의 집단적 배치 속에 생태적 화음이 퍼져나가면서 좌우의 공리계를 넘어선 생태적 공감대가 형성된 것이다. 이후 지속 가능한 사회에 대한 요구는 일반적인 대중요구가 되었으며 하나의 시대정신이 되었다. 태안의 집단적 리토르넬로에서 드러난 일관성의 구도는 이후 생태운동의 집합적 역능을 미리 보여준 것이라고 할 수 있다. 또한 이 일련의 과정에서 어린이집단이 태안현장에서 잠깐이나마 활동했다는 점이 주목할 만하다. 어린이집단의 생태적 접속은 새로운 주체성 생성에서 중요한 위치를 갖는다. 비록 어린이들의 신체적 위험 우려 때문에 이러한 접속이 충분히 이루어지지는 않았지만 집단적 화음과의 공명에서 어린이들의 공명은 매우 중요한 부분이다.

태안이 보여준 세 가지 생태학

태안에서 주체집단의 의미는 보이지 않는 영역의 변화를 의미하는 것이었다. 우리가 동물과 식물 등 자연을 대하는 태도나 관계는 가시적이거나 분명한 말로 언표될 수 있는 관계로 한정되지 않는다. 사람들은 태안으로 향하면서 자연과의 보이지 않는 관계의 의미를 복원하고자 했으며 동시에 태안 이후에는 조용하고 보이지 않는 영역에서의 변화로 나아갔다. 그것은 여성을 대할 때의 태도변화나 강아지를 대할 때 사랑을 주는 등의 보이지는 않지만 사회적 관계에서 미묘한 변화가 나타나는 그런 차원의 것이었다. 집단 내부의 변화와 더불어 사회구성원들의 삶의 변화는 자연환경과 다른 방식으로 관계 맺는 변화를 촉발한다. 태안 현장을 만들었던 103만 명은 어디로 갔으며, 그것이 이룬 성과물은 무엇인가라고 되묻는 사람들도 있다. 태안은 불가사의한 영역에서 벌어진 기적 같은 일이 아니라 자연생태·사회생태·마음생태 속에서 살아가는 민중들의 보이지 않는 영역과의 관계와 실존적 태도가 만들어낸 사건이다. 드라마틱한 사건의 배후에는 보이지 않는 영역에서 자연과 사회를 사랑하고 정성을 다했던 사람들이 있다. 그들의 노력이 있기 때문에 한국사회의 건강성과 생명력은 지속될 수 있다.

태안은 조용한 변화의 시작이며 자연·사람·사회 간의 새로운 관계망의 구축이다. 그것은 확실한 언표나 기호로 규정할 수 없지만 분명히 존재하는 다가치적이고 다의미적인 새로운 관계를 의미한다. 그것을 영성적인 의미에서, 생명의 신비한 활동이라는 의미에서 조명하는 것도 가능하다. 생명활동의 일부가 된 욕망이라는 생명에너지는 자연과의 보이지 않는 관계망을 구축하는 데 결정적인 역할을 하는바, 색다른 관계와 감수성과 인식을 가지고 세계와 접속할 때 등장하며 새로운 주체성을 만들어낸다. 태안사태의 본질은 무엇인가라고 묻는다면 자본주의적 욕망이 만들어낸 막대한 환경재앙에 맨 몸뚱어리 민중들이 천조각을 쥐고 양동이를 들고 연접하여 대항한 사건이라고 답할 수 있다. 그 절박한 생명에너지와 그 색다른 관계양상은 시대의 화음이 되었고, 홀연히 등장한 주체집단의 행위양식에 한국사회가 감응하고 감동한 사건이다. 그리고 그 주체집단은 보이지 않는 영역으로 돌아갔으며 삶의 내부에서 변화의 의미로 여전히 남아 있다.

02 부안항쟁: 공동체의 투쟁은 연일 축제였다

자유의 새로운 공간 nouveaux espaces de liberté

펠릭스 가타리와 안토니오 네그리가 공동으로 펴낸 책의 제목이다. 이 책은 '코뮤니즘 재발명'이라는 기획으로 1968년 혁명 이후의 상황 속에서 새로운 코뮌의 가능성을 모색한다. 과거 코뮤니즘은 인류의 집단적 창조를 통한 노동해방으로 간주되어 왔지만 사회주의 체제의 이념이 되면서 맹목적이고 환원주의적인 집단주의로 전락하였다. 그러나 두 사람에 의해서 재창안된 코뮤니즘은 노동해방을 목표로 한 계급투쟁과 함께 다양한 영역에서 분출하고 있는 사회해방을 목표로 한 욕망투쟁에서 출발한다. 욕망투쟁은 정치·사회적 수준을 넘어서 삶의 영역에서 색다른 주체성을 생산하고, 집단적 지성과 창조적 활동 속에서 이전에 존재하지 않았던 특이한 주체들의 연합 가능성을 만들어낸다. 특히 1970년대 유럽에서 반핵투쟁이 환경운동과 결합하면서 나타난 양상은 과학기술의 대안적 사용과 대안에너지 문제를 생산적인 커뮤니티가 제기하는 것이었다. 이것은 자본주의적 과학기술 사용에 맞선 집단지성의 재전유 가능성을 의미한다. 여기서 코뮤니즘은 완전히 다른 식으로 생각하고 실천할 수 있도록 세계를 재창조하는 실천적 활동을 의미하며 이러한 특이한 주체들의 연결에 의한 대안적 사회연대망을 의미한다. 그렇기 때문에 코뮤니즘은 다른 식의 삶이 가능하다는 것을 보여주는 대안운동들의 의식과 현실의 변화양상을 촉발하는 사회적 실천의 연결과 모음이라고 할 수 있다.

> "코뮤니즘은 억압에 의존하는 맹목적이고 환원주의적인 집단주의가 아니다.
> 그것은 결코 서로 환원될 수 없는 개인들과 그룹들(집단성들)의 결합된 생산성의
> 독특한 표현이다. 만약 그것이 독특성의 지속적인 재긍정이 아니라면
> 그것은 아무것도 아니다."
>
> ―가타리 · 네그리, 『자유의 새로운 공간』

절대적 민주주의와 주민소환제

2003년 부안 반핵항쟁은 주민의 의사와 무관하게 핵 폐기장 유치를 선언한 부안군수의 반민주적이고 독단적인 행동에 맞선 주민들의 시위에서부터 시작되었다. 그후 183일 동안 촛불집회와 삼보일배, 서명운동, 등교거부, 고속도로 점거, 상경투쟁, 군수에 대한 응징 사건, 할머니들의 성명, 강연, 문화공연 등 일련의 사건들이 부안에서 진행되었다. 부안투쟁에서 맨 처음 쟁점이 된 문제는 대의제 민주주의이다. 단 한번의 선거를 통한 결정이 절대적 권한을 보장해 주고, 주민의 의사를 묻는 심의절차 과정을 생략한 채 권력자가 마음대로 결정해도 된다는 식의 대의제 민주주의의 레퍼토리가 부안에서 반복된다. 주민들은 이러한 대의제의 경계지점에 대해 항의하는 데 그치지 않고 새로운 민주주의 모델이라고 할 수 있는 코뮌적 공동체를 구성하고 절대적 민주주의를 작동시킨다. 그리고 특이하고 다채로운 사람들이 등장인물로 나온다. 할머니, 아줌마, 초등학생, 농민, 어민, 노동

자 등 이들이 뒤섞여 만든 공동체는 그 어떤 대의제도 표현할 수 없는 새로운 수준의 주체성을 보여준다. 대의제의 그물망에서는 보이지 않는 영역에 있던 이들이 색다른 주체들로 생성되면서 이들을 그저 '주민'이라고 규정하기도 어려운 상황이 되어버렸다. 이들은 대의제가 식별해 낼 수 있는 수준의 평면적 주체도 아니었으며 의회민주주의가 작동하면서 표현해 내는 국민이라는 주권자의 모습도 아니었다. 자본주의의 똑딱거리는 일상에 포획되어 있던 주체들은 다 사라지고 욕망하고 생산하는 주체들이 자본주의적 시간을 멈추게 하고 생산과 창조의 시간을 구성해 낸다. 한번도 기억에 없었던 주체들이 등장하여 자신의 특이성을 하나의 틀로 수렴하지 않고도 연합하여 공동체를 만들었다. 그것은 퍼즐처럼 조각조각들이 이어져서 하나의 그림을 만들어내고 독특한 주체들이 내는 여러 방향에서의 목소리가 일관성을 갖게 되는 것이었다. 잡다하고 다양한 목소리는 늘 돌연변이처럼 새로운 차원의 목소리를 만들어냈다.

부안 반핵공동체의 등장으로 대의제가 할 수 없는 영역의 일들이 한꺼번에 처리되었으며 어떤 민주주의 유형과도 비교할 수 없고 식별해 낼 수 없는 독특한 수준의 민주주의가 작동했다. 그것은 단 한번만의 민주주의를 통해서 권력을 만들어내고 지속시키는 선거라는 형태가 아니라 공동체 내부에서 늘 일관되게 작동하는 절대적 민주주의라고 할 수 있었다. 공동체는 살아 있는 생명과 같았다. 자신이 접속한 면이 어떤 것이냐에 따라 돌연변이처럼 변용되었고 내부에서 작동하고 있는 욕망의 흐름과 생명에너지에 따라 행동양식이 결정되었다. 그 안에서 사람들의 목소리는 다채로움을 잃지 않았으며 각자의 독특함과 개성에 따라 공동체가 더 풍부해졌다. 반핵공동체라는 절대적 민주주의의 내재성의 지평에 있는 삶의 구도가 등장함에 따라 그 구도 위에 돌연변이처럼 새로운 주체들이 출현하여 그 평면을 횡단하면서 색다른 욕망의 흐름을 이루었다. 이를테면 할머니집단이 홀연히 등장하여 색다른 발언을 하고 행동에 나서며 새로운 주체성의 유형을 유감없이 드러낸 것이라든가, 새로운 주체성의 학부모집단이 등장하여 자녀들의 등교를 거부하고 대안학교를 만들어 생태 관련 교육 프로그램을 운영하는 것이다. 공동체의 절대적 민주주의는 구성원들의 내재적인 삶에 연결되어 있고 공동체에 잠재해 있었지만, 이번에는 전혀 색다른 유형의 욕망이 새로운 수준의 민주주의와 관계망을 만들어낸 것이기도 하다. 새로운 수준의 관계망이 생산된 제도가 출현하고 그것이 합법적이든 불법적이든 새로운 수준의 정치를 작동시켰다. 그것은 기존의 선거제도가 아니라 색다른 욕망이 만든 제도였으며 그것의 출현은 그전까지 관성의 법칙처럼 존재했던 자본주의적 삶의 지반을 끝장냈다. 지역에 사는 잡다한 사람들로 구성된 이른바 주민이라는 정체성조차 이 투쟁의 주체들에게 적합한 용어가 아니었다. 욕망의 벡터장이 만들어내는 돌연변이의 수준은 똑딱거리는 일상을 절단하고 기존에는 전혀 존재하지 않던 주체성의 혁명을 만들어냈다. 그것은 부안공동체의 생성이면서 동시에 영구적인 혁명의 출발점이었다.

불행하게도 매개함으로써 권력화되는 양상은 저항의 주체들 안에서도 나타났다. 투쟁의 지도부는 늘 자본주의의 재구조화와 포획으로부터 자유롭지 못하며, 스스로 협상을 권력과의 타협과 동일시하는 특징을 가진다. 부안의 경우에는 이미 대의제로부터 벗어나 절대적 민주주의를 작동시키는 공동체로 나아감으로써 처음부터 지도부 없는 투쟁을 예감했다. 그러나 사람들은 여전히 자신의 투쟁지도부가 작동시키는 얼굴들과 명료한 목소리에 희망을 품었으며 그 과정에서 투쟁지도부의 변신과 도주행각에 좌절을 느껴야 했다. 부안 반핵공동체는 중심에 있던 투쟁지도부의 배반적인 행각에도 불구하고 사실상 중심이 없는 주변, 주변에서 중심으로 역전된 흐름을 보인다. 부안 반핵공동체가 직접민주주의를 작동시키면서 지도부 없는 소수성의 투쟁으로 나아간 것은 매우 자연스러웠다. 또한 지도부가 타협과 협상 과정에서 일상의 현실로 돌아가야 한다는 강박관념을 갖게 되었을 때조차도 그것을 대중들에게 설득하기란 굉장히 힘든 것이었다. 이미 부안투쟁의 방향성은 그간 당연시해 오던 모든 자본주의적 공리와 진리들을 넘어서 있었고 타협과 매개의 수준에서 투쟁을 종결하는 방식을 벗어나 있었다. 기존의 어떤 제도에도 포섭되지 않으면서 스스로 생산해 낸 제도를 새로운 관계망으로 만들었다는 점이 이 투쟁의 진정한 의미였다.

핵과 에너지

핵 문제는 생명에너지의 순환을 절단하는 절멸에너지 사용의 차원에서 다가온다. 정부 차원에서 핵 안전성에 관한 논의는 기왕의 핵 누출사고들의 막대한 피해와 그것이 생태계에 미치는 엄청난 파급효과에 대해서는 침묵한다. 지금에 와서 핵에너지가 대체에너지로 포장되는 것은 한마디로 역행하는 것이다. 핵에너지 사용이 일반화되고 있고 에너지 총량의 40%를 담당할 정도로 핵산업이 확산되어 있는 한국사회의 현실은 에너지정책의 기괴한 단면을 보여주는 것이다. 전기에너지를 값싸게 이용할 수 있고 전기제품이나 가정용 냉난방도구 따위가 많이 판매될 수 있도록 유도하는 사회환경의 배후에는 핵에너지가 있다. EU국가들에서 풍력과 태양력 등 재생에너지를 주목하는 것과 달리 한국사회에서 대체에너지의 대부분은 핵이 차지하고 있다. 여기에는 화석에너지 사용으로 인한 지구온난화를 막기 위해서라는 단서가 붙는데, 그러나 제대로 알려져 있지 않은 사실 하나가 원자력의 핵연료 추출과 정제 과정에서 화석에너지와 마찬가지로 온실가스가 발생한다는 점이다. 이렇듯 핵에너지가 온실가스로부터 자유로운 것처럼 간주하는 것은 생산지에서의 추출과 정제 과정을 괄호 안에 넣고 고려하지 않을 때에만 가능하다. 핵에너지는 지나치게 위험하고 중앙집중적으로 에너지를 만드는 기존 방식에서 탈피하지 못한다. 다른 재생에너지들은 에너지 생산영역을 분산시키고 많은 일자리를 창출하며 지구온난화로부터 자유롭다는 것이 특징이라면, 핵에너지는 여기에 해당하는 것이 하나도 없다. 특히 일자리 문제와 관련하여, 핵은 많은 에너지를 한꺼번에 집중적으로 생산하기 때문에 고용인원을 최소화할 수 있으므로 일자리 창출에도 전혀 효과가 없다.

　　핵에너지 산업에서 가장 큰 문제는 무엇보다도 단 한 차례의 실수나 기계적 결함으로 자연환경을 영구적으로 파괴할 수 있다는 점이다. 방사선 유출사고는 자연과 인간에게 돌이킬 수 없는 상처를 남긴다. 부안항쟁은 핵에너지 확장에 주력하는 한국사회의 에너지정책에 대한 근본적인 문제 제기라고 할 수 있다. 핵에너지의 무분별한 사용을 전제로 한 성장주의적 에너지정책의 이면에는 엄청난 양의 핵 폐기물과 부산물이 도사리고 있다. 이런 핵부산물을 처리하는 공정은 고스란히 어느 한 지역사회의 문제로 떠넘겨지는데, 이는 생태계 전반에 끼칠 영향조차 고려하지 않은 채 한 지역의 희생을 강요하는 것이다. 부안항쟁은 한국사회의 에너지정책 전반에 대해 비판하고, 민주적이고 분산적이며 보다 평등한 차원에서 만들어질 수 있는 재생에너지에 대한 요구까지 담고 있다. 자본주의가 만들어놓은 도시와 소비산업을 떠받치기 위해서 엄청난 양의 에너지를 요구하고, 그 에너지를 위해서 일부 지역은 핵폐기장으로 게토화되어야 한다는 현실에 부안 주민들은 분노했다. 이처럼 부안항쟁은 에너지정책 일반에 대한 근본적인 문제제기로서 반핵투쟁의 의미를 확장했고, 투쟁과정에서 우리가 발 딛고 서 있는 자본주의적 현실이 세워놓은 기괴한 에너지정책의 단면과 마주쳤다. 핵에너지가 대체에너지이며 핵에너지 수출이 선진한국의 밑거름인 양 포장되는 현재, 부안항쟁의 반핵투쟁에서 제기된 에너지산업 일반에 대한 문제는 한국사회에서 풀어야 할 숙제이다.

욕망투쟁과 문화코뮌

공동체의 위기와 더불어 자신의 삶과 생존과 생활의 위기에 직면한 사람들이 자신의 유한성과 죽음을 응시하는 순간, 그들은 일찍이 경험해 보지 못했던 욕망의 활성화와 색다른 욕망의 출현을 맞이한다. 부안 반핵공동체의 경우에 지역주민들은 한번도 경험해 본 바 없는 주체성의 변이와 전인민적 변용(=소수자 되기)의 순간과 마주치게 된다. 그 순간 욕망의 흐름과 생성과 변이는 그 어떤 말로도 표현할 수 없는 새로운 전기를 맞이한다. 계급투쟁이 포착해 내지 못한 욕망투쟁의 풍부한 잠재력이 등장하고 기존의 프롤레타리아트라는 주체성의 형이상학을 넘어서는 새로운 차원의 주체들이 출현한다. 이 욕망투쟁은 자본주의가 만들어놓은 삶·사유·행동양식 일반에 대해 문제제기하면서 기존의 사회구조물들을 낡은 유산으로 만들어 버린다. 부안 반핵공동체가 보여준 욕망투쟁의 계기는 소수자를 스크린에 갇힌 사회적 약자나 주변인이라는 상에서 벗어나게 했고, 어떤 스크린권력도 포획할 수 없는 소수자들의 네트워크를 만들어낸다. 이 네트워크는 스스로 살아 움직이는 생명체와 같았으며 두뇌신경망처럼 작동하면서 마치 무리를 이루어 서로에게 정보를 피드백하는 생명현상처럼 생명에너지의 흐름을 전달하였다. 다양한 주체의 문제의식과 생활세계 차원들은 빠르게 혹은 느리게 전달되며 생명현상처럼 파노라마를 그렸다. 사람들은 열림과 닫힘을 통해서 파동을 전달하고 감성적 수준의 인식과 성애, 정동현상을 네트워크를 통해서 전달하였다. 욕망투쟁의 최초의 계기는 생명활동의 위기였지만 과정은 생명활동의 활성화로 바뀐다.

부안 반핵공동체는 분자적 수준에서 나타난 생명체의 전염과 확산 모습을 보이는데, 중앙집중적 메커니즘과 다른 새로운 수준의 자기생산적인 기계를 작동시킨다. 그것은 학교 · 병원 · 감옥 · 군대 · 가족 등과 같은 수준에서 움직이는 기계가 아니라, 지금까지 전혀 볼 수 없었던 자기생산적인 집단이 작동시키는 대안적 생산성의 행동방식이었다. 그것은 그저 자본주의가 생산해 낸 문화를 소비하는 행동이 아니라 스스로 내재화된 삶에 근거해서 문화를 창조하고 그 문화가 만들어낸 지도에 유희 · 성애 · 감성을 투사하여 주체성 혁명을 만들어내었다. 부안항쟁 과정에는 다양한 실험적 행동과 문화적 체험이 존재했다. 집단난타라는 새로운 역동적 파동이 있었고, 촛불문화제에서 울려퍼지는 반핵투쟁가의 새로운 리토르넬르(=화음)가 자아내는 리듬과 박자의 집단적 공명 속에서 파동이 전달되었다. 그 주체들은 환경과 에너지 문제를 뛰어넘어 대안적 삶의 방식을 가능케 할 새로운 집단의 연대관계를 의미하는 코뮌을 스스로 만들었다. 부안코뮌은 단순히 문화적 의미만 가지는 것이 아니라 다른 방식으로 행동하고 사유하자는 강력한 생활정치의 메시지를 담고 있었다. 부안코뮌은 당면한 시기에 한정되지 않는 미래진행형으로서의 문제제기였다. 과거의 의고주의와 현재의 관행적 악습이 누적되어 생명을 위기로 몰아넣을 때, 미래는 홀연히 출현하여 순식간에 과거의 것들을 주파해서 색다르고 새로운 유형의 삶을 만들어낸다. 이 코뮌은 이미 우리에게 내재해 있는 미래였던 것이다.

초록의 만개와 축제의 나날

부안 반핵공동체는 촛불을 통해서 성장했고 촛불의 의미에서 중요한 위치를 차지한다. 그것은 대안에너지와 대안과학기술 사용 문제에서 더 나아가 촛불에 녹색의 의미를 담아냈다는 데 의의가 있다. 사람들은 서로의 발언에서 전혀 생각지도 못한 의미들을 발견했는데, 그중에서도 다양한 메시지들 속에서 일관되게 우리 시대에 던지는 중요한 화두를 찾았던 것이다. 분자혁명이 새로운 차원을 개방하고 이것에 접속하는 사람들을 변이시켜 눈덩이효과를 일으키는 것처럼, 촛불이 특이성을 유지하면서 연대망을 만드는 방식 속에 위치하기 때문일 것이다. 부안은 촛불 속에 녹색의 의미를 담아냈으며 반핵이라는 메시지에서 시작해서 자본주의를 넘어선 대안적 삶에 대한 메시지로 나아갔다.

부안촛불문화제는 사물놀이 · 춤 · 노래 · 슬라이드상영 · 연극 · 강연 등을 통해서 우리 사회의 정치 · 경제 · 문화 · 생태 · 생활 · 지역사회 ·

법·언론·에너지·평화 문제를 토론하는 풍성한 장이 되었다. 이 속에서 대안적 삶의 방식과 생태운동에 관한 생각들이 지역공동체의 중요한 화두가 된다. 초록운동의 문제의식인 자본주의적 삶의 방식과 욕망에 대항한 대안적 삶의 방식과 색다른 욕망 모색은 공동체 구성원들의 나아갈 방향을 알려주는 것이었다. 한국에 녹색당이 없음에도 불구하고 생태적 문제의식은 대중들의 중요한 관심사였으며 부안도 녹색당 없는 녹색운동으로서 존재했다. 기존 좌파의 계급투쟁과 함께 생태·생활·생명 문제를 담고 있는 욕망투쟁이 등장한 것은 부안공동체가 녹색의 미래로 나아가 미리 틀어잡았던 부분이다. 초록은 당이 없었지만 만개했다. 속도와 경쟁의 소용돌이 속에서 망각했던 느림과 여백이 돌아왔고 대화가 단절된 채 TV의 포로가 되어 있던 소수자들이 놀이와 토론으로 돌아왔다. 또한 전쟁위기의 국제관계에서 실종되었던 평화의 중요성이 다시 사람들의 생각과 표현에서 부각되었다. 봇물 터지듯 그 많은 문제들이 사람들 사이에서 생성되고 사고되고 논의되었다. 자발적으로 참여한 사람들은 다양한 화두를 통해 부안 반핵투쟁과 관련된 모든 문제를 고민하고 자신들이 살아가고 있는 현재부터 바꾸어야 함을 인식했다.

매일 축제처럼 산다는 것, 매일매일 새로워지고 창의적이고 생산적으로 산다는 것, 부안에서는 이 모든 것이 가능했다. 축제처럼 하루 4시간 이상 이어지는 촛불집회가 183일 동안 열렸지만 단 한번도 프로그램이 부족해서 지루한 적이 없었다는 것은 부안공동체가 얼마나 욕망의 새로운 창발 차원에서 움직였는지를 말해 준다. 욕망이라는 생명에너지의 창발적 잠재력은 우리가 상상하지 못한 차원에 역능으로 다가온다. 그런 의미에서 욕망이 역능이며 역능이 욕망이다. 자본주의의 똑딱거리는 일상을 살던 사람들이 연일 축제를 벌이고 똑같은 내일이 아니라 색다른 내일을 만들어나갈 수 있다는 것은 생명에너지의 놀라운 능력이며 그것은 자본주의적 욕망과는 전혀 다른 욕망이 만들어내는 새로운 역능이다. 여기서 축제는 방탕과 과시의 카니발이 아니라 집단적 생명에너지의 파동의 장이 만들어내는 새로운 울림과 떨림의 공명과 화음이었고, 초록의 구도 위에서 여러 빛깔의 점들이 물들임을 만들고 여러 개의 물들임이 교차되고 퍼져나가며 하나의 그림이 되는 것과 같은 것이었다. 집단적 화음을 구성하는 파동과 진동은 때로는 색다른 삶의 리듬으로 또 때로는 투쟁의 박자로 새로운 음악적 향연을 만들어나갔다. 또한 다채로운 색채로써 표현될 수 있는 낙서며, 스프레이며, 집단의 창작물이 되기도 했다. 가장 강렬했던 순간은 아무래도 집단난타를 벌이며 투쟁했던 때이며 그 속에서 집단이 지닌 욕망의 강렬도를 자신이 변용될 수 있는 최대로 끌어올렸다. 삼보일배를 통해 생명에 대한 모심과 살림을 성찰할 수 있는 계기를 자신의 내재적인 구도 속에서 발견하고자 시도한 것도 축제를 분명히 생명의 축제로 만들었다. 부안의 축제는 촛불을 통해서 아름다운 생명의 향연으로, 생명에너지가 갖고 있는 혁명의 향연으로 타올랐다.

부안코뮌, 자유의 새로운 공간

반핵투쟁은 생명투쟁이며 생명에너지를 기반으로 한 투쟁이다. 그것은 새로운 에너지에 대한 요구이면서 동시에 생명에너지의 잠재력을 드러내는 사건이었다. 이 투쟁의 과정에서 색다른 욕망들이 생명에너지로 등장했으며 자본주의적 욕망과 다른 궤도를 형성했다. 욕망투쟁은 주체성 혁명이라는 궤도를 통해서 색다른 욕망을 드러내 보인다. 물론 욕망투쟁이라는 영역은 계급투쟁과 연대할 수도 있다. 그러나 부안의 경우에는 계급투쟁과는 궤를 달리하는 욕망투쟁의 수준에서 불꽃이 타올랐고 독자적인 영역을 만들어냈다. 부안 반핵공동체는 정부와 별도로 주민투표를 감행했고 마침내 핵폐기장 유치를 백지화하는 데 성공했다. 그러나 부안에서 밀려난 핵폐기장이 경주지역에 유치된 결과는 절반의 성공을 의미한다.

핵수출이 국위선양이자 대안에너지로 각광을 받는 현 시점에서 부안투쟁은 매우 중요한 의미를 가진다. 부안투쟁은 에너지 민주화의 요구에 머물지 않았다. 부안코뮌은 자본주의적 삶의 방식과 다른 방식으로 생각하며 실천하는 것이 가능하다는 것을 스스로 알고자 한 집단적인 대장정이었다. 대안적 삶의 가능성을 집합지성으로 탐험하면서 부안공동체는 스스로가 갖고 있는 생명에너지의 색다른 주체화 가능성을 발견한다. 주체성 혁명은 사람들을 완전히 다른 사람으로 만들어버린다. 세상을 다른 방식으로 접근하고 재창조함으로써 주체성 해방이라는 새로운 지평으로 나아가게 한다. 이제까지 낮은 곳에서 살아가던 부안주민들은 부안코뮌을 통해서 자유의 새로운 공간을 구성하였으며, 이 공간 속에서 어제와 다른 모습의 주체들이 초록 축제와 향연을 벌였다. 한국사회에서 부안코뮌 이래로 코뮌의 내재적 경험은 완전히 다른 의미로 재창안되었다고 해도 과언이 아니다.

03 도롱뇽소송: 분자적 결단이 기계적 이질생성을 만들다

분자혁명 révolution moléculaire

가타리는 1968년 5월 혁명이 한창일 때 정신질환자들이 깃발을 들고 거리로 나서고 성노동자들이 시위하는 모습을 보며 '분자혁명'이라는 개념을 처음으로 생각했다. 이 개념은 이제까지는 전혀 생각지도 못했던 색다른 주체성이 등장하여 사회에 혁명적인 영향을 끼치는 것을 의미한다. 그러나 분자혁명은 거대한 사회구조를 변화시키는 혁명이라기보다는 미세한 일상영역에서의 변화가 초래할 엄청난 효과를 말한다. 색다른 욕망이 등장하고 새로운 관계맺기가 생겨나면 이에 접속하는 사람들은 기존질서와 다른 방식으로 세상을 보게 된다. 완전히 다른 의미에서의 세계 재창조가 가능한 것이다. 인류역사를 변화시킨 여러 혁명이 있었지만 보이지 않는 삶의 영역에서 일어나는 분자혁명만큼 신선하고 색다른 혁명도 없을 것이다. 분자혁명은 소수자집단 속에서 예고 없이 출현하거나 사랑과 욕망을 통해서 세상을 바꾸어보겠다는 결심을 한 사람들에게서 일어난다. 쉬지 않고 재깍거리는 자본주의의 일상을 거부하면서 새로운 삶을 찾아 나설 때 분자혁명은 시작된다. 소수자들이 욕망의 존엄함을 위해 분연히 행동에 나설 때 분자혁명은 시작된다. 생명에 대한 색다른 감수성이 등장하여 자신의 생명에너지와 합성될 때 분자혁명은 시작된다. 색다르고 특이한 주체성이 홀연히 등장하여 우주적 차원에서 돌이킬 수 없는 혁명을 일으키는데, 그것이 분자혁명이다.

"혁명과정에 관한 한 나는 완전히 행복하다. 왜냐하면 어떤 혁명가도,

어떤 혁명운동도 없을지라도, 모든 수준에서 혁명이 있을 것이기 때문이다.

그것이 바로 혁명을 하자는 이유이다. 그것은 사람들이 생각할 수 있는

가장 급진적인 낙관주의의 모든 혁명적 유토피아들과 대비된다."

–가타리, 『가타리가 실천하는 욕망과 혁명』

생명이냐? 속도냐?

천성산을 지나가도록 설계된 고속철도 공사가 시작될 즈음 천성산에서 살고 있던 지율스님의 단식 소식이 신문에 조그맣게 실렸다. 지율스님은 인간의 편리를 위해서—주행시간 30분을 단축하기 위해—천성산 습지에서 살고 있는 도롱뇽의 삶의 터전을 파괴해서는 안 된다는 메시지를 한국사회에 던졌다. 신자유주의가 속도전과 경쟁을 조장하고 인간 이외의 생명들은 자기 이익을 위한 수단으로만 간주하는 작금의 현실에서 그 속도전을 정지시키기 위한 외로운 항거가 시작되었다. 속도를 모르고 경쟁을 모르는 천성산 산골의 고요함을 깨는 포클레인 소리가 시끄러울 때 지율스님은 단식을 이어가고 지지자들은 삼보일배를 이어갔다. 개발할수록 그만큼 편리해지고 부를 거머쥘 수 있다는 사회통념과 박정희식 개발독재 이후로 한국사회의 저변에 자리 잡은 개발주의·성장주의의 이면에는 말 못하는 뭇 생명의 죽음과 생태계 파괴, 환경오염이라는 대가가 있었다. 그러나 생명의 편에서 소송을 벌이고 그 대리인을 자임하고 나선 것은 지율스님이 처음이었기에 정보혁명의 속도전, 교통수단의 속도전, 개발 속도전에 익숙해 있던

우리에게 생소한 일이었다.

　생명이 사라진다는 것은 인간이 그 환경에서 살 수 있는지 가늠하는 중요한 지표라고 할 수 있다. 생명이 살 수 없는 환경 속에서는 인간도 살 수 없다. 비록 미약한 생명체라 하더라도 그들이 사라짐으로써 인간과 지구의 공생 가능성은 낮아진다. 생명의 존엄성에 관한 새로운 시각은 우리 삶의 방식에서 당연시되고 있는 자동차·아파트·TV를 비롯한 각종 육류 등에 대해서 근본적인 질문을 던진다. 개발과 문명화가 다른 생명을 희생시킨 대가로 이루어진다면 그 삶의 방식에 대해 의문을 가져야 할 것이다. 그러나 옆도 뒤도 쳐다보지 않고 앞만 보고 달려가는 사람들에게 '생명'이라는 단어는 인공으로 만들어진 동물원에 갇힌 동물처럼 낯설다. 이런 무지막지한 속도전에 제동을 거는 저항이 지율스님의 외로운 단식이었다. 지율스님의 단식은 생명을 살리기 위해서 곡기를 끊음으로써 무지막지하게 치달리는 자본주의의 흐름을 막겠다는 분자적인 결단의 실행이었다. 새로운 차원을 개방하는 분자혁명의 전주곡이었다.

　당시 도롱뇽은 한국사회에 무엇이었는가? 도롱뇽은 말 못하는 미물을 상징하는 것도 작은 구경거리 생명체도 아니었다. 그것은 신자유주의에 짓눌린 병든 사회가 누락시키고 잊어버리려고 했던 생명체들의 외침이며 울림이었다. 그 울림이 사회를 떨림으로 반응하게 만들었으며 지율스님의 단식저항은 생명의 합창과도 같은 화음을 한국사회에 전달했다.

분자혁명, 지율스님의 100일 단식

지율스님이 단식을 시작했을 때만 하더라도 자신의 생명을 걸고 분자적 결단에 나선 것이라고 생각한 사람은 없었다. 그저 작은 저항, 뿌리 없는 저항으로 여겼을 뿐이다. 그러나 시간이 지나도 단식은 계속되고 사람들 사이에서 동요가 일기 시작했다. 누군가 나서서 지율스님을 말려야 한다는 사람도 있었고 자신의 생명도 소중하다는 사람도 있었다. 그러나 지율스님의 단식이 50일을 넘어가면서 사회구성원들은 과연 무엇이 목숨을 건 분자적 결단을 하게 만들었는가라는 물음을 던지기 시작했다. 이 분자혁명이 새로운 차원을 개방하면서 그것에 접속하는 사람들에게 돌연변이가 일어나고 그것이 또 눈덩이효과를 일으켜 사람들을 결집해 나갔다. 최초의 움직임은 지역의 학교에서 생명에 관한 수업을 시작한 것이다. 초등학생들이 생명의 소중함과 존엄에 공감을 하고 종이로 도롱뇽을 접어서 지율스님에게 보냈다. 사회 곳곳에서 지율스님과 뜻을 같이하는 사람들이 하나둘 나오면서 그 숫자가 1만 명, 10만 명, 100만 명에 이르렀다.

지율스님의 분자적 결단은 천성산과 운명을 같이하겠다는 것이다. 이로써 천성산과 지율스님은 하나의 분자가 되고 생명소수자집단, 즉 삶과 죽음을 같이하는 생명공동체를 구성한다. 이러한 분자의 출현은 생각지도 못한 관계망으로, 색다른 욕망의 도도한 흐름을 만들고 기존의 관계망을 변화시키면서 색다른 목소리를 내었다. 그때 사람들은 깨달았다. 비록 한 사람으로 보이지만 지율스님은 하나가 아니라 생명소수자집단을 대표하는 것이기 때문에 끝까지 천성산과 운명을 함께하리라는 것을 말이다. 새로운 차원이 개방되면서 완전히 다른 방식으로 세계를 재창조하고 세상과 관계 맺을 때 분자혁명은 시작된다. 그로부터 하나의 틀에 가두어졌던 경직된 사회적 배치는 눈이 녹듯 녹아내리고 그 흐름을 따라 새로운 감수성·인식·태도·지성이 사회에 유통된다. 스님의 단식이 생명살림의 의로운 저항으로 인식되면서 생명의 가치를 외면해 온 한국사회의 고속성장이 낳은 괴물 같은 개발주의·성장주의를 성찰하는 목소리가 높아졌다.

100일은 한 편의 드라마와 같은 시간이었다. 한 사람의 분자적 결단이 열어놓은 새로운 차원은 전혀 생각지 못한 무의식을 조성했고 그 속에서 사람들은 색다른 부드러움과 더없는 상냥함으로 가득 찬 생명에 대한 감수성을 경험했다. '지율스님을 지지하는 도롱뇽의 친구들'이라는 작은 조직은 많은 지지자들의 편지를 받았으며 이러한 대중적인 무의식의 변화와 흐름에 언론매체들도 서서히 반응을 했다. 지율스님 한 사람의 단식은 자신을 이해해 줄 단 한 사람의 지지자를 위한 것이라고 볼 수 있다. 바로 그 한 사람이 없었다는 외로움의 표현은 지율스님의 실존적 고독의 드러남이라 하겠다. 100일에 도달하는 순간 홀연히 지율스님은 사라졌다. 그것은 삶과 죽음의 경계에 놓인 한 사람이 돌아갈 곳을 찾을 수 없다는 절박함의 실존적 표현이었다. 벼랑 끝에 선 지율스님의 눈물은 보이지 않는 영역에서 존재하는 이 사회의 투명인간·소수자·생명체 들과 접속하고자 한 100일간의 분자혁명 시간이 지닌 의미와 무의미의 경계를 말한다. 그 시간 동안 한국사회는 말 그대로 숨죽이며 속도의 정지를 경험했다. 우주적 차원에서 돌이킬 수 없는 시간의 비약이 있었으며 사회구성원의 실존좌표에 변화가 일었다. 한 사람의 분자혁명이 수십만, 수백만의 실존좌표를 변화시키고 영속적인 혁명의 순간을 맞이하게 한다. 그것은 조용한 혁명이었다. 사람들의 무의식은 알 수 없는 새로운 세계와의 마주침을 설명하고자 했으며 그것이 곧 색다른 생명에너지와의 접속과 돌연변이임을 깨달았다. 그리고 그 돌연변이가 만들어낸 지평은 한 사회의 새로운 무의식의 흐름이 된다.

인권을 넘어선 생명권 소송

근대적 개념으로서의 인권은 상당한 누락과 배제를 동반하고 있다. 사실상 인간의 외부로 규정된 생명은 수단으로 삼아도 된다는 도구적 이성은 자연 대상에 대한 무한약탈이라는 근대이성의 이면을 의미한다. 또한 인간 이외의 모든 것을 수단으로 삼는다는 것은 결국 인간 내부의 소수자나 주변인, 이방인 들을 배제하고 수단화하는 파시즘의 원리를 관통하는 근대이성의 자기논리라 할 수 있다. 따라서 인권이라는 개념은 지켜져야 할 마지노선이라기보다는 더 확장되고 보완되면서 배제와 차별과 누락을 극복해야 할 명제이다. 인권이 지켜지기 위해서는 생명권이 지켜져야 한다는 것이 근대를 반성하고 넘어서고자 한 오늘날 사람들이 도달한 사유의 결론이다. 생명체에게 권리를 부여한다는 것은 말 못하는 주체들인 생명체의 권리를 어떻게 보장할 수 있는가라는 문제로 다가온다. 이것은 언표행위의 책임주체에서 배제된 소수자들, 아이·동물·광인·이주민의 문제를 어떻게 볼 것인가의 문제이기도 하다. 언어 수행능력을 가진 책임주체만 권리를 가진 주체로 볼 경우에는 소수자나 생명체는 무권리 주체로 전락하고 만다. 그렇기 때문에 언어를 기준으로 삼는 것은 다시 근대이성의 논리로 돌아가는 것이라고 할 수 있다.

생명권 소송의 역사에는 나무의 권리를 주장하거나 독수리의 권리를 주장하는 다양한 소송들이 있었다. 예를 들어 독일헌법 제30조는 생명권에 대해서 명시하고 있다. 독일사회는 생명권의 보장이 지닌 반파시즘적 의미를 잘 알고 있는 사회라 할 수 있는데, 파시즘의 소수자와 이주민 차별이 사실상 자연이나 생명체를 수단으로 이용하려는 태도에서 기인한 것으로 보고 있다. 지율스님의 도롱뇽 소송은 단순히 도롱뇽이라는 생명체에 한정된 것이 아니라, 미시적인 영역으로 파고드는 파시즘의 증오와 폭력 논리에 대한 의로운 저항이라는 의미 또한 갖고 있다. 당시 생명운동은 지율스님의 단식을 계기로 한 단계 변모하게 되는바, 기존의 환경관리주의 입장에서 선 환경운동 흐름과 다른 지류가 형성되었다. 그것은 보이지 않는 영역의 중요성에 대한 일깨움이었다. 사람들이 보이지 않는 영역에서 생명과 교감을 하고 보이지 않는 영역에 있는 생명을 대변하고 보이지 않는 영역에서 실천하는 것이 생명운동의 중심을 이루게 된 것이다. 이러한 생태운동의 변화가 한국사회에 전달되면서 그것은 새로운 삶의 방식에 대한 열망과 연결되었다. 대안교육 · 대안공동체 · 대안먹거리 등과 같은 운동의 맥락은 생명운동과 접속되면서 풍부한 내용을 갖게 된다.

생태계와 인간 그리고 전쟁기계

한국사회의 성장과 개발은 자연에 대한 전쟁이었다고 평가할 수 있다. 생태계의 순환고리를 끊고 그것을 파헤치고 개발하는 것만이 부의 증식 원동력이라는 개발독재의 망령은 곧 자연을 상대로 기계화된 전쟁을 수행하는 자본주의이다. 인간의 욕망은 원래 생명에너지로서 자연과 함께 순환하고 흐름을 형성하는 데 의미를 갖는다. 그러나 자본주의적 욕망은 자연의 순환과 흐름을 끊어놓고 파괴함으로써 충족된다는 특징을 지녔다. 생태계는 서로 연결되어 있는 생명체들이 군락을 이루어 외부환경에 맞설 수 있는 내부환경을 구축함으로써 그 내부조건의 항상성을 유지해 나간다. 그러나 자본주의하에서 생태계 파괴는 항상성을 파멸로 몰고 가 동식물이 갖고 있는 연기성(緣起性)·창발성·자율성·순환성의 특징을 모두 상실시킨다. 생태계가 파괴되면 인간도 살 수 없음에도 불구하고 생태계를 파괴함으로써 자본을 증식하려는 인간의 도착적 욕망은 오히려 이것을 성공의 길이나 부에 이르는 길로 묘사한다. 근대이성은 자연을 알 수 없는 것으로 간주하고 배제해 버리는 인간중심주의를 표방한다. 인간중심주의의 문제는 자연 파괴의 대가를 인간이 고스란히 치러야 함에도, 그 인과관계를 모호하게 만들어버림으로써 파괴의 과정을 방조한다는 데 있다. 이리하여 인간만이 세상의 중심이므로 동식물의 생존과 생명활동은 인간의 목적성에 종속되어야 한다는 발상이 자리 잡게 된다. 그러나 도롱뇽 소송은 중심의 이동과 패러다임의 변화를 의미하는 것이다. 그것은 인간중심주의에서 생명중심 주의로의 변화가 이 시대에 요구된다고 말한다. 생명을 살리는 것이 오히려 인간을 배제하는 결과를 가져오게 아닌가라는 의문은 사실상 생명중심 주의를 호도하는 것이다. 생명 속에서 인간이 살 수 있고 생명을 살리는 일이 인간을 살리는 일이다. 그 속에서 인간의 욕망은 생명에너지로서의 자연스러운 관계와 흐름을 복원할 수 있다. 그리고 인간의 실천은 미학적이고 윤리적인 주체성으로 다시 태어날 수 있다.

온실가스를 내뿜는 자동차, 공장형 축사에서 생산된 고기, 이웃과의 연결망을 끊어버린 아파트, 상품소비 욕구를 자극하는 TV, 이 모든 환경은 자연스러운 삶의 형태로 받아들여지고 있지만 사실상 자연에 대한 전쟁선포라고 할 수 있다. 자연생태계의 순환과 단절된 인간사회는 그 본래의 의

296

미를 잃어버리고 성장·승리·개발의 망상과 도착만 증폭시킨다. 인간은 자연의 일부이며 유한자로서 욕망과 광기와 죽음을 맞이해야 한다는 실존적 의미와 멀어질수록 마치 생명보험의 논리처럼 오로지 자본주의의 영속성에 자기 삶을 맡기게 되는 경향이 있다. 그리고 자연에 전쟁을 선포하고 그 속에서만 생존할 수 있다는 파시즘적 논리를 양산하게 된다. 인간은 자연생태계의 회복력을 능가하는 파괴를 일삼고 자연생태계가 수억 년 동안 만들어낸 지구환경을 불과 몇 백 년의 고속성장 과정에서 무지막지하게 훼손하고 있다. 자본주의가 만들어낸 스테레오타입화된 삶의 형태를 바꾸어야 한다는 것, 자본주의적 욕망의 맹목적인 도착을 끝장내야 한다는 것, 자연과 공존할 수 있는 길을 인간 스스로 모색해야 한다는 것이 오늘날처럼 절박한 적도 없다. 그리고 이 절박함은 지율스님의 단식으로 투명하고 순수하게 표출되었다. 그것은 자연에 대한 전쟁기계가 아니라 미학적이고 윤리적인 주체성을 생산해 내며 자본주의에 맞서는 색다른 전쟁기계의 차원을 드러내 보인다.

도롱뇽과 친구들, 100만인 소송단

한 사람이 꾸는 꿈은 그저 꿈에 불과하지만 여러 사람이 꾸는 꿈은 현실이라고 했던가? 그런데 중요한 것은 색다른 꿈을 꾸는 한 사람이라고 할 수 있다. 지율스님의 단식처럼 색다른 한 사람의 분자적 결단의 중요성을 보여준 사건도 없을 것이다. 그 속에는 이름을 밝히지 않는 많은 사람들의 참여가 있었다. 보이지 않는 영역 속에서 행동하는 미묘한 이 사회구성원들의 관계망의 변화가 색다른 한 사람의 행위를 가능케 한 밑거름이었을 것이다. 여기저기서 사람들이 움직이고 발언에 나섰다. 초등학생, 아줌마라고 불리는 여성들, 사회운동가, 이름을 갖기를 거부하는 익명의 사람들이었다. 이들은 서명운동을 할 때도 그 이름의 중요성에 집착하지 않고 오히려 익명이나 색다른 이름의 주체이기를 원했다. 지율스님의 단식이 계속되는 동안 이들은 주위사람들에게 그 의미를 설득하고 토론하면서 서명운동에의 참여가 활발해졌다. 그러나 그것은 여느 문화운동과 같은 성격의 것은 아니었다. 사람들은 서명운동에 참여하면서 이 색다른 분자운동의 의미에 접속하였으며 그것이 갖고 있는 의미의 흐름, 무의식의 흐름에 동참하였다. 그리하여 서명운동은 한국사회의 변화과정과 긴밀한 연관성을 갖게 되었다. 한국사회에서 성장의 명제가 지배하던 시대가 끝나고 가치의 명제가 중요성을 획득하는 시기의 시작에 지율스님의 단식이 있었다. 사람들 사이에서 부드럽고 따뜻한 정서가 무의식 속에서 전달되고 흐름을 갖기 시작했다는 느낌이 생겨났다. 꽃들에게도 말할 수 있는 주체, 생명을 사랑하는 주체, 도롱뇽을 지킬 수 있는 주체가 된다는 전인민적인 변용(=되기)의 과정이 일어나기 시작했다. 이 생명평화의 흐름은 대중의 변용역능의 일부가 된다.

　　반면 『조선일보』를 비롯한 수구보수언론은 지율스님의 단식으로 천성산 고속철도공사가 지연되어 2조 5천억 원의 손실이 났다는 논리로 공격을 퍼부었다. 신문지상에서는 말도 안 되는 인신공격과 포위섬멸작전이 전개되었다. 보수언론의 언론파시즘적인 행각을 지율스님은 꿋꿋이 버티어 내는 한편으로 10원짜리 소송으로 『조선일보』와 보수언론에 맞섰다. 결과는 승소! 『조선일보』가 뱉은 말은 10원 가치밖에 없었다. 지율스님과 도롱

농의 친구들이라는 100만인 소송인단을 모집하는 사람들은 도롱뇽소송을 부르는 아이들과 도롱뇽 종이접기를 하는 가정주부들, 색다른 이름을 가진 도시의 젊은이들이었다. 권력과 자본의 논리 외부에 존재하는 생명의 목소리와 접속하는 이 사람들은 만나서 노래하고 춤추면서 자신들의 존재와 지율스님의 단식의 의미를 알렸다. 보잘것없는 규모에다 그 존재감 또한 한국사회에서 한없이 작았지만 잔잔한 공명과 생명의 기쁨을 전달해 주기에는 충분했다.

분자혁명은 섬광의 순간 같았다

생명을 살리기 위해서 생명을 건 지율스님의 의로운 행동으로 한국사회의 집단 무의식 궤도에는 전대미문의 변화가 일어났다. 그것은 섬광과 같은 순간들이었지만 많은 네트워크들이 분자혁명의 엄청난 파괴력에 감응하여 파동에 출렁거리며 생명에너지의 점화 · 폭발 양상을 보였다. 인간이라는 유한자가 그 유한적인 실존의 지평을 담대히 받아들이고 자신의 죽음을 응시하는 순간이 찾아왔다. 사회의 네트워크는 서로 연결되어 있기 때문에 이 유한성의 실존좌표는 가장 낮은 생명체의 화음과 같은 것이었다. 한 사람의 의로운 저항행위가 색다른 욕망의 차원을 개방하였고 이 사회의 가장 미세한 부분에서 이루어지는 분자적인 수준의 변화가 다른 배치들에 영향을 주고 사이배치를 바꾸어냈다. 결국 문제는 인간의 욕망 차원을 드러내는 것이 아니라 기존질서와는 색다른 수준의 욕망을 생성시키는 것이다. 생명의 화음으로서 욕망의 차원이 개방되고 낮은 곳에서 살아가고 있는 뭇 생명과 공명하는 새로운 욕망이 등장하였다. 그 새로운 차원은 이제까지 느낄 수 없었던 색다른 부드러움을 열어 보이면서 사람들 사이에서 퍼져나 갔다. 사람들의 무의식 궤도는 영속적인 물질적 진보를 약속하는 자본주의 적 욕망으로부터 벗어나 인간의 유한성과 생명체와의 공존으로 나아갔다. 사람들은 자본주의적 욕망 충족이 의미하는 바를 알게 되었다. 자본주의는 영속적인 물질적 진보를 약속하지만 그것은 보이지 않는 생명 영역에 대한 전쟁과 약탈을 통해서만 가능하다는, 그 전쟁과 약탈 과정에서 성공과 승 리만이 의미를 가질 뿐 생명체들의 절규와 아우성은 전혀 문제가 되지 않 는다는 사실을 말이다. 그러나 지율스님의 분자혁명 과정과 접속해서 느끼 게 된 살아 있는 생명의 화음은 아름답고 부드럽고 따뜻하였다. 지율스님 은 생명체의 목소리를 행위의 공명으로 담아내고자 했다. 그리고 한국사회 는 이 공명이 초록의 공명이며 생명의 공명이라는 것을 깨닫는 섬광과 같 은 순간을 맞이한다. 그것은 색다른 부드러움으로 나타난 분자혁명이었으 며 이에 접속한 사람들에게 이전까지 볼 수 없던 차원을 개방하고 연쇄반 응의 눈덩이효과를 일으켰다. 그것은 한편의 대서사시였지만 바로 한 사람 이 해낸 일이면서 한 생명의 흐름과 에너지가 해낸 일이었다.

04 대운하: 욕망, 절멸의 에너지인가? 생명에너지인가?

욕망 désir

욕망은 '별에서 떨어진 것'(dé+sir)이라는 의미의 결합으로 색다르고 별종이라는 것을 함축하고 있다. 이것은 한국에서 욕망의 의미가 통상 탐욕(貪慾)과 갈애(渴愛)의 중간 의미로 쓰이는 것과는 차이가 난다. 욕망은 생명에너지로서 독특하고 색다른 지평을 만들어내는 역능이다. 그러나 자본주의적 관계망 속에서 욕망은 게걸스럽고 탐욕스러운 것으로 바뀌고 생명에너지로서의 창의적이고 생산적인 힘을 잃어버린다. 욕망은 부재와 결핍의 욕구가 아니며 창조와 생성의 원동력이다. 욕망은 기존 질서에서 충족될 수 있는 성격의 것이 아니라 새로운 질서를 만들어내는 힘이다. 그러나 부정적인 욕망도 있다. 자본주의에 의해 비틀린 욕망은 맹목적인 충동으로 나타나며 자본주의 질서가 만들어놓은 스테레오타입화된 욕망들인 자동차·아파트·육류·TV 등을 소비하면서 충족된다. 자본주의는 끊임없이 욕망을 확대하고 성장시킴으로써 진보가 가능하다는 생각을 갖게 만든다. 그러나 이러한 욕망증대 구조는 유한한 지구의 자원·에너지·환경 등에 의해서 충족될 수 없는 망상이라 할 수 있다. 자본주의의 성장주의·개발주의가 사회에서 디자인하고 있는 자본주의적 욕망은 지속불가능한 매우 낡은 것이다. 반면 생명에너지로서의 욕망은 자본주의적 욕망과는 궤도와 성격이 다른 질서를 만들어냄으로써 기존 질서에 도전한다. 모든 생명은 욕망을 가진 주체로서 그 존엄이 긍정되어야 하며 그런 의미에서 욕망은 매우 폭넓은 주체를 가진다고 할 수 있다.

> "열망, 욕망의 사회는 무질서의 사회, 순전히 잔인한 표현의 사회가 결코 아닐 것이다.
> 반대이다. 정말 다른 시대의 남근주의적 잔인성과 전혀 관계가 없는
> [사람들의] 새로운 감성, 엄청난 상냥함, 새로운 부드러움을 잘 관찰해 보자."
>
> — 가타리, 『가타리가 실천하는 욕망과 혁명』

대운하, SF오디세이

이명박정부는 경제를 살리고 지역 균형발전을 이루고 환경을 지키며 문화를 꽃피우는 새로운 뉴딜사업으로 대운하를 제안한다. 그러나 대운하가 정말로 생명을 살리는 길인가에 대해서는 의문이다. 사실 대운하사업은 건설자본의 이해에 따라 짜인 프로젝트일 뿐이다. 개발을 할수록 부가 창출된다는 개발주의와 성장주의에 입각해서 만들어진 거대한 SF만화라고밖에 달리 표현할 길이 없다. 스펙터클(구경거리)이 화려하고 황홀하게 만들어질수록 장밋빛 미래에 대한 환상은 강렬해지고 그에 따른 도착적인 자본주의적 욕망은 증대된다. 사회의 근간을 이루는 생명가치나 생태적 입장은 찾아볼 수 없고 그저 자연과 생명은 시장가치의 수단이 되어버린다. 자연을 살리고 환경을 보존해야 한다는 보호론적 시각에서 반대의 목소리가 나왔을 뿐만 아니라 자본의 개발주의 · 성장주의 욕망의 기괴함에 환멸을 느끼고 있던 일반대중들조차도 대운하사업에 반대를 표명하였다.

대운하사업의 망상적 성격은 문경새재를 관통하는 경부운하 구상에서도 잘 드러난다. 이와 똑같은 망상적 맥락에서 추진되었던 것이 새만금이며 시화호이다. 이 사례들에서 알 수 있듯이 자연환경을 파괴하는 순간 그 막대한 피해는 미래세대의 몫이 된다. 미래세대를 고려하지 않는 자본주의적 성장 노선은 과거의 보존해야 할 가치와 미래에 남겨주어야 할 가치를 지켜낼 수 없는 파괴와 자멸의 상을 의미할 뿐이다. 이명박정부는 '녹색성장'이라는 개념을 내세워 녹색과 성장이 함께 갈 수 있다고 말하지만, 우리가 지켜야 할 한반도와 지구행성의 생명가치와 생태보전과는 완전히 다른 맥락에서 입으로만 외치는 구호에 지나지 않는다. 녹색은 성장이 최소화될수록 더 잘 이루어지는 구도라고 할 수 있는바, 성장에 대한 망상에서 벗어나지 않는 한 녹색은 유명무실한 수식어구에 불과하다. 자본이 갖고 있는 욕망의 시간은 과대망상이 특징이다. 자신의 욕망을 증폭시켜 무엇이든 다 이룰 수 있다고, 환상적 미래를 향해 질주하는 직선주로를 만들어낼 수 있다고 속삭인다. 이렇듯 녹색성장은 느림과 여백이 존재하는 생명에게는 어울리지 않는 속도전을 위장한 구호이다.

대운하라는 망상의 시작과 끝은 진시황제의 만리장성이나 수나라 때 만든 운하에 필적할 만하다. 독일인들은 삼면이 바다인 한국에서 무슨 대운하라며, 지극히 상식적인 선상에서 의구심을 보인다고 한다. 대운하의 정책적 허점과 문제점을 살펴보다 보면 자본의 개발주의·성장주의 욕망이 사실 달나라 식민지를 언급할 정도로 증폭되어 있다는 것을 알 수 있다. 자본은 망상이든 환상이든 개발과 성장을 통해서 자본 자체를 증대시켜야 한다는 욕망을 갖고 있으며 그것을 행동으로 착수할 프로젝트가 필요했을 뿐이다. 수십 조 수백 조가 드는 것은 문제가 안 되었다. 그리고 그 해답을 대운하에서 찾고자 했다. 이런 망상적 발상에도 불구하고 대운하가 정책으로서 채택되었다는 것은 그만큼 자본주의의 성장을 향한 망상이 증폭되고 있었다는 반증이다. 국토개조와 막강한 국가융성 프로젝트라는 수식으로 치장하며 SF영화처럼 대중들의 구경거리 역할을 한 대운하는 애당초 시민단체와 환경단체들의 반대에 직면할 수밖에 없었다. 그러나 자본의 욕망은 수그러들 줄 몰랐고 4대강 살리기라는 이름으로 토건사업에 착수한다. 단지 이름만 바뀌었을 뿐 대운하의 토건자본 배불리기 위한 프로젝트였다. 물론 절차와 과정에서의 속도전과 주먹구구식 입찰과정은 말할 필요조차도 없다. 엉성한 환경영향평가와 쓰임새를 알 수 없는 개발계획 등 민주적 절차를 생략한 4대강 사업은 졸속으로 통과되었다. 대운하의 망령이라고할 수 있는 자본의 욕망은 그 껍질을 바꾸어 모습만 달라졌을 뿐 박차를 가하고 있는 것이다.

개발주의 · 성장주의 욕망

자본의 욕망이 맹목적인 개발과 성장을 향해 움직이는 것은 무엇 때문일까? 자본은 기존 영토를 벗어나 늘 새로운 것을 추구하면서 과거의 시간을 이탈한다. 이러한 탈영토화 과정을 통해서 자본은 동시에 기존의 규범 · 규칙 · 윤리 등도 탈코드화한다. 어찌 보면 매우 혁신적인 것처럼 보이는 자본의 탈주과정은 사실상 무법천지의 탈코드화와 승리를 향한 맹목적 탈영토화의 현실을 드러낸다. 자본은 지구의 유한성과 한계를 인정하려 들지 않는다. 유한자로서의 지구는 마음대로 약탈해도 될 만큼 충분한 회복력과 자원을 보장해 주지 않는다는 사실을 받아들이지 않는 것이다. 그러나 지구의 한계는 곧 자본의 한계이며 어떤 식의 개발과 성장도 지구환경의 한계에 부딪힐 수밖에 없다. 그것은 유한자로서의 지구·인간·생명의 현실을 받아들이는 실존적인 태도의 문제이다. 지금이라도 자신의 유한성인 욕망·광기·죽음을 스스로 승인하고 영원한 성장과 개발과 진보의 태도를 바꾼다면 사정은 달라진다. 하지만 자본주의하에서의 모든 자본의 대리인들은 자본은 영원한 생명체이며 영원성을 보장한다는 망상을 갖기 쉽다. 이로부터 유한한 생명·지구·인간이 해내지 못한 일들을 자본은 초인처럼 해낼 수 있다는 발상이 나온다. 생명의 순환보다 자본의 순환이라는 경제법칙이 더 중요하다는 생각도 여기서 유래한다. 이러한 성장주의·개발주의 사고방식은 박정희식 개발독재 이후 한국사회에 뿌리 깊게 자리 잡으면서 원칙으로 작동하고 있다. 한국사회는 엄청난 속도의 개발 속에서 세대와 세대 간의 연결고리조차 끊어질 정도로 문화적·경제적 변화를 겪어왔다. 그러다 보니 이러한 성장과 개발의 원칙에 대해서 성찰하지 않고서는 미래를 논의할 수 없는 상황에 놓여 있다.

급속한 기술환경 변화와 사회적 관계망의 지속적인 퇴행, 실업자와 퇴직자 등 사회 주변인들의 배제, 하루가 다르게 악화되는 노동자들의 현실 등으로 사회적 상황이 더 어려워지고 있을 때 가장 유혹적인 것은 개발과 성장·성공의 논리로 무장한 자본이라고 할 수 있다. 사실 이것은 계속 유지되어 오던 원칙이었으며 한국사회를 병들게 한 주범이다. 생명의 욕망, 동식물의 욕망, 소수자의 욕망, 주변인과 이방인의 욕망을 일체 배제한 채 성장과 개발 과정에서 성공한 사람들의 욕망만이 최선이라는 사고는 개발파시즘에 다름 아니다. 개발파시즘은 혁신과 자기계발, 성공학, 경영윤리 등으로 세련되게 무장하고 있지만, 우리 사회 곳곳에서 일어나는 문제들, 정신적 위기와 생명가치의 실종, 사회관계망의 파괴, 속도전에서 탈락되는 청년들의 문제 등을 간과해 버린다. 문제는 성장과 개발 원리를 자기 철학으로 무장한 지배계급이 형성되고 강자는 더욱 강해져야 하며 그 속에서 약자의 욕망도 보장될 수 있다는 도덕률을 강제한다는 점이다. 거시적이면서 동시에 미시적인 권력의 원리는 대중들에게 자신들의 망상을 주입하고 예속을 욕망하도록 만드는 마조히즘의 문제를 드러낸다. 그들의 망상은 수많은 탈락자들에게 강자의 원리로 무장해야 한다는 환상을 심어주며 성장주의와 개발주의의 폭주기관차를 멈춤 없이 달리게 하는 중요한 이데올로기 역할을 하게 된다. 자본이 수행하는 욕망의 정치적 맥락은 파시즘이다. 그리고 파시즘 속에 생명가치나 생태적 문제해결, 대안적 가치형성은 제외된다.

생명에너지로서의 욕망

욕망이 절멸에너지일 것이라는 자괴감은 생태위기에 직면한 많은 사람들의 화두이기도 하다. 사실 욕망한다는 것은 기존 공리계에 없는 새로운 형태의 삶과 사유와 행위양식을 개척하고 새로운 관계망을 수립하는 창조와 생성의 에너지이다. 그러나 욕망이 자본주의의 기호적 예속에 투사되면서 생명에너지에서 파괴에너지로 바뀌는 것은 분명하다. 일상의 스테레오타입화된 자동차·육식·아파트·TV를 관통하는 욕망은 지구환경의 유한성이 감내하기 어려운 차원의 자본주의적 삶의 양식을 유지하려고 한다.

그러나 자본주의가 만들어낸 이 욕망은 지속 가능하지도 않거니와 지속되어서도 안 된다.

대안적 삶을 만들어내고 지구환경을 지켜내는 것도 색다른 욕망이 등장할 때 비로소 가능하다는 점을 간과해서는 안 된다. 생명에너지로서의 욕망은 자본주의적 욕망의 기존 형태를 넘어선 대안은 있는지 그리고 그것이 지속 가능한지를 묻고 창조하고 생성하는 욕망이다. 성장주의와 개발주의 욕망이 근본적으로 생명의 욕망, 소수자의 욕망, 주변인의 욕망을 배제하고 자신의 룰에 따라 그들을 포획하는 것이라고 한다면, 이번에는 생명의 욕망과 동식물의 욕망, 소수자의 욕망의 창조적인 힘에 의해서 미시적인 부분에서 자율적 영역이 형성된다. 자본주의적 미시권력망의 외부에 있는 아이 · 동물 · 광인 · 이주민 들의 욕망은 자본주의로부터 자율적이고 이색적이며 특이한 욕망의 관계를 형성하고 있다. 이들의 자율성은 하나의 언어로 통합되어 표현될 수 없는 다채로운 사유방식에서도 드러난다. 자본주의적 망상의 획일성과 달리 이들은 하나의 언어로 표현될 수없는 다채로운 꿈을 꾸며 이색적인 행동과 특이한 욕망을 만들어낸다.

생명에너지로서 욕망의 창발성은 자본주의적 욕망으로 투입 · 산출되는 경제적 법칙을 따르지 않는다. 시장가치가 높아지면 생명가치는 낮아지는 반비례적 관계는 생명에너지로서의 욕망이 지닌 가치가 시장에서 교환되는 노동 · 상품 · 재화 · 정보와 다름을 말해 준다. 대안은 가까이 있다는 것은 대중들 스스로 잘 알고 있다. 아이들의 창발성을 억압하는 교육이 대안이 될 수 없음을 대부분의 학부모들이 잘 알고 있듯이 자본주의적 욕망에 대한 대안은 아이 되기, 여성 되기, 광인 되기, 이주민 되기, 장애인 되기, 동식물 되기의 소수자 되기(=전인민적인 변용)를 의미하며, 생명에너지의 창발성과 자율성을 개방하는 효과를 가져다줄 것이다. 생명에너지로서의 욕망은 자본주의 욕망이 갖고 있는 망상적 사유에 포획되지 않는 생명의 꿈가치를 복원해 낼 것이다. 대량생산되는 이미지와 영상산업에 오염된 꿈, 상품질서의 허구적 통일성 속에서 오염된 꿈이 아니라 기존 언표로는 설명될 수 없는 다채로운 꿈 영역이 개방될 것이다. 또한 생명에너지로서의 욕망의 발산은 공동체를 풍요롭게 해줄 것이다. 공동체 내에서 특이한 욕망이 발생되면 그것은 공동체 내부를 폐쇄시키는 경직성으로부터 벗어날 수 있는 중요한 개방 가능성임을 의미한다. 특이성을 사랑하는 공통성이 형성되어 열린 공동체를 만들어내고 시장가치 외부에 있는 공동체 가치를 살찌울 것이다. 공동체 가치는 성장주의와 개발주의의 맹목적 욕망과 다른 관계로서의 가치를 복원해 낼 것이다. 이러한 생명에너지로서 욕망의 생성이 만들어낼 생명가치 · 욕망가치 · 공동체가치 · 꿈가치는 자본주의적 욕망을 넘어서 진행되고 있는 대안적 가치질서이다.

개발속도전 그리고 느림과 여백

대운하사업이 4대강 살리기 사업이라는 이름으로 착수되자 환경운동과 생명운동에 참여한 사람들은 4대강을 도보로 순례하고 지역주민들을 만나고 촛불을 밝히고 점거농성을 하며 강의 소중함을 몸으로 느꼈다. 그것은 이색적인 욕망의 창발적 순간이었다. 생명을 살리는 길은 개발속도전으로 가능할 수 없다. 생명의 네트워크는 다양성 · 창발성 · 순환성 · 관계성을 드러내며 거대한 종합적인 환경으로 사람들에게 다가왔다. 기계적 절단이나 화학적 개입이 일절 끼어들 수 없는, 생태적으로 연결되고 종합된 환경이었다. 순례의 과정에서 많은 사람들이 자연환경의 소중함을 깨달았을 뿐만 아니라 생태계가 주는 선물에 고마움을 느꼈다. 그러나 생명을 모심으로, 환경을 돌봄으로 대하는 사람들이 있는가 하면 개발속도전의 입장에서 계획하고 틀을 짜고 인공정원처럼 조성하려는 사람들도 있다. 물론 이러한 개발이 인간의 필요에 의한 것임을 강조하지만 자연환경의 종합성이 파괴되었을 때 입게 될 막대한 피해에 대해서는 침묵한다. 일례로 순환하는 물의 흐름을 가로막는 각 지역의 보 준설작업이 과연 생태적 입장을 고려했는가라는 점을 들 수 있다. 흐르지 않는 물은 썩는다. 자연의 순환에는 다 보이지 않는 나름대로의 이유가 있다. 그러한 자연의 종합적 이유를 변경했을 때 다시 살린다는 것은 불가능하다. 로봇물고기가 수질오염을 알려준다 하더라도 한번 파괴된 수질을 복원할 수 있는 방법은 존재하지 않는다. 그렇기 때문에 환경의 변경에는 수많은 연결망으로 구성된 복잡계로서 생태계의 역학관계를 고려하는 신중함이 요구된다. 물론 졸속으로 진행되는 4대강 살리기에는 전혀 이런 면을 찾을 수 없었다.

자연·생명·생태는 말을 하지 않으며 직접적으로 자신의 입장을 표명할 수도 없다. 그러나 이 말 없는 존재들이 보이지 않는 관계망으로 연결되어 있기에 인간은 그 관계망의 일부로 공존의 길을 모색해야 한다. 말로써 채워질 수 없는 생태계의 느림과 여백의 시간은 우리의 갖가지 속도전적 개발논리와 현란한 수식어구가 얼마나 병리적인 욕망을 품게 하는지 성찰하게 해준다. 자본주의라는 경쟁사회와 성공지상주의는 사람들의 마음을 병들게 하고 맹목적으로 앞만 보고 달릴 수밖에 없게 만들고 있다. 무시무시한 속도경쟁에서 뒤처진 사람들을 비아냥거리며 뒤떨어진 인간이라고 조롱하면서 TV가 전달하는 자본의 장밋빛 환상에 대중들의 마음은 병들었다. 이제 사람들은 자연이 경고하는 무언의 메시지에 감응할 수 있는 방법을 잃어버렸다. 환경파괴의 몫은 생명에게 전가되고 동시에 인간에게 되돌아온다. 동식물이 살 수 없는 공간은 인간도 살 수 없다. 인간의 편리대로 자연을 개발하고 파괴한다면 그 몫은 고스란히 미래세대에게 전달된다. 생태적 입장에서 볼 때 몇만 년의 시간 속에서 조성된 환경을 단 몇 년 만에 변경하고 개발하겠다는 것이 환경을 살리는 길일 수 없다. 천천히 시간을 두고 느리게 생각해야 할 4대강 살리기와 같은 현안이 단시간에 졸속으로 진행되었다는 것은 다음세대에게 책임을 전가하는 것이다. 자본은 미래 가치를 할인받으면서 현재에 그것을 써버린다. 미래의 가치를 미리 기획하고 그것을 할인받는 것 때문에 자본에는 지속 가능성에 역행하는 행동을 할 여지가 많아진다. 그렇기 때문에 생명의 입장에 선 대안세력의 형성은 어느 때보다 중요하다고 할 수 있다.

지율스님이 말씀하신 초록의 공명은 생명이 갖고 있는 에너지·형상·흐름과 접속의 순간이다. 초록빛깔의 물들임은 흐름의 선이 되고 두 물들임의 공명은 접속면을 만들며 그 선의 빛깔을 뒤덮는다. 공명은 울림이 되고 떨림이 된다. 물들임의 공간은 증식하고 그 주위의 빛깔에 삼투한다. 삼투한 빛깔은 기존의 빛깔과 섞여 공명의 울림판을 진동시키면서도 자신이 생산한 빛깔과 합성된다. 생명에너지가 만드는 합주곡은 대지를 초록의 공명으로 만들면서 리듬과 박자를 갖춘다. 리듬의 빛깔이 점이 되고 박자의 빛깔이 선이 되며 화음의 색채는 물들임이 된다. 초록의 공명은 여백과 느림의 생명이 만드는 창발적 순간에 만들어지는 것이다.

욕망의 갈림길에 서서

대운하는 생명과 지구환경을 살리고자 하는 사람들과 자본주의적 도착적 욕망을 진행시키려는 사람들의 대척점을 분명히 보여주었다. 한편의 욕망은 생명에너지로서의 욕망이라면, 다른 한편의 욕망은 개발주의와 성장주의의 자본의 욕망이다. 욕망의 두 가지 양상을 통해 욕망에 대해 어떤 태도를 취하고 어떤 욕망을 갖고 있는가가 중요하게 드러나는 시점이다. 무엇보다도 자본주의적 욕망의 노선에 따라 성장과 개발을 통한 성공신화는 토건자본의 승리주의적 시선을 의미한다. 그러나 생명의 욕망, 동식물의 욕망, 소수자의 욕망, 아이의 욕망, 광인의 욕망 등의 입장에서 대안적 욕망이 가능하다. 이제까지 기억에 없던 욕망이 생성되고 창조되는 순간이 중요하다. 비단 생명운동 활동가뿐만 아니라 삶을 하나의 창발의 순간으로 보는 것, 보이지 않는 것과의 생태적 관계망을 중시하는 것, 행위를 독특함과 특이성의 생산으로 보는 시각이 지금 필요하다. 그리고 생명에너지로서의 욕망과 접속하고 변용되어 색다른 사유·행동·삶의 가능성에 다가가는 것이 욕망의 창의적이고 생산적인 본래의 가치에 접근하는 것이다. 대운하는 욕망혁명이 벌어지고 있는 욕망의 미시사에서 중요한 전환점의 의미를 갖는다. 자본주의적 욕망을 성찰하고 대안적 욕망을 꿈꾸기 시작한 생명운동과 대안세력은 대운하를 저지하고, 4대강 살리기로 변형된 사업의 환경파괴적인 측면을 고발하였다. 이 과정에서 생명운동은 대중적인 흐름을 형성하게 되었다.

그러나 대운하의 망령은 계속되고 있다. 파헤치고 세우고 부수는 행위를 통해서 끊임없이 부를 키워나가려는 충동이 여전히 존재하기 때문이다. 생명운동에 동참한 많은 사람들이 강을 따라 걸어가면서 삼보일배를 하였고 여러 강에서 농성하고 생명평화미사를 올렸다. 생명의 강을 살리는 일에 나선 사람들의 작은 행동은 색다른 욕망의 일부이며 우리 사회에 강렬한 인상을 주었다. 생명운동의 울림이 사람들의 떨림을 물들였다. 초록의 공명이 사회구성원들을 움직이게 하면서 속도에 사로잡힌 사람들을 정지시켰고 자신이 어디로 가고 있는지 성찰하게 했다. 4대강 살리기 사업에 대한 경기도 주민들의 저항은 생명운동의 맥락을 이어받아 친환경적인 농법으로 순환적인 경제활동을 하고 있는 자신들의 정당성을 세상에 알리는 것이기도 했다. 또한 이 사업이 몰고 올 파장에 대해서 환경단체와 생명단체의 저항은 계속되고 있으며 촛불이 타오르기 시작했다. 생명에너지로서의 욕망이 색다르고 특이한 생명의 창발성을 드러내는 것처럼 생명운동의 새로운 저항의 흐름은 도도히 시작되고 있다.